Philip Marsden, Autor von vier Reisebüchern, war 1991 im Kaukasus und wurde Zeuge jenes Chaos, das dem Zusammenbruch der Sowjetunion folgte. In den 90er-Jahren zog es ihn immer wieder in diese Landstriche des ehemaligen Sowjetreiches. 1999 wurde »Im Land der Federn« mit dem Thomas Cook Award ausgezeichnet.
Heute lebt Philip Marsden in einem Dorf in Cornwall.

PHILIP MARSDEN

IM LAND DER FEDERN

Eine kaukasische Reise

Aus dem Englischen
von Pociao und Roberto de Hollanda

NATIONAL GEOGRAPHIC

Ein Buch der Partner
Goldmann und National Geographic Deutschland

Die englische Originalausgabe erschien 1998
unter dem Titel »The Spirit-Wrestlers«
bei HarperCollins, London.

Coverfotos:
Getty Images, Bruce Forster (oben),
Getty Images, Pat O'Hara (unten),
Archiv Petra Dorkenwald (hinten)

SO SPANNEND WIE DIE WELT.

Dieses Werk erscheint in der Taschenbuchreihe
National Geographic Adventure Press
im Goldmann Verlag, München.

1. Auflage Dezember 2002, Taschenbuchausgabe
National Geographic Adventure Press
im Goldmann Verlag, München,
in der Verlagsgruppe Random House GmbH

Umschlaggestaltung: Petra Dorkenwald, München
Herstellung: Sebastian Strohmaier, München
Satz: Uhl + Massopust, Aalen
Druck und Bindung: Clausen & Bosse, Leck
ISBN 3-442-71187-8
www.goldmann-verlag.de
Printed in Germany

Das Papier wurde aus chlorfrei gebleichtem Zellstoff hergestellt.

Für Charlotte

Inhalt

Nowoscherkessk
Don
Rostow am Don
Zelina
Salsk
R U S
Asowsches Meer
Primorsko-Achtarsk
Pokrowka
Otrado-Kubanskoje
Stawropol
Nowokubansk
Armawir
Krasnodar
Kochubejewskoe
Kuban
Labinsk
Maikop
ADYGISCHE REPUBLIK
Beslenejewskaja
Kislowodsk
KARATSCHEI
Karachajewsk
Hasaut
TSCHERKESSIEN
Suchumi
G E
Poti
Schwarzes Meer
Batumi
TÜ
Ostsee
Moskau
RUSSLAND
Rostow am Don
Schwarzes Meer
Kaspisches Meer
Mittelmeer
0
50
100 Meilen

Wolga
SLAND
Kaspisches Meer
Terek
TSCHETSCHENIEN
INGUSCHETIEN
KABARDINIEN
Grosny
BALKARIEN
NORD-
OSSETIEN
Wladikawkas
Daryal Paß
aukasus
Roka
SÜD-
OSSETIEN
Chinvali
Georgische
Militärstraße
Gebirge
Gori
RGIEN
Tbilissi
Kura
Goryeliowka
ARMENIEN
Gjumri
ASERBAIDSCHAN
KEI
Abowjan
Jerewan
Kura
Schamiram

VORWORT

»Seht euch bloß an, was die Bolschewiken aus den Pferden gemacht haben!«

Russische Dorfbewohner bei der Ankunft einer Gruppe von zweihöckrigen Kamelen in ihrer Kolchose

Ein Winter in Moskau

Den größten Teil dieses post-sowjetischen Winters verbrachte ich in der Lenin-Bibliothek und las Berichte über Kosaken und Altgläubige, während ich eine Reise in den Süden vorbereitete.

Es war ein langer Winter. Im Lauf der Monate entzog er dem öffentlichen Leben in der Stadt – den in Pelze gehüllten Bündeln in der U-Bahn, den endlosen Reihen anonymer Gebäude und dem milchigen Himmel – alle Farbe. Die einzige Ausnahme bildete die Baustelle an der Kathedrale, etwas stromaufwärts der Lenin-Bibliothek, wo es von Bauarbeitern mit orangefarbenen Schutzhelmen wimmelte.

Bis zu jenem Neujahrstag, an dem der Patriarch von Moskau und ganz Rußland, Alexei II., seinen patriarchalischen Rücken beugte, um den Grundstein zu legen, hatte es keine Spur von diesem höchst erstaunlichen Bauwerk gegeben. Ursprünglich war die Kathedrale zum Gedächtnis an den russischen Sieg über Napoleons Grande Armee gebaut und dann demjenigen gewidmet worden, dem man diesen Sieg verdankte: Christus, dem Erlöser. Es war ein großes Gebäude gewesen, das zehntausend Gläubigen Platz bot. 1931 jedoch hatte Stalin die Kathedrale mit Dynamit in die Luft sprengen lassen, um Platz für seinen Palast der Sowjets zu schaffen. Der vierhundert Meter hohe Palast sollte von einer riesigen Leninstatue gekrönt werden, deren Zeigefinger allein knapp sechs Meter maß – bis den Architekten klar wurde, daß der lehmige Boden das Fundament nicht tragen würde. So baute man an dieser Stelle statt dessen ein Freibad.

Aus rätselhaften Gründen stellte mir die Lenin-Bibliothek einen Ausweis aus, der normalerweise berühmten Professoren oder hochrangigen Regierungsmitgliedern vorbehalten ist. Dieser verschaffte mir Zugang zum Zal Nr. 1, in dem blasse Studenten den ganzen Tag über ihren Büchern hockten, ohne jemals aufzublicken. Daher nahmen sie die kleinen Privilegien, die Zal Nr. 1 von den übrigen Zals unterschieden, gar nicht wahr – die Sukkulenten und Farne auf den Schreibtischen, die Dame mit dem Haarknoten, die sie wässerte, oder die gebauschten rosa Vorhänge vor den zehn Meter hohen Fenstern. Ich dagegen verbrachte viel zu viel Zeit damit, aus diesen Fenstern auf die goldenen Kuppeln des Kreml zu blicken und darüber hinaus auf die Fabrikschornsteine, die Unmengen von grauem Rauch in den grauen Himmel stießen.

Im September 1812 hatte Napoleon aus den Fenstern des Kreml auf die Stadt geblickt, die er erobert hatte. Sie stand in Flammen. Das Feuer, von den Russen selbst gelegt, verschlang ein Viertel nach dem anderen. Er spürte sofort, daß das Feuer der »Bote großen Unheils« war.

»Höchst außergewöhnlicher Entschluß!« murmelte er. »Was für Männer! Das sind Skythen!«

Der Kaiser kannte die Passage im Vierten Buch von Herodots *Historien,* in der die Skythen die Perser besiegen, indem sie den Feind zuerst in ihr Hinterland locken und ihn dann mit Mann und Maus vernichten.

Doch der Vergleich zwischen Russen und Skythen machte mich vorsichtig. Er weckte in mir dasselbe Mißtrauen, das ich mir bis dahin für Platitüden wie »asiatische Grausamkeit« oder »slawische Seele« vorbehalten hatte. Fallgruben für Laien, sagte ich mir, machte einen Bogen darum und konzentrierte mich auf die Dissidenten und Einzelgänger in den Randzonen von Rußland.

Dort stolperte ich zufällig über eine mystische Bewegung,

die unter der Bezeichnung Skythianismus bekannt ist. Sie war während der Revolution entstanden und zählte zu ihren Anhängern auch Alexander Block, der in seinem Gedicht *Die Skythen* schrieb:

»Wir *Skythen. Und Asiaten wir zumal… / Rußland – der Sphinx. Leid und Triumph im Sinn.*«

Mehrere Jahre zuvor war ich zum ersten Mal in Petersburg gewesen. Es war Hochsommer, überall summten Fliegen. Das wunderbare Netz von Kanälen, die klippenartigen Fassaden der Stadt und ihr Bilderbuchklassizismus ließen mich unberührt. Nur die Sammlung »Gold der Skythen« in der Eremitage erinnerte an den Glanz, den man in Peters Hauptstadt sonst vergeblich suchte. Die Sammlung war – größtenteils von marodierenden Kosaken – aus Grabstätten in der Ukraine und in Südrußland zusammengetragen worden. Damals hatte ich voller Ehrfurcht die herrlichen, ineinander verschlungenen skythischen Wölfe, die mitten in der Bewegung festgehaltenen Hirsche aus purem Gold, die Geschmeidigkeit und Leichtigkeit dieser Tierfiguren bewundert, ohne die geringste Verbindung zur Gegenwart herstellen zu können. Erst nachdem ich Block gelesen hatte, erkannte ich in ihnen plötzlich eine Verbindung zu jenen anderen Aspekten des russischen Winters, die sich offenbar dazu verschworen hatten, mich in den Süden zu locken.

Fünf Jahre lang hatte ich Rußland umkreist. Ich war lange in Weißrußland, Litauen und im felsigen Hochland Armeniens gewesen. Ich war gemächlich durch Moldavien, die Ukraine, Georgien und Aserbaidschan gereist. Wie alle anderen hatte auch ich den plötzlichen Zusammenbruch der Sowjetunion im Glauben verfolgt, daß die Vorgänge in Rußland auf die eine oder andere Art das neue Jahrhundert prägen würden – so wie sie mehr als in jeder anderen Nation das alte geprägt hatten. Doch je mehr Zeit ich in seiner Mitte verbrachte, desto stärker fühlte ich mich wieder zum Rand hingezogen, zu seinen hitzköpfigen Fanatikern, seinen abgelegenen Dörfern und der Unfaßbarkeit seiner ausfransenden Südgrenze.

Mitte Januar gab es einen Temperatursturz. Das schwarze Wasser der Moskwa gefror. Pulverschnee lag auf der dünnen Eisdecke. In den Stunden vor der Dämmerung senkte sich eine Stille über die Stadt, als hätte die Erde aufgehört, sich zu drehen. Ich weiß noch, wie ich eines Nachts auf dem Weg nach Hause, als das Thermometer auf dreiunddreißig Grad unter Null fiel, das Gefühl hatte, mein Atem erstarrte zu einem Eisklumpen im Hals. Doch die meisten Einwohner von Moskau fanden, daß es kein besonders kalter Winter war.

Anfang Februar taute die Moskwa wieder auf. Große, flache Eisschollen trieben durch die Hauptstadt am Weißen Haus und an der Biegung bei den Sperlingsbergen vorbei wieder in den Wald hinaus. In der Untergrundbahn sah man immer weniger Pelzmäntel. Die Männer mit den orangefarbenen Schutzhelmen an der Erlöserkirche hatten das Fundament gelegt und begannen nun mit den Grundmauern. Klare Tage stahlen sich zwischen die grauen. Eines Morgens warf ich einen Blick aus der Lenin-Bibliothek und sah, daß sich die ganze Stadt in den goldenen Kuppeln des Kreml spiegelte wie in einem Fischauge.

Jeden Morgen erschien jetzt im Hof unter meiner Wohnung eine Frau mit Besen, die das winterliche Scharren der Schneeschippen mit einer wunderlichen Litanei von Verwünschungen ablöste: »Zum Teufel mit euch! Möge der Satan auf euren Gräbern tanzen! Betrüger! Banditen! Das ist kein Land, sondern ein Gefängnis!«

Sie war so voller Gift und Galle, daß ich schon glaubte, sie fege den Hof nur deshalb, weil sie sich unbedingt Luft verschaffen mußte. Als ich sie ansprach, stellte sich heraus, daß sie die Frau eines ehemaligen sowjetischen Botschafters in Brasilien war.

»Ich bin ein frommer Mensch«, sagte ein fromm aussehender Mann im Alexandrowski-Park zu mir. »Bitte, gib mir etwas Geld, damit ich den Tag im Gebet verbringen kann.«

Auf dem Büchermarkt unter freiem Himmel lief mir Boris über den Weg. Er war als blinder Passagier im Gepäckwagen eines Zuges aus seiner Stadt im Süden gekommen und hatte das gesparte Geld bereits für eine Gesamtausgabe von Borges, ein Buch über Hexerei im Mittelalter und eine Kassette mit irischer Musik ausgegeben. Er empfand große Bewunderung für die Kelten und hatte in seiner Heimatstadt eine »Geheimzelle der IRA« gegründet. Eines Nachts hatte er einen schwarzen wollenen Kopfschützer übergestreift und FREE IRELAND! auf die Zugbrücke gesprüht. Die Behörden hatten keinen Anstoß genommen, weil es Englisch war; außerdem wußte ohnehin niemand, wo Irland lag.

Auch Darja aus Borodino hatte keine Ahnung gehabt, wo Irland lag, als sie in einem Traum aufgefordert wurde, die irische Sprache zu lernen. Wir hatten im Jahr zuvor an der University of Galway am gleichen Seminar teilgenommen, und als ich sie in Rußland besuchte, erinnerte ich sie daran, wie verdutzt die Fischerleute von Connemara gewesen waren, als sie eine Russin trafen, die fließend Irisch sprach. Ihr selbst war es nie aufgefallen. Mittlerweile studierte sie Theologie und wollte Nonne werden.

Die jahrzehntelange Zwangsideologisierung hatte die besondere russische Leidenschaft für den Glauben nicht schmälern können. Doch zumindest in Moskau war sie zweifellos verzerrt. Immer, wenn ich mir die Erlöserkirche, die Kräne und das Gerüst ansah und die orangefarbenen Schutzhelme wieder etwas höher in den Himmel geklettert waren, wurde mir leicht mulmig.

Ende Februar erschien ein Neuling im Zal Nr. 1. Er hatte den Bart eines weisen Mannes und einen schelmischen Gesichtsausdruck. Er kam jeden Nachmittag um die gleiche Uhrzeit, immer mit demselben Stapel Bücher, der ihm bis zum Kinn reichte, und setzte sich auf denselben Stuhl wie am Tag zuvor. Als ich nach etwa einer Woche die Gelegenheit hatte, mich mit ihm zu unterhalten, stellte sich heraus, daß er viel jünger war, als ich gedacht hatte. Er hieß Sergei und hatte sich vorgenommen herauszufinden, wann wir mit dem Jüngsten Gericht rechnen konnten. Er gehörte der »priesterlosen« Sektion der Altgläubigen an.

Sergei hatte Verbindung zu einem Kloster in Preobraschenski, und eines Tages fragte ich ihn, ob er mich einmal mitnehmen könne, obwohl ich damit rechnete, daß er ablehnen würde. Er sah mich mißtrauisch an. »Aber nur, wenn du keine Fragen stellst.«

An einem Vollmondabend trafen wir uns vor der Bibliothek. Unter unseren Stiefeln knirschte der frische Schnee. Sergei nahm die Fernbedienung aus der Tasche und öffnete das elektronische Türschloß eines brandneuen Land Rover Discovery. »Toller Schlitten«, sagte ich.

»Gehört meinem Boss.«

»Wer ist dein Boss?«

»Ein Gauner.«

Tatsächlich war Sergeis Boss ein hohes Tier bei einer der großen Ölgesellschaften, der sich gerade auf Zypern »die Sonne auf den Pelz brennen ließ«, so daß Sergei den Land Rover für sich hatte. Tagsüber Chauffeur, frönte Sergei nach Feierabend in den Tiefen der Lenin-Bibliothek seiner wahren Leidenschaft – der Apokalypse. Während wir den Sadovoye Koltso im Osten passierten, fegte er eine Bastion russischer Kultur nach der anderen vom Tisch. »Bücher sind Scheiße... Kunst ist Scheiße... die Kirche ist Scheiße... die ganze Kultur ist Scheiße.«

Für Sergei hatten alle weltlichen Mühen mit dem Jahr 1666 ihren Sinn verloren. Das war das Jahr, in dem die sogenannten Altgläubigen sich als Reaktion auf die Reformen des Patriarchen Nikon von der russischen Kirche abgespalten hatten. Aus Protest gegen Verfolgungen und Hetzjagden versammelten sich viele von ihnen in den Kirchen und übergossen sich mit Petroleum. Andere flüchteten in die entlegenen Teile des Reiches – in den kalten Norden, nach Sibirien und in die südliche Steppe. Aus sicherer Entfernung erklärten sie den Patriarchen Nikon zum Antichristen, den Zaren zu seinem teuflischen Komplizen und ihre Diaspora zur wahren Kirche. Sie waren das »Vierte Rom«, die letzte Phase vor der Wiederkunft Christi.

Sergei lehnte sich zurück und strich sich mit einer Hand über den Bart. Seit Christus, fuhr er fort, habe sich die wahre Kirche wie eine bedrängte Jungfrau von einem Filou zum anderen geflüchtet – von Rom nach Konstantinopel, und als die Türken sie von da vertrieben, weiter nach Moskau. Die ketzerischen Reformen des Patriarchen Nikon seien der Beweis dafür, daß Moskau genauso korrupt war wie alle anderen, und nur die Altgläubigen, die in der Wildnis verstreut auf die Wiederkunft warteten, könnten sich als Hüter der Kirche rühmen.

Katharina die Große dagegen, die in ihrer Selbstherrlichkeit sogar den Tag, an dem sie gegen die Pocken geimpft wurde, zum nationalen Feiertag erklärte, hatte eine Schwäche für die Altgläubigen besessen. Unter ihrer Herrschaft durften sie in Moskau wieder eine Gemeinde gründen und erwiesen sich bald als tüchtige Geschäftsleute und als selbstlose Bürger während der Beulenpest. Die Kaiserin belohnte sie mit einem Stück Land, auf dem sie dann das Kloster von Preobraschenski errichteten.

Sergei bog von der Hauptstraße in einen spärlich beleuchteten Hof ein. Es hatte leicht zu schneien begonnen. In der Mitte des Hofes stand eine kleine, von bereiften Bäumen umgebene Kirche. Die Messe war bereits in vollem Gange. Alte Männer lasen ihre Gebete, und alte Frauen küßten in regelmäßigen Abständen ihre Ikonen. Es war eiskalt und sehr dunkel. Die Messe dauerte drei Stunden.

Danach folgte ich Sergei in ein Hinterzimmer. In der Mitte stand eine Kohlepfanne, deren Flammen flackernde Schatten in das niedrige Gewölbe des Raumes warfen. Einige der Alten beugten sich darüber, um sich die Hände zu wärmen, andere saßen nur da und starrten in die Flammen. Das Licht tanzte über ihre biblischen Gesichter. Während wir uns unterhielten, die Stimmung immer lockerer wurde und sogar Sergei besänftigt schien, sah ich mir diese Männer aus der Wildnis an – mit ihren rigiden Überzeugungen und ihren stoppelbärtigen, zeitlosen Gesichtern – und hatte den Eindruck, nicht eine dem Untergang geweihte Sekte vor mir zu haben, sondern eine, die leidenschaftlich um ihr Überleben kämpfte.

In den Büchern der Lenin-Bibliothek hatte ich eine stattliche Anzahl von kleineren Sekten und Gruppen von Abtrünnigen gefunden – beispielsweise die Judaisten (die wegen ihres rationalen Denkens verfolgt wurden), die Geschorenen (die von der Obrigkeit ertränkt wurden), die Kastrierten (verbannt), die Wanderer, die Springer und die Ikonenkämpfer. Was aber ihre heutige Existenz betraf, so hatte mir ein gelangweilter Geschichtsprofessor skeptisch erklärt: »Das war damals. Stalin hat sie bis auf den letzten Mann ausgerottet.«

Doch eines Abends Mitte März unterhielt ich mich mit einem

Arzt, der behauptete, einer seiner Patienten sei Mitglied der Duchoborzen-Sekte. Ich hatte einiges über die Duchoborzen gelesen. Der Name bedeutet wörtlich übersetzt Geisteskämpfer, und die zaristische Obrigkeit hatte sie auf eine Odyssee geschickt und über das ganze Reich versprengt. Schließlich waren sie nach Kanada ausgewandert, wo sie bis heute ein im neunzehnten Jahrhundert erstarrtes Russisch sprechen. Aber ich hatte keinerlei Hinweise darauf gefunden, daß es noch Anhänger in Rußland gab.

Ich rief den Duchoborzen an und verabredete mich an der U-Bahn-Station mit ihm. Ich entdeckte ihn sofort – er war stämmig, hatte ein breites Gesicht und stand ziemlich reglos inmitten der an uns vorbeiwogenden Menschenmassen. Wir gingen zu meiner Wohnung und unterhielten uns über Tolstoi, der ein Herz für die Duchoborzen gehabt und ihnen geholfen hatte, Rußland zu verlassen. Ich fragte, wie viele es noch in Rußland gebe, und er antwortete: »Eine große Zahl lebt in der Nähe von Tula und auch im Süden.«

Als ich ihm eine Karte vorlegte, zeigte er mit dem Finger auf eine Reihe von Steppendörfern in der Nähe von Rostow. »Aber ich stamme nicht von da«, sagte er.

Dann sah er genauer hin und murmelte die Namen der Ortschaften vor sich hin. Sein Finger fuhr nach Süden über die Steppe und den Kaukasus zu einer Stelle im äußersten Süden von Georgien, wo das alte russische Reich an die Türkei gegrenzt hatte.

»Hier! Hier wurde ich geboren«, sagte er und tippte auf die Karte. »Am Ende der Welt.«

Mitte April kehrte der Schnee für drei Tage zurück. Morgens waren die Pfützen mit einer Eisschicht bedeckt, und ich hatte das Gefühl, als könnte es in dieser trostlosen Stadt nie wieder warm werden. Die Frau des Botschafters stützte sich auf ihren

Besen und schimpfte über den späten Schnee: »Heutzutage haben Wetter und Natur nichts mehr miteinander zu tun.«

Doch dann passierte etwas Seltsames. Innerhalb eines einzigen Tages brachen die Knospen auf, und die Straße mit ihren kahlen Bäumen färbte sich zartgrün. Ein Frühling als solcher hatte nicht stattgefunden. Die Moskwa stieg einen halben Meter an und wirbelte rascher an uns vorbei. Eines Nachmittags kehrte ich auf meinem gewöhnlichen Weg von der Lenin-Bibliothek zurück, als ein Mann in Hemdsärmeln in die U-Bahn einstieg. Er wischte sich über die Stirn, und diese kleine Geste überzeugte mich davon, daß es Zeit war, Moskau zu verlassen – nicht, weil er die Hitze des Sommers mitbrachte, sondern weil mir auffiel, daß ich ihn schon öfter gesehen hatte. Noch am gleichen Nachmittag öffnete ich einen brandneuen Notizblock und schrieb unter der Überschrift »Der Süden«:

1 Skythen – Sarmaten – Alanen
2 Steppe
3 Berge
4 Kosaken
5 Altgläubige
6 Die Geisteskämpfer am Ende der Welt

Auf die nächste Seite schrieb ich:

> Das Land zwischen dem Kaspischen Meer und dem Schwarzen Meer ist Rußlands Vendée, wo Leibeigene und Abtrünnige Zuflucht suchten, um Kosaken zu werden, wo sich Rebellen wie Stenka Rasin und Pugatschow erhoben, um gegen Moskau zu marschieren, wo der ewige Wunsch nach Konformität am schwächsten zu sein scheint – das Land, wo die Steppe so flach ist wie das Meer und sich am Kaukasus und all den versprengten nicht- russischen Völkern bricht …

Ich beschaffte mir Landkarten und verabschiedete mich von allen. Ich gab meinen Ausweis für die Lenin-Bibliothek zurück und erhaschte einen letzten Blick auf die Erlöserkirche (die Außenwände waren fast fertig, man hatte mit den Türmen begonnen), und an einem wunderschönen sonnigen Morgen buchte ich eine einfache Fahrt nach Rostow am Don.

Teil I

STEPPE

»Ich packte meine Siebensachen und
brach auf in die Steppe der Baschkiren,
um frische Luft zu atmen, kumys
zu trinken und ein primitives
Leben zu führen.«

Leo Tolstoi, Meine Beichte

Der siegreiche Traktor

Am Moskauer Kasanski-Bahnhof wurde ein Film gedreht. Es war später Nachmittag, und eine große Zahl von Statisten im Stil der dreißiger Jahre stand am Bahngleis. Plötzlich löste sich ein Mann aus der Gruppe und warf sich auf die Gleise. Die Menge wich zurück und schrie auf. Die Szene wurde mehrmals wiederholt. Als der Zug nach Rostow, begleitet vom metallischen Geräusch der Kupplungen, aus dem Bahnhof rollte, drehten sie immer noch.

Moskaus spärlich bebaute Randbezirke gingen allmählich in Wald über. Etwa eine Stunde lang sah ich vor dem Fenster eine Linie von dunkelgrünen Bäumen vorbeiziehen. Dann passierten wir eine offene Landschaft voller Seen und sahen im letzten Sonnenlicht die Kuppeln und Türme eines Klosters, die wie Feuerwerkskörper in den nächtlichen Himmel stiegen.

Die Tür des Abteils ging auf. Ein Polizist trat ein und fragte nach den Papieren. Wo ich hinwolle? Nach Rostow, antwortete ich und bot ihm einen Wodka an.

»Weißt du, was wir über Rostow sagen?« Er nahm behäbig Platz.

»Was denn?«

»Wenn Odessa der Vater des Verbrechens ist, dann ist Rostow die Mutter!« Seine Brust war stolzgeschwellt. »Aber natürlich ist es eine sehr disziplinierte Stadt, denn es ist eine Kosakenstadt, und ich bin Kosak.«

Ein Kosakenpolizist also. Er sollte sich seinen Drink verdienen. Ich bat ihn, mir von den Donkosaken zu erzählen.

Er strich die Spitzen seines Schnurrbarts glatt und sprach über das Leben der Kosaken und ihre stolzen Bräuche, wie tapfer sie in alten Zeiten für Rußland gekämpft hatten, wie sie sich zu den berühmten *krugs* versammelten, um das Feuer saßen und sich Geschichten über alte Zeiten erzählten, und wie tapfer sie alle für Rußland gekämpft hatten.

»Aber es ist kein leichtes Leben, und nicht jeder ist dafür geschaffen.«

Die Frauen, erklärte er mir, hätten ihre Säuglinge in eine Schneewehe gelegt, und wenn sie starben, war es nicht weiter schlimm, denn es galt als Beweis dafür, daß sie dem harten Kosakenleben nicht gewachsen gewesen wären.

Und dann gab es noch das *banja*! Für einen echten Kosaken, so sagte er, gebe es nichts Schöneres als ein gutes *banja*, aber vor dem *banja* müsse er in die Steppe laufen und sich nackt auf einen Ameisenhügel legen, damit die Ameisen auf ihm herumkrabbelten und das schlechte Blut aussaugten. »Aber nicht mal die stärksten Kosaken halten es länger als eine Minute auf einem Ameisenhaufen aus. Das sind große Ameisen, verstehst du, so groß.« Er hielt Daumen und Zeigefinger in die Luft; zwischen ihnen klaffte ein mehr als zweieinhalb Zentimeter großer Abstand.

Er stand auf. »Und jetzt muß ich einen Blick auf deine Papiere werfen.«

Ich gab sie ihm.

»Hast du kein Visum für Rostow?«

»Ich brauche keins.«

»Das entscheide ich.« Er blätterte in meinem Paß herum, ließ sich lange genug Zeit, um mir zu zeigen, wer hier das Sagen hatte, und klatschte ihn mir dann wieder in die Hand.

»Na schön, stoßen wir also auf deine Reise an, und zwar so

wie ein Kosak, bevor er in den Krieg zieht. Wenn er über den Hügel zu seinem Liebchen reitet, wo er die Nacht verbringt, ehe sie ihn am Morgen mit einem Handtuch über dem Arm, Brot, Salz und einer Tasse Wodka verabschiedet. Hoch zu Ross trinkt er auf sein Glück und schleudert dann den Becher zu Boden. Auf deine Reise, mein Freund!«

Spät am folgenden Tag erreichten wir Rostow. Die Abenddämmerung tauchte die Straßen der Stadt in honigfarbenes Licht. Männer mit sonnenverbrannten Gesichtern hockten im Staub. Ihr Russisch war langsamer und weicher als das der Moskowiter. Die Pappeln warfen lange Schatten über die Straßenbahnschienen, und schon an der Ecke des Budjonnowski-Prospekts wurde ich auf zwei Männer mit wolligen Bärten aufmerksam, deren Bäuche sich unter den Umhängen ihrer Zinnsoldatenuniformen wölbten. Ich war im Kosakenland.

Sommer 1993, Ende Juli. In den Bergen von Karabach hatten die Armenier eine Offensive gestartet. Die ganze Nacht hatte ich die Schlacht um ein Dorf in der Nähe von Hadrut verfolgt. Später starteten ein paar Aseri-Panzer eine Gegenoffensive. Es war alles sehr laut und verwirrend. Doch am Abend war es vorbei; die Armenier hatten das Dorf eingenommen.

Beim ersten Morgenlicht wurden die Ruinen brennender Häuser sichtbar, die Toten, die Sinnlosigkeit, die plötzliche Stille. Ein Hubschrauber zur Evakuierung der Verwundeten traf ein, aus dem ein Kosak mit einer Einheit zur Verstärkung heraussprang. Er trug lange Reitstiefel, mit roten Paspeln verzierte Reithosen und einen altmodischen weißen Halbrock. Als der Hubschrauber sich wieder über die Bäume erhob, blies ihm der Wind die Mütze vom Kopf, und er jagte ihr übers Feld hinterher. Er war der erste leibhaftige Kosak, den ich je gesehen hatte. Ich fragte ihn, was er hier tat.

»Ich bin hier, um das Vaterland zu verteidigen!«

Doch wessen Vaterland damit gemeint war, hätte ich beim besten Willen nicht sagen können.

Hoch über Rostow liegt das Gorki-Theater. Es ist ein großes Gebäude aus Beton und Glas, das im Geist der damaligen Zeit wie ein Raupenschlepper aussehen sollte. Die Raupenketten sind Gehwege und Aufzugschächte, die Motorhaube bildet die Wände des Auditoriums. Bis in die dreißiger Jahre hatte hier die armenische Kathedrale gestanden, doch keiner war traurig, als die Partei sie in die Luft sprengte, denn damals wußte jeder, daß Kathedralen der Vergangenheit angehörten und die Zukunft in Raupenschleppern lag, die in den prächtigen neuen Traktorenwerken von Rostselmasch gebaut wurden.

Vor dem Gorki-Theater fällt das Land zu den Ufern des Don ab. Auf der anderen Seite des Flusses sah ich bräunlich gelbe Ebenen und Pappelhaine und dahinter die Steppe. Die Schatten der Wolken zogen wie Schiffe über die Landschaft. Das Grün des Landes verblaßte zu einer geraden Linie am Horizont; seine Größe und Symmetrie wirkten gewaltig.

Es war Ende April. Die drei Tage währenden Schneestürme des Winters gehörten der Vergangenheit an. Der Boden war aufgetaut und vom Regen feucht wie ein Schwamm. Ein oder zwei Wochen später wäre der Schlamm getrocknet und der Boden fest, und am dritten oder vielleicht am vierten Tag würde der Wind den schwachen Klang trommelnder Pferdehufe mitbringen. Man würde den Horizont absuchen, doch nichts sehen und sich einreden, es sei nur der Wind. Dann würde das Scheppern eines lackierten Brustharnischs, das Knirschen einer grob geschmiedeten Kandare dazukommen, und schließlich würden sie auftauchen, in geballter Formation, und immer aus der Richtung, die man am wenigsten erwartete.

Zwei Jahrtausende lang war der halbmondförmige Streifen Steppe, der sich ungebrochen von der Donau bis zum Altai-Gebirge erstreckt, von aufeinanderfolgenden Reitervölkern beherrscht gewesen. Sobald das Tauwetter einsetzte, brachen sie auf. Diese Völker wurden weder seßhaft noch bearbeiteten sie den Boden, sondern zogen in Gruppen von bis zu dreitausend Reitern durch das Land und plünderten alles, was ihnen in den Weg kam. Sie saßen auf kurzhalsigen Ponys, die eine Stunde ohne Pause galoppieren oder sich auf Befehl flach in einen Graben werfen konnten. Sie ritten häufig ohne Steigbügel und gewöhnten ihre Pferde an die Trense. Für die Schlacht bevorzugten sie Stuten, weil die im Galopp urinieren konnten, während sie selbst sich nur leicht aus dem Sattel hängen mußten, um ihre Notdurft zu verrichten. Wenn ihr Pferd starb, verzehrten sie sein Fleisch.

Eine Reiterwelle nach der anderen war über die Steppe nach Westen gerollt. Eroberer wurden erobert. Skythen lösten die Kimmerer ab und wurden ihrerseits von den Sarmaten verdrängt. Danach kamen die Hunnen, Kyptschaken und Mongolen. Seit dem dreizehnten Jahrhundert wurden die Nachfahren dieser Eroberer gewöhnlich Tataren genannt. Zur Zeit der Goldenen Horde gebrauchten die Tataren das arabische Wort *kasak* oder Kosak, um einen Söldner oder Freibeuter zu bezeichnen – die es damals in großer Zahl gab. Gruppen von Kosaken scharten sich an den Flüssen in sogenannten »Stanizas« zusammen und wählten ihre eigenen Anführer, die »Atamane«. Sie bildeten niemals eine ethnische Gruppe, sondern nahmen jeden auf, der bereit war, dasselbe zu ertragen wie sie.

Die Kosaken führten das Leben von Inselbewohnern. Sie überlebten als Piraten und fühlten sich niemandem tributpflichtig in der Gewißheit, daß sie ihr Land besser kannten als alle potentiellen Angreifer. Sie konnten Mensch und Tier tagelang über jedes Terrain verfolgen, ohne entdeckt zu werden. Sie glitten wie Schlangen durch das hohe Schilfrohr. Der Flug oder Schrei eines Vogels verriet ihnen, wo sich ein Eindringling befand, und jeder, der sich in diese Gegend wagte, lernte schnell, daß die verlassen wirkende Steppe niemals wirklich verlassen war. Ein Kosak und sein Pferd waren unzertrennlich. Wenn er krank wurde, schwang er sich in den Sattel und galoppierte los, bis ihm der Schweiß am ganzen Körper herunterlief und sich mit dem des Pferdes vermischte.

Noch zur Zeit der Revolution waren diese weiten südlichen Steppen größtenteils unbesiedelt. Die Stanizas der Kosaken säumten vereinzelt die Flußufer des Don, Kuban und Terek. Viehtreiber aus den Bergen richteten sich mit ihren Tieren in entlegenen Winkeln ein, um zu überwintern. Handelskarawanen suchten sich geduldig einen Weg auf den nicht gekennzeichneten Routen, ansonsten gab es nichts außer der endlosen Weite von seidigem Gras, das im Wind wogte.

Die Sowjetplaner sahen zwei Probleme, als sie ihre Aufmerksamkeit auf die Wildnis im Süden richteten. Sie dachten an den Bürgerkrieg, an General Denikin und den Winter 1918/19; sie erinnerten sich an die vielen Weißen, die er unter den Kosaken rekrutiert hatte. Und sie dachten an Nahrung: grenzenlose Vorräte von Getreide, Fleisch und Milch. Für sie war die Steppe eine riesige Lebensmittelfabrik, die nur auf das richtige Triebwerk wartete.

Für beide Probleme bot sich dieselbe Lösung an. Sie bauten das Gorki-Theater nach seinem Vorbild. Und sie bauten die Traktorenfabrik in Rostselmasch. Raupenschlepper, die in Reih und Glied über den jungfräulichen Boden marschierten! Raupenschlepper, die neuen Krieger der Steppe!

In Rostow blühten die Tulpen. Wächserne rote Tulpen, deren Staubgefäße in gelben Flammen standen. Dorffrauen brachten sie in die Stadt und verkauften sie aus Plastikeimern in der U-Bahn. Sie quollen aus den Vasen der Büroangestellten, lagen wie Handschuhe auf Gräbern, unter Ikonen und in großer Zahl vor der Lenin-Statue. Eines Tages beobachtete ich, wie eine nervöse, schnell sprechende Journalistin eine Blatt für Blatt zerpflückte. Sie erzählte mir von einem kosakischen Ataman.

»Ich habe mal einen Artikel über ihn geschrieben, und jetzt droht er, mich umzubringen. Er will mich aufknüpfen, glaube ich.«

Die Journalistin wischte die Blütenblätter von ihrem Schreibtisch und erklärte, sie sei nicht weiter beunruhigt. »Alles nur Angeberei. Kosakenallüren. Wenn Sie etwas über die Kosaken erfahren wollen, die echten Kosaken, dann fragen Sie Nikolai Alexejewitsch.«

Ich fand Nikolai Alexejewitsch am selben Nachmittag in einem Dorf einige Meilen flußabwärts. Ein Hund zerrte an seiner Kette, und von der Wäscheleine hing eine Reihe gesalzener Flußbarsche. Gemeinsam verließen wir das Dorf, um das Grab seines Vaters aufzusuchen.

Nikolai war ein wunderbar sanftmütiger Mann mit einem langen, traurigen Gesicht. Er blieb mit der Mütze in der Hand vor dem Grab stehen. Der Steppenwind zerzauste sein Haar. Ein paar Minuten standen wir schweigend so da und betrachteten den oblatenförmigen Grabstein und die Kamee mit dem Foto seines vage lächelnden Vaters.

»Es war das Lager. Sie haben ihn zusammen mit den anderen Kosaken dorthin gebracht. Zehn Jahre hat er durchgehalten. Aber sechs Monate nach seiner Heimkehr ist er gestorben. Er starb einen Tag nach Stalin. Ich glaube, er hat nur darauf gewartet.«

Nikolai hatte erst vor kurzem zum ersten Mal Petersburg besucht. Die Goldsammlung der Skythen in der Eremitage hatte ihn am meisten beeindruckt. »Hast du das Gold gesehen?«

»Ja.«

»Mir lief ein kalter Schauer über den Rücken, als ich diese Tiere aus Gold sah. Sie gehören uns, verstehst du?«

Für Nikolai gab es keinen Zweifel, daß die Kosaken die legitimen Erben der Skythen waren, als er jetzt auf den Boden deutete. Die Kosaken aus dem Dorf hatten ihren Friedhof auf den Hängen eines alten *kurgan* errichtet, einem jener unzähligen skythischen Grabhügel, die die flache Steppe überziehen.

»Wir sind von derselben Erde.«

Das Wenige, das wir über die Skythen wissen, hat zumindest im Geiste etwas mit den Kosaken gemein. Laut Herodot waren die Skythen ein Volk, das nur für Pferde, Kriege und die Jagd lebte. Er erzählt eine Geschichte aus dem Persischen Krieg, in der alle diese Eigenschaften dargestellt werden. Kurz vor der Schlacht, als sich die beiden Heere gegenüberstanden, tauchte plötzlich ein Hase zwischen den feindlichen Linien auf. Daraufhin gaben die Skythen spontan ihre Formation auf und jagten ihm nach. Die Perser hingegen waren von der Sorglosigkeit der Skythen derart verwirrt, daß sie auf der Stelle ihre Truppen abzogen und den Kampf verweigerten.

Die Skythen lebten in Wagen und waren ständig unterwegs. Sie kannten weder Hacke noch Pflug. Ihr Haupterzeugnis war Stutenmilch, und sie glaubten, die Milchbildung fördern zu können, indem sie der Stute einen hohlen Knochen in die Vagina schoben und hineinbliesen. Da Holz Mangelware war, bereiteten sie das Fleisch eines Tieres auf einem Feuer aus dessen eigenen Knochen zu. In der Schlacht skalpierten sie ihre Gegner und vergoldeten das Innere der Schädel, die sie dann als Trinkschalen benutzten. Sie konnten einiges vertragen und tranken ihren Wein unverdünnt. Im alten Griechenland gab es ein Sprichwort, das lautete: »Er trinkt wie ein Skythe.« In Athen dienten die Skythen als Polizeitruppen. Ihr Land lag an der nördlichen Küste des Schwarzen Meers, die angeblich genauso geschwungen war wie ihre Bogen.

Nach dem Tod eines Menschen führten die Angehörigen die Leiche vierzig Tage lang auf ihrem Wagen mit, ehe sie beerdigt wurde. Dazu schlugen sie ein Zelt auf, legten es mit Matten aus und zündeten ein Kohlefeuer an. Hin und wieder schütteten sie Wasser auf die glühenden Steine, um sich in seinem Dampf zu reinigen. Auch Cannabis-Samen warfen sie ins Feuer, was zur Folge hatte, daß sie vor Lachen heulten. Wenn es sich bei dem Toten um einen König handelte, öffneten sie seinen Bauch, füllten ihn mit Blumen und brachten ihn an einen entlegenen Ort. Dort hoben sie eine große kunstvolle Kammer aus, wo die erdrosselten Leichen einer seiner Konkubinen, seines Weinschenks, seines Kochs, eines Pferdeknechtes, eines Leibdieners und eines Boten Platz fanden. Dazu kamen Pferde und Goldbecher. Danach häuften sie tagelang Erde auf das Grab. Gelegentlich wurden die *kurgany*, die sie bauten, bis zu zwanzig Meter hoch. Am Ende des Jahres kehrten sie mit fünfzig königlichen Dienern und fünfzig der besten Pferde, die dem König gehört hatten, zurück. Sie töteten die Männer und die Pferde und setzten die toten Männer auf die toten Pferde. Danach durchbohrten sie beide mit einer Stange und stellten sie im Kreis um den *kurgan* auf. Nach Beendigung dieser Zeremonie schwangen sie sich auf ihre Pferde und verschwanden wieder in der Steppe.

Lange Zeit beherrschten die Skythen das Gebiet nördlich des Kaukasus. Im siebten Jahrhundert vor Christus zogen sie über den einzigen Bergpaß nach Süden und brachen in Anatolien ein, wo die Menschen fürchteten, die Völker von Gog und Magog seien gekommen. Eine Generation lang kontrollierten sie den gesamten Nahen Osten, bis eines Nachts der medische König Kyaxares ihre Anführer betrunken machte und sie später im Schlaf tötete.

Nördlich der Skythen, so behauptete Herodot, sei die Luft voll von Federn. Tausend Jahre später entwickelte sich von hier aus das Königreich Rus. Als Reaktion auf die Steuern und Strafmaßnahmen der asiatischen Horden gelang es schließlich den Russen, sich durch die Federn zu kämpfen und bis zum Schwarzen Meer und dem Kaukasus vorzudringen. Erst da verwandelten sich die Kosaken aus Feinden in Hüter des Russentums. Heute trägt keiner die wiederentdeckten Embleme des Russentums stolzer als die Kosaken.

Als Alexander Block 1918 »Die Skythen« schrieb, wollte er die westeuropäischen Völker darauf hinweisen, daß sie zu lange in ihren Vergnügen geschwelgt und sich vom Wohlstand hatten verweichlichen lassen. Würden sie jedoch die Russische Revolution sorgfältig genug beobachten, so könnten sie darin die Regung einer uralten Leidenschaft erkennen:

> ... zu lieben, so wie unser Blut liebt,
> Versteht ihr lange schon mitnichten?
> Ihr habt vergessen, daß es Liebe gibt,
> Bereit, zu brennen und vernichten!

Rußland besitzt ein Potential an Leidenschaft, das jederzeit ausbrechen kann. Täuscht euch nicht, wollte er sagen, wir sind die Nachfahren dieser Horden, und unsere Geduld ist unerschöpflich.

Historisch ist das natürlich alles Unfug. Zwischen dem Untergang der Skythen und dem Erscheinen der Russen liegen tausend Jahre, und die Kosaken kamen sogar noch später. Doch als ich an jenem Nachmittag mit Nikolai Alexejewitsch auf dem *kurgan* stand, war der Gang der Geschichte kaum mehr als eine aus Unhöflichkeit vorgebrachte Lappalie. Viel aufschlußreicher war die Tatsache, daß die Kosaken sich den Mythos der Skythen überhaupt angeeignet hatten.

»Nur ein bißchen Ärger mit ein paar jungen Leuten«, sagte Ataman Wladimir lächelnd. »Ein bißchen Ärger, weiter nichts.«

Nikolai Alexejewitsch hatte mich den Don abwärts zu einem

anderen Kosakendorf geschickt. Jetzt stand ich mit Ataman Wladimir vor der Polizeistation. Vergangene Nacht hatte es eine Prügelei gegeben; fünf seiner »Jungs« waren festgenommen worden.

»Nur ein Mißverständnis mit ein paar Beamten. Nichts von Belang, wirklich.« Er erzählte, daß sechzig Mann beteiligt gewesen seien.

Als das Tor aufging, marschierte Ataman Wladimir hinein und nahm den diensthabenden Offizier zur Seite. Ich sah, wie er ein Bündel Scheine aus der Tasche zog. Dann lächelte er auf seine eigentümliche Art und ging. »Heute abend sind sie wieder draußen«, erklärte er mir.

Der Ataman trug für die Gelegenheit einen braunen Anzug mit schwarzem Hemd. Er machte einen flotten und gepflegten Eindruck und sprach in knappen, klaren Sätzen. Wir saßen bei ihm zu Hause im Eßzimmer und warteten auf das Mittagessen. Die Regale waren vollgestopft mit Abzeichen und Fotos von Paraden. Auf einem sah man einen Mann auf einem weißen Pferd – sein Urgroßvater, erzählte er, sei ebenfalls Ataman gewesen.

»Zeig ihm den Säbel, Liebling!« rief seine Frau aus der Küche.

»Den Säbel, ja.« Wladimir griff nach dem *schaschka*, einem langen Paradesäbel, der vor einem kaukasischen Teppich an der Wand hing. Er zog ihn aus der Scheide und hieb ihn grinsend ein paarmal kreuzweise durch die Luft. Dann griff er nach dem *bulawa*, seinem Amtsstab, einer kurzen, kompakten Waffe aus solidem Messing. Wladimir fuchtelte damit herum. »Hu – ha!«

An der Wand hingen noch ein paar Dolche und Pistolen und eine Knute aus halbgeflochtenen Lederriemen. Das war eine *nagaika*. Die Skythen hatten sie in der Schlacht benutzt, die Kirgisen damit Leoparden getötet, und die Kosaken gebrauchten sie für die Wolfsjagd. Auf den Gemälden von Kosakenangriffen während der Revolution von 1905 sieht man sie ihre *nagaikas* schwingen. Wladimir schlug sie gegen sein Bein. »Damit kann man einem das Genick brechen.«

Ataman Wladimirs Frau brachte Schüsseln voller Essen, und wir setzten uns zu Tisch. Sie war eine einfache Frau, die viel lachte, ausgezeichnete *pelmeni* machte und Juden nicht ausstehen konnte. »Ich weiß nicht, warum sie nicht alle nach Israel gehen. Hier machen sie uns nur Ärger.« Sie kramte ein Buch heraus, in dem das Politbüro von 1936 aufgelistet war; diejenigen, die sie für Juden hielt, hatte sie mit einem Sternchen gekennzeichnet. »Sieh dir das an. Zwei von dreien!«

»O Gott!« rief Wladimir.

»So ist es nun mal, Liebling.«

»Nein.« Er krempelte sich den Hemdsärmel hoch. »Die Orden! Um zwei muß ich die Orden verleihen!«

Es war zehn nach zwei. Wir rannten zu seinem Wagen und rasten quer durchs Dorf zur Schule.

In der Aula standen etwa ein Dutzend Tische. Dort saß eine große Zahl von Veteranen im Sonntagsstaat. Ein Akkordeonspieler begleitete den Sänger, der eine Reihe von Kriegsschnulzen zum besten gab.

Vor fünfzig Jahren hatten sie die faschistische Bedrohung zerschlagen, und jetzt bekamen alle, die dabeigewesen waren, einen Orden. In Wirklichkeit hatten viele von denen, die hier versammelt waren und die Säuberungen von Kaganowitsch in den dreißiger Jahren überlebt hatten, mit den Faschisten sympathisiert und sich ihnen sogar angeschlossen, aber das war jetzt alles vergessen, und auf dem Tisch lag ein Stapel roter Etuis mit Orden.

Ataman Wladimir stand neben einem Oberst und verteilte die Medaillen. Der Oberst hielt eine Rede, und dann erklang wieder Musik. Ich setzte mich an einen der Tische. Die Männer machten kurzen Prozeß mit dem Brandy. Die Frauen stopften sich heimlich das Essen in die Handtaschen.

»An der Front haben wir amerikanische Konserven bekommen. Sie waren sehr lecker, diese amerikanischen Konserven...«

»Wir kämpften zusammen, weil wir uns zusammen betranken...«

Eine der Frauen war Funkerin in einem Bezirkshauptquartier gewesen. Sie erzählte mir, wie sie eines Nachts einen Schalter betätigt und plötzlich eine vertraute Stimme im Kopfhörer gehabt hatte. Es war Stalin gewesen.

»Wie heißt du?« hatte er sie gefragt.

»Alexandra – Schurotschka.«

»Nun, Schurotschka, mach dir keine Sorgen. Der Sieg ist uns gewiß.«

Sie seufzte und sah sich im Raum um. »Im Krieg waren die Menschen besser. Alles andere war schlecht, aber die Menschen waren besser. Sieh uns doch an. Wie häßlich wir geworden sind.«

Ataman Wladimir berichtete von einer Siegesparade, die in Nowo-Tscherkassk, der Hauptstadt der Donkosaken, stattfinden sollte. Einen Tag vor der Parade, an einem bewölkten und regnerischen Nachmittag, fuhr ich hin. Die Steppe verschwand im Dunst. Im Kosakenmuseum erzählte mir jemand von einem sogenannten »grünen Ataman«.

Ich fand ihn in seiner Küche, wo er mit einigen anderen Männern zusammensaß. Sie diskutierten über den erbärmlichen Zustand des russischen Fischfangs. Die Flüsse seien nur noch Kloaken, schimpfte der Ataman. Das Asowsche Meer sei eine Todesfalle. Früher habe Rußland den besten Fisch der Welt gehabt, die größten Störe, die gesündesten Lachse, die schmackhaftesten Krebse. Die Kommunisten hätten alles zerstört, hätten sie einfach mit Staubsaugern aus dem Wasser gezogen. Die Lösung, so sein Vorschlag, läge bei den Kosaken. So wie sie früher die Grenzen Rußlands verteidigt hätten, könnten sie heute die Umwelt schützen. Er sah sie in der Rolle von Wildhütern, die sich um Rußlands Seen und Flüsse kümmerten – Freunde der Fische. »Die Kosaken haben den weiten russischen Raum schon immer geliebt. Wäre das nicht viel besser als dieses ewige Soldatenspielen?«

Er machte sich Hoffnung, bei den nächsten Parlamentswahlen aufgestellt zu werden. »Ich habe mir einen Slogan ausgedacht«, erklärte er. »Einen sehr demokratischen.«

»Wie heißt er?«

»Für die Fische, für die Freiheit, für eine bessere Gesellschaft.«

Ich fragte ihn, ob er an der Siegesparade teilnehmen werde. Er schüttelte den Kopf: »Ich hab was Besseres zu tun.«

Am Morgen schimmerte das Kopfsteinpflaster vor der Kathedrale vom Regen. Eine Gruppe Kosaken in zusammengestoppelten, altmodischen Uniformen hatte sich dort versammelt und wartete auf die Parade. Abgesehen davon war der Platz menschenleer.

Irgend etwas stimmte nicht. Ataman Wladimir debattierte heftig mit einigen von ihnen. Plötzlich erklang irgendwo weiter oben in der Allee Marschmusik, und da ging den Kosaken auf, daß sie am falschen Ort waren.

Später sah ich sie in der Parade wieder. Sie hatten einen Platz zwischen den übrigen Soldaten gefunden, marschierten in einer Gruppe und rempelten sich ständig gegenseitig an. Alle paar Minuten scherte einer aus, um sich mit jemandem anzulegen oder eine Zigarette zu rauchen. Sie wirkten ziemlich lächerlich.

Als ich Nowo-Tscherkassk an diesem Abend verließ, war der Himmel aufgeklart. Die Sonne ging wie ein riesiger Messingknopf über der Steppe unter. In Rostow rief ich einen Mann an, dessen Name mir in Moskau genannt worden war. Er verwies mich weiter an eine Frau namens Ludmilla Igorovna und gab mir ihre Nummer.

»Wir treffen uns morgen«, sagte sie. »Wir singen, wir reden, wir sind jetzt nur noch wenige. Ist das interessant für dich?«

»Mit Sicherheit.«

Ludmilla Igorovna war Duchoborzin.

Die Lenina-Kolchose

Jeden Sonntagnachmittag fuhr in Rostow am Don etwa ein Dutzend älterer Frauen mit Essensbündeln unter dem Arm quer durch die Stadt und versammelte sich vor dem traktorförmigen Gorki-Theater. Dort verbrachten sie in einem der oberen Zimmer (etwa auf der Höhe des Kurbelgehäuses) ein paar Stunden damit, Lieder zu singen und Gebete aufzusagen, das einzige, das ihnen aus der Zeit in ihren Dörfern geblieben war.

Der Wind aus der Steppe brachte Regen mit. Eine der Frauen kämpfte mit ihrem Schirm. Eine andere zählte die Köpfe der Anwesenden. »Zehn, elf, zwölf – sind alle meine Mädchen da? Gut! Dann laßt uns reingehen.«

Für ihre Mädchen war die Treppe eine Qual. »Oje, oje, oje!« seufzten sie und hielten sich am Geländer fest, um zu verschnaufen.

»Wir sind gleich da!« rief Ludmilla Igorovna, mit etwa vierzig die jüngste von ihnen.

Oben am Ende der Treppe befand sich ein Zimmer, in dessen Regalen eine Reihe von Marmeladengläsern standen. Farbpinsel lugten aus ihnen heraus. An der Wand hingen vierzehn Gemälde von einer Zwiebel. Während der Woche kam eine Schulklasse hierher, um mit Farben zu experimentieren. Ihre Begeisterung war den Spritzern in allen Regenbogenfarben auf dem Tisch deutlich abzulesen. Ludmilla breitete eine weiße Tischdecke über den Tisch. Die anderen stellten ihre Taschen mit Hausmannskost darauf ab.

Die Frauen waren Duchoborzen, »Geisteskämpfer«, Nachfahren jener radikalen Sekte, die Mitte des achtzehnten Jahrhunderts entstanden war. Sie hatten die Jahre der stalinistischen Verfolgungen und die Zwangsmärsche über die endlosen Weiten Rußlands überlebt, und jetzt schufen sie sich in Rostow jede Woche so etwas wie ein Allerheiligstes in der ungenutzten Abgeschiedenheit dieses Traktors aus Beton.

»Hier stören wir niemanden«, erklärte mir Ludmilla. »Und wir werden auch nicht belästigt. Manchmal bleiben wir bis sieben.«

Wer sich auf die Spuren der Duchoborzen begibt, verliert sich schnell im Nebel spiritueller Meinungsverschiedenheiten. Als Verwandte der Flagellantensekte der Chlysty, der Skopzy (Kastraten) und der Ikonoborzen (Ikonenkämpfer) leiten einige Duchoborzen ihre Herkunft von denen ab, die den glühenden Kessel des antiken Babylon unversehrt überlebten – Schadrachen, Meschachen und Abednego. Andere behaupten, die Sekte habe ihren Ursprung in einem Großherzog der Romanows, der auf Amt und Würden verzichtete und ein einfacher Bauer wurde. Doch erst in den achtziger Jahren des siebzehnten Jahrhunderts begann die Sekte, in der Region von Tambow auf sich aufmerksam zu machen. Damals zog ein Mann namens Ilarion Pobirochin von Dorf zu Dorf und verkündete, er sei der lebendige Jesus Christus. Er wurde nach Sibirien deportiert und kehrte nie wieder zurück.

Doch die Duchoborzen vergaßen ihn nicht. Sie ignorierten die in ihren Augen korrupten Institutionen der Kirche – das Priestertum, die Ikonen, die Liturgie und sogar die heiligen Schriften – und versuchten so zu leben, daß sich das Licht, das jedem Menschen innewohnt, entfalten konnte. Wie die Manichäer zuvor sahen sie Licht als wesentliche Metapher ihres Glaubens – das Innere Licht, Licht, gleichbedeutend mit Güte, Licht, das im Körper des Menschen gefangen war. Wie andere dualistische Sekten, die aus den Manichäern hervorgingen – so die Paulikianer, Bogumilen und Katharer –, waren die Duchoborzen vor allem entschiedene Gegner des Priestertums. Wenn der Geist in uns allen ist, wozu dann Priester, die zwischen den Menschen und Gott stehen, für ihre Rituale die Hand aufhalten, prächtige Gewänder tragen und Heuchler sind, die hinter verschlossenen Türen streiten wie die Kesselflicker? Und wozu Ikonen, die versuchen, das Licht in eine hölzerne Tafel zu bannen?

Derartige Überzeugungen schufen ein Credo von inbrünstiger Schlichtheit. Normalerweise gab es auf den *sobraniyes* der Duchoborzen weder Pomp noch sonstiges Drum und Dran, nicht mal eine Bibel, sondern bloß einen Laib Brot, Salz und einen Krug Wasser. Beim Betreten des Versammlungsortes verneigten sich die Duchoborzen voreinander, ebenso, wenn sie den Raum wieder verließen oder sich auf der Straße oder auf dem Feld begegneten. Die Männer verneigten sich vor ihren Frauen, wenn sie sich schlafen legten, und umgekehrt. Doch noch mehr als Verbeugungen liebten die Duchoborzen die Musik.

Ludmilla räusperte sich. »Bevor wir anfangen zu singen, müssen wir Maria zu ihrem neuen Gebiß gratulieren.«

Maria war eine Frau mit rundem Gesicht um die achtzig. »Tut mir sssehr leid, wenn ich falsch sssinge, aber ich hab mich noch nicht dran gewöhnt.«

Die *sobraniye* begann mit einer Reihe von Gebeten. Eine blasse Frau stand auf und rezitierte einen Psalm aus dem Katechismus. Sie wiegte sich leicht vor und zurück, während sie die Verse wiedergab, die von vielen Generationen blank geschliffen worden waren. Der Psalm hieß *Potschemu ja duchoborez?*, »Warum bin ich ein Duchoborze?«

»Hast du ein Licht?

Ja.

Und was ist ein Licht?

Ein Licht ist der brennende Glaube eines unbefleckten Gewissens.

Und hast du einen Tempel Gottes?

Ja.

Und was ist ein Tempel Gottes?

Unsere Taten sind der Tempel Gottes, und unsere Seele ist das Abbild Gottes, und unsere Gebete sind der Altar, den wir zu Gott erheben.

Warum glaubt ihr nicht an unsere Bilder und unsere Ikonen?

Besser, mit einem Auge klar zu sehen als auf zweien blind zu sein.

Und was bist du für ein Mensch?

Ich bin ein Duchoborze.

Und warum bist du ein Duchoborze?

Weil Gott, nachdem er gelitten hat, die Seele ist, das Wort ist und der Mensch ist.

Und welchen Gott verehrst du?

Den, der uns, Himmel und Erde erschuf und das Licht brachte – diesen Gott verehren wir, vor diesem Gott verneigen wir uns …«

Dann sangen sie ein Klagelied auf den Berg Zion und ein Lied mit dem Titel »Bekümmert ging ich auf das Feld«.

Ludmilla seufzte. »Unsere Lieder sind so traurig!«

»Unsere Lieder sind traurig, weil unser Leben traurig ist.«

»Laßt uns *Molodinky Kasatschok* singen.«

»Ja! *Molodinky Kasatschok!*«

Alle stimmten überein, daß *Molodinky Kasatschok* genau das richtige Lied war. Kein Duchoborzen-Lied, aber eins aus der

Steppe. Es erzählte von einem jungen Kosaken, der auf einem seiner Beutezüge ein Mädchen entdeckt und es bittet, ihn über Nacht hereinzulassen. Doch das Mädchen lehnt ab. Nein, kleiner Kosak, ich fürchte um meinen guten Ruf. Und der junge Draufgänger erwidert: Mein Pferd wird nicht lange bleiben, und ich auch nicht. Da läßt sie ihn herein.

»Unsssere Lieder erinnern unsss immer an unssser früheresss Dorfleben«, sagte Maria.

»Damals war unser Geist stark, und unsere Körper auch.«

»Das Leben war hart, aber wir waren stark.«

»Wir haben die Gänse gehütet, mit einem Fuß die Wiege geschaukelt und mit dem anderen Wolle gesponnen...«

Schließlich fingen sie an, das Essen auszupacken. Einige summten immer noch vor sich hin. Bald war der Tisch mit Tomaten, Frühlingszwiebeln und gebratenen Koteletts gedeckt. Beim Anblick des Essens hob sich die Stimmung.

»Wo liegen diese Dörfer?« fragte ich.

Ludmilla schnitt eine Gurke in Scheiben. Sie zeigte mit dem Messer aus dem niedrigen Fenster. »Da draußen«, sagte sie. »Draußen in der Salsk-steppe.«

Der Bus fuhr über den Don ins offene Land hinaus. Zu beiden Seiten säumten Pappeln die Straße, und dahinter erstreckten sich die nicht eingezäunten Felder bis zum Horizont. Es war ein stürmischer Morgen; die Blätter der Pappeln glänzten im Wind.

Im Bus saß eine Moskowiterin namens Olga. »Olga Petrowna«, betonte sie. Sie erzählte von ihrer Wohnung in Moskau, einer herrlichen Wohnung aus der Stalinzeit mit Blick auf die Statue von Majakowski. Sie hatte sie für ihre Verdienste als Journalistin erhalten. »Aber sie haben mir die Wohnung gestohlen, diese Banausen, die jetzt unser Land regieren.« Vorerst wohnte sie bei ihrer Schwester in Salsk. Doch sie mochte Salsk nicht und wollte viel lieber wieder zurück nach Moskau.

»Ich nehme an, daß du einige unserer russischen Schriftsteller gelesen hast?« Ihr Ton klang ungeduldig, belehrend.

»Einige.«

»Welche?«

»Puschkin, Tolstoi –«

»Tolstoi«, höhnte sie. »Was hat er bloß unserer Sprache angetan! Schreibt wie ein Deutscher, mit langen, verschachtelten Sätzen. Puschkin ist natürlich was anderes. Er ist einer der ganz Großen. Wen sonst?«

»Turgenjew.«

»Ein guter Schriftsteller.«

»Samjatin.«

»Exzellent!«

»Und Dostojewski.«

»Nein. Dostojewski hatte gute Ideen, aber er konnte sie nicht zu Papier bringen. Ein Stümper. Und weiter?«

»Äh … Pasternak?«

»Pasternak hat ein paar gute Gedichte geschrieben, aber Doktor Schiwago ist eine Schnulze.«

»Mandelstam –«

»Sein Russisch war erbärmlich. Er legte es viel zu sehr drauf an, Eindruck zu schinden.«

»Zwetajewa –«

»Ja. Obwohl sie eine Frau ist.«

»Achmatowa.«

»Eine Frau! Hast du Bunin gelesen?«

»Nein.«

»Er war großartig. Babel?«

»Ja.«

»Er hatte die rechte Gesinnung.«

»Und du?« fragte ich. »Wen schätzt du am meisten?«

Sie sah auf und legte die Hand auf den Hals. »Für mich ist Majakowski der einzige, der zählt. Er war ein großer Mann, ein großartiger Mann! Wenn man seine Gedichte liest, hat man das Gefühl, als entströmten ihm die Worte wie ein sanfter Regen. Für ihn war nichts unmöglich.«

Damit zog sie ein zerknittertes Schwarzweißfoto von Majakowskis Statue aus der Tasche, die sich über den fernen Dächern von Moskau erhob. Er steht so heldenhaft da, wie er als Schriftsteller eben war, eine »Wolke in Hosen«, überlebensgroß, bereit, gegen die alte Garde zu kämpfen und all die glorreichen Hoffnungen der Revolution zu erfüllen.

Wladimir Majakowski erschoß sich 1930.

Salsk war eine Ansammlung von Staub, Schmutz und den üblichen Plattenbauten provinzieller Sowjetarchitektur. Ich beobachtete Olga Petrowna, als sie die Straße zu den Markthallen überquerte. Gerade, als sie sich bückte, um ein paar Pfingstrosen aus einem Eimer zu nehmen, tauchte neben ihr ein Hund auf und bellte sie an. Olga fuhr erschrocken zurück. Einen Augenblick lang war sie verwirrt. Das Letzte, was ich von ihr sah, war, wie sie hastig in eine Seitenstraße einbog, die Pfingstrosen an die Brust gepreßt.

Am Nachmittag verließ ein anderer Bus die Stadt über eine notdürftig geschotterte Straße. Auf dem Armaturenbrett schlief eine Katze. Hinter mir sang ein alter Mann. Nach etwa einer Stunde rief der Fahrer über die Schulter: »Lenina-Kolchose!«

Ich warf die Tür hinter mir zu, und der Bus fuhr weiter. Ich sah, wie er in der Ferne immer kleiner wurde. Stille. In den Feldern erhob sich ein leichter Wind und brachte den Geruch nach Wermut und frischer Aussaat mit. Die Erde war locker, doch die Ränder der Fahrrillen waren bereits verkrustet und bleich. Ich machte mich auf den Weg ins nächstgelegene Dorf.

Die Dörfer der Duchoborzen – Brigade 1 bis 5 der Lenina-Kolchose – lagen wie Perlen an einer geraden, schmalen Straße wenige Kilometer voneinander entfernt. Ende der zwanziger

Jahre, als die Kolchoseplaner von drei Ernten im Jahr und Maschinen träumten, die ihnen alle Arbeit abnehmen würden, hatte man in der geraden Linie eine Zeitlang die Antwort auf alle Fragen gesehen. In ein, zwei Jahren würden die Bauern in die Städte ziehen, um beim Aufbau der sowjetischen Industrie mitzuhelfen. Für Marx waren die Bauern als Klasse genauso überflüssig geworden wie die Kapitalisten.

In Brigade 2 bereiteten sich die Poljakows auf ein Fest vor. Ihre Tochter Natalja wurde an diesem Tag sechzehn. Ihr Vater war gerade dabei, ein Schwein zu schlachten. Er hob seine blutüberströmte Hand und schob mich ins Haus. Das Fest dauerte bis in die frühen Morgenstunden. Wir aßen an einem langen Tisch im Hof und tanzten neben dem Schweinestall. Am Morgen, als die dunstige Sonne aufging, kamen Nataljas Freunde pärchenweise aus den Heuschobern und Ställen und klopften sich das Stroh aus dem Haar.

»Ich darf gar nicht daran denken, was sie da alles angestellt haben«, sagte ihre Großmutter.

Ich fragte sie, woran sie sich aus den dreißiger Jahren erinnerte, und sie lachte. »Frag lieber jemand anders, ich habe alles vergessen.« Sie zeigte mit ihrem Gehstock auf die Straße. »Am besten besuchst du Fjodor Michailowitsch. Brigade 3.«

Gut gelaunt machte ich mich auf den Weg. Noch lange, nachdem ich sie verlassen hatte, hörte ich in der Ferne Brigade 2 – die bellenden Hunde, die muhenden Rinder und die endlosen Debatten der krähenden Hähne. Doch nach einer Weile blies mir nur noch der Wind um die Ohren. Zu beiden Seiten säumten Roggenfelder und Doppelreihen von hohen Ulmen die Straße. Sie waren in den dreißiger Jahren gepflanzt worden und durchzogen die Steppe nun kreuz und quer wie übergroße Hecken. Aus der Luft, dachte ich, müßte es wie eine riesige karierte Tischdecke aussehen.

In Brigade 3 wartete ich im Gebetshaus auf Fjodor Michailowitsch. Draußen im Garten standen Kirsch- und Apfelbäume. Hier an der Innenseite der Tür klebte eine Liste mit den Duchoborzen, die nach Stalins Säuberungen als vermißt galten. In einem Winkel, der in russischen Häusern gewöhnlich für die Ikonen reserviert ist, stand eine Büste von Tolstoi.

Tolstoi und die Duchoborzen waren natürliche Verbündete gewesen. Für Tolstoi verkörperten diese störrischen Bauern seine Vorstellung von christlicher Anarchie. Er sah in ihnen eine Gruppe von Menschen, die nicht nach den Regeln des Staates oder der Kirche lebten, keiner verbrauchten und aufgezwungenen Tradition folgten, sondern im Einklang mit dem Geist oder Licht lebten, das in ihnen war. Schließlich nahmen sie ihn endgültig für sich ein, als sie sich 1895 hartnäckig weigerten, zum Kriegsdienst eingezogen zu werden, und daraufhin unbarmherzig verfolgt wurden. Tolstoi selbst wurde damals von den Behörden streng observiert. Er konnte die Verfolgungen nur außerhalb von Rußland bekannt machen, so geschehen in einem anonymen Artikel in der Londoner *Times.*

Wie sehr die Duchoborzen Tolstois rastloses Denken beeinflußten, ist schwer zu sagen. Sein Eintrag ins Tagebuch jedoch, als er den Artikel verfaßte, gibt Aufschluß darüber, daß ihre Ideen bereits bis in seine Sprache hinein gewirkt hatten: »Jeder sündigt im Verhältnis zu dem Licht, das in ihm ist.«

Als Tolstoi später erfuhr, daß er für den ersten Nobelpreis vorgeschlagen worden war, schrieb er sofort an die schwedische Presse und schlug vor, den Preis nicht ihm, sondern den Duchoborzen zu verleihen. Schließlich erhielt ihn keiner von beiden, doch Tolstoi überließ den Duchoborzen die Erlöse aus seiner Erzählung *Auferstehung* und ermöglichte damit vielen die Überfahrt nach Kanada, wo sie unter anderem bekannt wurden, weil sie für ihren Glauben nackt durch die Straßen marschierten.

»Da bist du ja!«

Ich wandte mich von Tolstoi ab. Fjodor Michailowitsch stand in der Tür des Gebetshauses. Er verbeugte sich tief vor mir. »Meine Frau würde dich auch gern begrüßen.« Er verbeugte sich erneut. »Das ist von ihr!«

Ich schloß Fjodor Michailowitsch sofort in mein Herz. Er trug einen dichten Schnurrbart mit aufgezwirbelten Spitzen und einen großen Hut, mit dem er aussah wie ein Pionier aus dem Wilden Westen Amerikas. Den ganzen Morgen saß ich mit ihm im Gebetshaus, und als die Frauen der Brigade 3 kamen, um ihre Psalmen zu singen, und Fjodor Michailowitsch, die Hände auf seinem polierten Gehstock ruhend, ihnen zuhörte, strahlte sein Gesicht vor Freude. Gelegentlich hob er den Kopf und kniff die Augen zusammen, als wollte er einen Punkt in der Ferne ausmachen. Er habe es mit den Augen, erklärte er, sie seien von der sibirischen Sonne verbrannt.

Fjodor Michailowitsch hatte eine klare Vorstellung davon, was es heißt, Duchoborze zu sein, und ließ in unsere Unterhaltung dieselben simplen Grundsätze einfließen, nach denen er stets zu leben versucht hatte.

»Wer seinen Nächsten nicht liebt, tötet Gott ... Wir ernten, was wir gesät haben ... Jesus Christus war ein *mushik*...«

Er hatte sich auch eine Menge Gedanken über seine Herkunft gemacht und war zu dem Schluß gelangt, daß die Welt am Anfang ein Stein gewesen war. Die Sonne hatte ihn erwärmt und danach waren »eine Menge von diesen Wurmdingern« herausgekrochen. Als Gegner der Schöpfungslehre war er überzeugt, daß die Evolution zum Menschen mit »seinem Gewissen und Verstand« unausweichlich gewesen sein muß.

»Die Seele des Menschen ist wie eine Nuß, verstehst du? Die Schale kann verschwinden, aber der Kern lebt immer weiter. Er sorgt dafür, daß neue Bäume und neue Nüsse entstehen.«

Fjodor Michailowitsch war zehn Jahre alt, als seine Duchoborzen-Gruppe, aus Georgien kommend, den Kaukasus überquert hatte. Es war kurz nach dem Bürgerkrieg gewesen, und überall herrschten Hungersnöte. Er erinnerte sich, wie die Menschen zu ihren Wagen kamen und um etwas Eßbares bettelten und daß manchmal Leichen am Straßenrand gelegen hatten. In Maikop erhielten die Ältesten der Duchoborzen von Lenin die Erlaubnis, sich in der Salsk-steppe anzusiedeln.

»Damals war das Gras so hoch«, erklärte Fjodor und hob seinen Gehstock. »Man konnte mit dem Pferd hindurchreiten, ohne gesehen zu werden. Es war ein wunderbares Land, abgesehen von den vielen kleinen Biestern, die überall kreuchten und fleuchten, und von den Mäusen. Man mußte sich nach dem Aufwachen die Biester aus dem Haar schütteln. In den ersten Wintern wären wir vor Kälte fast gestorben. Und im Sommer war es so heiß wie in einem Backofen. Aber am schlimmsten war die Plage … « Er hielt inne.

»Welche Plage?«

»Diese bissigen Viecher. Wie heißen sie noch?«

»Mücken?«

»Ja … nein! Mit großen Zähnen, wie Hunde … «

»Wölfe?«

»Wölfe, genau. Wölfe! Die heulten nachts wie der Teufel.«

Während der zwanziger Jahre kämpften die Duchoborzen mit dem Land. Jeder Winter forderte seinen Tribut – Alte, Kranke und Kinder. Wenn der Frühling kam, hatten sie nur noch Saatgut oder Viehfutter zu essen, und die Herden verhungerten. Es gab kaum Kontakt zur Außenwelt. Doch nach zehn Jahren und einigen guten Ernten hatten sie sich Vorräte anlegen können. Sie bauten Scheunen und kauften neue Tiere und schmückten das Gebetshaus mit kunstvoll geschnitzten Giebeln.

Eines schönen Tages erschienen die Aktivisten aus Salsk.

Fjodor konnte sich noch genau an sie erinnern. Sie waren auf

Fahrrädern gekommen und trugen dunkle, bis zum Hals zugeknöpfte Hemden.

»Wo sind eure Armen?« fragten sie.

»Armen? Wir haben keine Armen hier«, antworteten die Duchoborzen. »Wir sind eine Gemeinde.«

»Ihr müßt Arme haben. Überall gibt es Arme.«

Die Aktivisten sahen sich im Dorf um und fanden einen alten Mann, der keine Schuhe trug. »Wenn wir mit den *kulaks* fertig sind, wirst du so viele Schuhe haben, wie du brauchst«, erklärten sie ihm.

Etwa ein Jahr später kamen sie wieder. Sie beriefen eine Versammlung ein und verkündeten, daß Dörfer wie dieses Teil einer Idee seien, die die ganze Welt erobere. Das bedeutete, sie müßten in Zukunft ihre Arbeit und ihre Tiere zusammenlegen. Davon hielten die Duchoborzen nicht viel. Die Dinge seien gut, so wie sie waren, außerdem hätten sie selbst eine Idee, und eines Tages würden ohnehin alle Menschen so leben wie sie. Hatte nicht Lenin selbst behauptet, das Duchoborzentum sei spiritueller Kommunismus?

»Alles schön und gut«, sagten die Kader, die an ihr Soll denken mußten. Sie zeigten auf die Steppe und erklärten: »Wenn ihr euch dem Kollektiv anschließt, werden wir zwischen euren Dörfern eine Straßenbahnlinie bauen. Kollektive führen zu Wohlstand – die Traktoren werden die Steppe erobern.«

Die Versammlung fand in der Aula statt. Nachdem die Reden zu Ende waren, begann jemand, Akkordeon zu spielen. Die Menschen wurden aufgefordert, nach vorn zu kommen und zu erklären: »Ich heiße Soundso und trete der Lenina-Kolchose bei.«

Als Fjodor an der Reihe war, trat er vor und sagte: »Seht mal, meine Brüder arbeiten auf dem Feld, und ich habe nicht das Recht, für sie zu sprechen...«

»Na los, mach schon!«

»Nun, wenn ich ehrlich sein soll«, fuhr der junge Fjodor fort, »ich weiß nicht, das mit der Kolchose … Ich finde, daß wir jetzt ganz gut zurechtkommen und unsere Tiere versorgen können. Ich sehe nicht ein, daß wir …«

»Raus mit ihm.«

Draußen wurde er auf der Stelle verhaftet. Nach dem Verhör verurteilte man ihn unter Berufung auf Artikel 58 der sowjetischen Verfassung zu fünf Jahren.

Fjodor senkte den Blick und stützte sich auf seinen Gehstock. »Ich wurde nach Rostow gebracht. Das Gefängnis war völlig überfüllt, aber ich lernte dort schnell andere Duchoborzen kennen. Wir sangen zusammen unsere Psalmen, und schon fühlten wir uns besser. Ich habe dort sogar mein erstes Gedicht geschrieben.«

Ich fragte, ob er sich an das Gedicht erinnern könne. Er räusperte sich und richtete seinen sanften Blick auf mich.

»Wir wurden auf der anderen Seite des Kaukasus geboren
Und wuchsen in der Salsk-steppe auf.
Wir wurden zur Gemeinschaft erzogen,
Und ertrugen viele Prüfungen.
Wir lernten nicht zu stehlen,
Oder andere zu berauben oder zu betrügen.
Doch dann kamen böse Menschen und schrieben Gesetze,
Und die bösen Menschen verdüsterten alles mit ihren Gesetzen,
Damit schafften sie uns fort,
In dieses stinkende Verlies.
Wir sitzen im Gefängnis und schauen aus den vergitterten Fenstern,
Wir sehen nicht jene, die wir lieben,
Unsere Herzen sind krank,

Unsere Gesichter sind naß von bitteren Tränen,
Und wir kennen niemanden außer dem Wärter.«

Fjodor Michailowitsch kaute einen Augenblick lang an seinem Schnurrbart.

»Und was war dann, Fjodor?«

»Sie brachten uns in den Norden. An den fernsten Ort, den sie kannten. Ich habe noch ein Gedicht darüber geschrieben. Willst du es hören?«

»Ja, bitte.«

»Sie verfrachteten uns in Lastwagen, ohne daß wir wußten,
wohin die Reise ging.
Das erfuhren wir erst, als wir in Kotlas ankamen.
In Kotlas holten sie uns heraus
Und verkündeten unsere Strafen,
Manche acht, andere zehn Jahre.
So verkündeten sie unsere Strafen
Und steckten uns in den Laderaum eines Schiffes,
Und die Schergen beschimpften und schlugen uns,
Nahmen uns alles weg
Und gaben keine Ruhe.
Schwach und blind marschierten wir zur Arbeit.
Bekamen nicht mal Brot.
Und schliefen hungrig ein.«

Fjodor sah sich im Zimmer um. Durch das Fenster fiel schräg die Mittagssonne. »Ich habe im Norden alle Zähne verloren. Wir bekamen Steckrüben, hart wie Stein. Im Sommer machte uns die Hitze blind, aber ich hatte meine Psalmen und Gebete, und die hielten mich am Leben.«

Mehrere Jahre danach, an einem Märzmorgen, kehrte Fjodor in die Brigade 3 zurück. Die Steppe hatte sich nicht verändert, und es war ein »unglaubliches Glücksgefühl«, nach so langer Zeit wieder zu Hause zu sein. Doch das Land war nun kollektiviert, und für ihn war kein Platz mehr. »Sie sagten, ich sei ein Volksfeind.«

Er begegnete anderen mit demselben Schicksal, und sie berieten, was sie tun könnten. Bald kamen sie zu dem Schluß, daß sie verhungern würden, wenn nicht etwas geschähe. Also schickten sie eine Petition an das örtliche Komitee mit folgendem Wortlaut: »Der Frühling hat begonnen, und wir müssen das Land bestellen, wenn wir in der Lage sein wollen, uns selbst zu ernähren. Bitte, wir brauchen Land!«

Das örtliche Komitee antwortete: »Das Land gehört dem Volk, das es ein für allemal in einer Kolchose bearbeitet. *Ihr* dürft es nicht mal betreten!«

Sie versammelten sich erneut und sagten: »Wenn wir nichts unternehmen, werden wir den Winter nicht mehr erleben.«

Alle schwiegen. Dann erklärte Fjodor: »Moment mal. Gehört das Land nicht dem Volk?«

»Das behaupten sie.«

»Und sind wir nicht auch das Volk?«

Sie waren alle der Meinung, daß er recht hatte, und übersandten eine weitere Petition. Wieder bekamen sie eine Absage. Sie versammelten sich erneut und kamen zu dem Schluß, daß sie nichts machen konnten. Zwei von ihnen erklärten sich jedoch bereit, nach Moskau zu fahren und Kalinin aufzusuchen. Sie wollten ihm berichten, was hier geschah. Wenn er erführe, was in ihrem Dorf passierte, würde er helfen!

Fjodor erinnerte sich noch an den Wortlaut der Petition.

»Wir sind eine Gruppe von Bauern. Von irgend etwas müssen wir leben. Lenin gab uns dieses Land, das man uns jetzt wieder weggenommen hat. Was können wir tun, Genosse Kalinin? Offensichtlich wollen böse Menschen uns von diesem Land vertreiben.«

Sie brachten die zwei Männer nach Salsk zum Bahnhof. Sie warteten zwei Wochen, einen Monat. Nach sechs Monaten schrieben sie einen Brief nach Moskau, um zu erfahren, was passiert war. Sie warteten auf eine Antwort, aber zwei Wochen später hatten sie immer noch nichts gehört. Auch nicht nach einem Monat. Sie erhielten nie eine Antwort, und keiner von ihnen hörte jemals wieder ein Wort von den beiden unglücklichen Gesandten.

»Sie haben sie durch die eine Tür hereingelassen und durch die andere abgeführt.«

Später lud mich Fjodor zum Mittagessen ein. Das Dorf bestand lediglich aus einer schlammigen Straße mit eng aneinandergedrängten Bretterbuden auf beiden Seiten. Wir gingen langsam, während Fjodor sich jeden einzelnen blühenden Baum ansah und hin und wieder mit dem Stock auf die Erde stieß, als gehörte sie ihm. Alle, denen wir begegneten, grüßten ihn. »Guten Tag, Fjodor Michailowitsch!« Und er bedankte sich mit einer Verbeugung.

Während des Essens saß Fjodor am Kopfende und schwieg. Nach der Mahlzeit holte ich eine Landkarte heraus und fragte ihn nach seinem Geburtsort. Wir fanden den See, in dem er als kleiner Junge im georgischen Wet-Gebirge geschwommen war, und schließlich fanden wir sogar das Dorf Goryelowka.

Ich erklärte ihm, daß ich dahin wollte.

»Da haben sie die Flinten verbrannt«, erzählte er.

Die Verbrennung der Gewehre im Juni 1895 war der entscheidende Akt ihrer Selbstfindung gewesen. Statt dem Aufruf des Zaren zu folgen und in der Armee zu dienen, hatten die Duchoborzen all ihre Waffen zusammengetragen und verbrannt. Diese Tat hatte Tolstoi bewogen, sich für ihre Belange einzusetzen.

Fjodors Augen wanderten über die Karte, aber es fiel ihm

nicht leicht, sie zu lesen. Er wußte, wo die Salsk-steppe, das georgische Wet-Gebirge und die Lager im Norden lagen, aber das war auch schon alles.

»Bist du schon mal irgendwo anders gewesen, Fjodor?«

Er schüttelte den Kopf. »Nur einmal in Wolgograd. Ja, ich war in Wolgograd.« Fjodor legte die Karte beiseite und faltete lächelnd die Hände über dem Bauch.

Das war 1963 gewesen. Die Gewerkschaft hatte einen Ausflug für die Arbeiter der Lenina-Kolchose organisiert. Fjodor gehörte nun zur Kolchose, und sie hatten ihr Soll übererfüllt. An einem sonnigen Morgen versammelten sich alle Duchoborzen im Kulturpalast der Brigade 2. Dort genehmigten sie sich einen Schluck, bevor sie in den Bus stiegen. Auf dem Weg zum Bahnhof begannen sie zu singen. Am Bahnsteig sangen sie weiter, und die Bürger von Zelina kamen auf die Straße und sagten: »Hört nicht auf zu singen. Eure Lieder gefallen uns!«

Im Zug sangen sie weiter. In Wolgograd blieben sie drei Tage und sahen sich das Denkmal von Mütterchen Rußland an – fünfzig Meter hoch! Achttausend Tonnen schwer! Allein ihr Schwert maß zwanzig Meter! Und alle drei Tage, die sie in Wolgograd verbrachten, vergingen mit Singen. Sie sangen auf der Heimfahrt. Sie sangen am Nachmittag, und sie sangen am Abend, bis schließlich der Schaffner kam und sie bat aufzuhören: Ihr müßt auch an die anderen denken, die schlafen wollen.

Also legten sich die Duchoborzen hin und gaben eine Weile Ruhe. Und als sie aufwachten, war es hell, und in der Ferne sahen sie die Salsk-steppe. Sie waren fast zu Hause, also fingen sie wieder an zu singen, und als sie zu Hause waren, gingen sie von Haus zu Haus und sangen.

»Und weißt du was?« sagte Fjodor in sich hineinglucksend. »Keiner von uns war heiser.«

Der folgende Morgen war hell und warm. Ich verabschiedete mich von Fjodor Michailowitsch, der auf einer Bank vor seinem Haus saß. Er wartete darauf, daß etwas passierte, das er beobachten konnte. Doch bislang war nichts passiert, und heute würde wahrscheinlich auch nichts passieren. Als ich ging, stand er auf, verbeugte sich und sagte: »Viel Glück!«

Ich machte mich auf den Weg in die letzte Brigade der Reihe. Die Duchoborzen hatten sie Tambowka benannt und diesen Namen in ihrer zweihundertjährigen Odyssee wie ein Familienfoto aufbewahrt, das sie überall aufstellten, wo sie sich niederließen. So gab es ein Tambowka im Transkaukasus und ein Tambowka hier – und es war in der Gegend um Tambow, wo Ilarion Pobirochin die Duchoborzen erstmals ins öffentliche Bewußtsein rückte. Tambow bildete einen fruchtbaren Boden für Propheten, Chiliasten und Mormonen und hatte sich auf diese Weise den Spitznamen *Tambog* (da wohnt Gott) verdient.

Das hiesige Tambowka war mittlerweile so gut wie verlassen. Nur jedes dritte Haus stand noch. Der Rest war dicht von Geißblatt und Flieder überwuchert. Die Straße sah aus wie ein grinsender Mund voller Zahnlücken. Die verlassenen Häuser waren von Armeniern besetzt, die vor Krieg und Erdbeben geflohen waren. Ein Mann aus Gyumri zeigte mir sein frisch angelegtes Kartoffelfeld und die Kerbelkränze, die seine Frau gemacht hatte. Das Haus hatte er einem Duchoborzen abgekauft, dessen Schwester gestorben war. Er zeigte die Straße hinauf und sagte: »Da drüben wohnt immer noch eine Duchoborzin. Sie heißt Maria Michailowna und ist als einzige übrig geblieben.«

Maria Michailowna kniete in einem Beet voller Pfingstrosen. Als sie mich kommen sah, stand sie langsam auf und wischte sich die Hände an ihrer Schürze ab. Sie sprach sanft und distanziert, wie jemand, der nur selten zum Sprechen kommt.

»Vielleicht hast du mitbekommen, was sich die Leute erzählen. Daß Stalin damals gewisse Dinge getan hat. Sie sagen, er hätte Menschen fortgeschafft.«

»Dich auch?«

Sie senkte den Blick. »Damals haben sie alle mitgenommen. Die Frauen weinten in den Straßen.«

»Und du?«

»Die Kolchose. Sie haben meinen Onkel abgeholt. Er hatte kleine Kinder. Meine Tante und meine Mutter haben gefleht, ihn nicht mitzunehmen, aber sie haben es doch getan.«

Sie ging über den Hof und kehrte mit einer Schale Äpfel zurück. Ich nahm einen, und sie sah mich zum ersten Mal an. Ihre Augen waren tiefblau. »Mich haben sie zusammen mit meiner Mutter und meiner Schwester mitgenommen. Damals haben sie einen ohne jeden Grund verhaftet. Vierundzwanzig Frauen aus dem Dorf. Sieben Jahre lang hab ich im Lager gearbeitet. Hast du gewußt, daß sie damals Arbeitslager hatten?«

»Ich habe davon gehört.«

Maria Michailowna blickte über die Ebene. Die niedrige Sonne leuchtete in ihrem Gesicht. Langsam kamen Einzelheiten ihres Lebens an die Oberfläche: wie sie im georgischen Tambowka unter »Wilden« – Georgiern, Armeniern und Türken – zur Welt gekommen und als kleines Mädchen ins neue Tambowka umgesiedelt war, wie ihr Vater früh gestorben und sie bei ihrem Onkel aufgewachsen war. Mit siebzehn war sie ins Lager gekommen. Dort hatte sie sieben Jahre lang nichts von der Außenwelt gehört, bis eines Tages eine Konservendose vom Roten Kreuz ankam und sie zum ersten Mal seit ihrer Verhaftung Fleisch aß. Man erzählte ihr, daß die Amerikaner in den Krieg eingetreten waren und dieser bald vorbei sein werde. Und als sie dann mittellos ins Dorf zurückkehrte, blieb sie allein, während die anderen nach und nach heirateten und wegzogen. Sie war weder zum einen noch zum anderen gekommen. Mittlerweile waren alle Alten tot und sie als einzige übrig geblieben. Und nun hatten sich in den letzten Jahren allmählich »diese Wilden« aus dem Süden hier ausgebreitet.

Sie brachte mich bis zum Zaun und sah die Straße hinauf, wo ein paar Armenier Kies von einem Karren schippten. »Dieses Dorf war einmal so schön. Der Stolz der ganzen Siedlung.«

Als ich die Steppe erreichte, war es Abend. Ich folgte einem grasbewachsenen Pfad bis zur Hauptstraße. Die Sonne brach so plötzlich durch die tiefen Wolken, daß ich einen Moment stehenblieb und die Augen zusammenkniff. In der Ferne, im Schatten der Bäume erblickte ich einen Mann, der ein schwarzes Pferd ritt. Er stand aufrecht in den Steigbügeln, seine Arme schwangen am Hals des Tiers auf und ab. Im nächsten Augenblick löste er sich aus dem Schatten der Bäume und wurde flüchtig von den Sonnenstrahlen erfaßt, bevor die Beine des Pferdes verschwanden und er sich endgültig am Horizont verlor.

Wie man über Nacht eine Kirche baut

Die Duchoborzen kannten einen Altgläubigen namens Viktor Stepanowitsch, der im fünften Stock eines heruntergekommenen Mietshauses in Zelina wohnte. Er hatte eine angenehme, sonore Art zu sprechen, die von einem Augenblick zum anderen in Gesang übergehen konnte. Sein Wohnzimmer war eine Räuberhöhle voller Ikonen und Antiquitäten. Während ich dort wartete, drang leises Murmeln, Singen und das Klappern von Geschirr aus der Küche.

Viktor Stepanowitsch war Sammler. Er hatte sein ganzes Leben lang gesammelt: Porzellan, Ikonen, Bücher, Kerzenleuchter aus der Zeit vor der Revolution, Uhren aus dem Westen, kleine Pillenkästchen aus Emaille und abgewetzte kaukasische Teppiche. Er hatte alles gesammelt, was alt war. Diese Sammelwut war seine Antwort auf eine Welt, die ganz offenbar darauf aus war, ihre Vergangenheit zu zerstören. Während des »Feldzugs gegen die Kirchen« in den dreißiger Jahren hatte er eines Tages am Don das Schilf auseinandergebogen und im Wasser die Jungfrau von Wladimir entdeckt.

»In diesem Jahr wimmelte es im Fluß von Ikonen. Sie holten sie aus den Kirchen und warfen sie in den Fluß. Ich bin oft dorthin gegangen und habe beobachtet, wie sie auf das Meer zutrieben. Traurig. Ich habe alle gesegnet, die ich vorbeitrudeln sah: ›Leb wohl, Bruder!‹« (Singend) »›Leb wohl, Bruder!‹« »›Leb wo-o-o-o-hl!‹«

Doch die Sammelei war auch Viktors Verderben gewesen.

Seine Nachbarn wußten, daß er Altgläubiger war, und gaben den Behörden einen Tip. Eines Nachts klopfte der NKWD an seine Tür. Die Geheimpolizei fand sein Haus voller Ikonen und Silber, und er mußte sich fünf Jahre lang in einer sibirischen Bauxitmine abplagen.

Heute war Viktors Wohnung wieder voller Ikonen und Silber. Er saß in einem Korbstuhl und stopfte sich fröhlich Lachs aus der Dose in den Teil des Bartes, der seinen Mund verbarg. Beim Lächeln schimmerte das Gold in seinen Zähnen wie das auf den Ikonen hinter ihm. Sogar beim Kauen sang er. Und zwischen Essen und Singen erzählte er von der Notenschrift des *kriuvka*-Systems und dem achtstimmigen Gesang, den sich die Altgläubigen bewahrt hatten. Gleichzeitig zeigte er, wie sich für jede Silbe ein Meer von Synkopen und Betonungen eröffnete, vom feierlichen Anschwellen bis zum Wechsel der Tonhöhe – mal leise, mal laut, mal klagend, mal beruhigend .... *go-o-os-po-o-o-odi-i-i- i... po-o-o-omi-luu-ui-i-i-i...*

Als er fertig war, fragte ich ihn nach der Spaltung. Doch was ich für das Ende des Gesangs gehalten hatte, war nur eine ruhigere Passage gewesen. Er hob die beiden mittleren Finger der rechten Hand.

Die Finger, natürlich. Alles war auf die Finger zurückzuführen. Als der Patriarch Nikon 1653 die Kirche reformierte, verfügte er, daß die Gläubigen sich mit drei statt zwei Fingern bekreuzigen sollten, denn das sei die alte und richtige Art. Tatsächlich waren drei Finger nicht »authentischer« als zwei, doch das interessierte den reformeifrigen Nikon wenig, und so wurden die Finger zum Symbol der Spaltung.

Während der anschließenden Verfolgungen hackte man den Altgläubigen den rechten Arm ab, wenn sie an der alten Form festhielten. Viele ließen ihn sich sogar freiwillig abnehmen und beobachteten dann nicht ohne eine gewisse Befriedigung, daß selbst die leblosen Finger noch drei Tage gekreuzt blieben.

Andere beschlossen, sich den Zeigefinger selbst abzuhacken. Surikows berühmtes Gemälde der altgläubigen Bojarina Morosowa konzentriert sich auf ihre Finger, die nach alter Tradition erhoben sind, als sie durch den Schnee zu Tode geschleift wird.

Sobald man auf die Spaltung zu sprechen kam, ging es unweigerlich um die Finger. Sie waren das Erkennungszeichen der Spaltung. Doch mir kam das verdächtig vor. Die Duchoborzen sagten immer, sich zu bekreuzigen sei dasselbe wie »Fliegen zu verscheuchen«, doch als Erklärung für die brutale Verfolgung, die auf die Reformen folgte, für Zehntausende von Gläubigen, die in die Weite Sibiriens flüchteten, oder Gemeinden, die sich in ihren Kirchen verbrannten, scheint die Debatte über zwei oder drei Finger ein wenig oberflächlich.

Als Viktor Stepanowitsch mit seinem Gesang zu Ende war, sagte ich: »Aber das mit den Fingern – ist das nicht ein bißchen vordergründig?«

Hinter dem Fallgitter seines Bartes erschien ein Lächeln. »Nein. Das Ritual hat eine entscheidende Bedeutung für uns. Die zwei gestreckten Finger – so – bedeuten Gott Vater und Gott Sohn. Wir krümmen den zweiten, um zu zeigen, daß es der Sohn war, der am Kreuz starb. Die drei übrigen, geschlossenen Finger stellen die Dreifaltigkeit dar. Verstehst du, in einer Hand befindet sich unser ganzer Glaube. Auf das Ritual kommt alles an ...«

Es sei des Rituals und nicht eines Dogmas wegen zur Spaltung gekommen, erklärte er. Sie hätten sich nicht *Starowerzy* – Altgläubige, sondern *Staroobrjadzy* – Altritualisten genannt. Verliert sich das Ritual, geht auch alles andere dahin. Das Ritual war der wiederkehrende Psalm ihres täglichen Tuns. Es schenkte ihrem Leben einen Sinn und einen Rhythmus, verlieh ihrem blassen Alltag Farbe, und es schützte sie vor der endlosen Weite um sie herum. Wenn man das Ritual brach, galoppierten die Dämonen aus der Steppe herbei; wenn man die

Worte änderte, war die Formel verloren. Mit Nikons Reformen seien Weltlichkeit und fremde Zauberei ins Allerheiligste eingedrungen, und damit hätten die Altgläubigen nichts zu tun haben wollen.

Viktor Stepanowitsch stand auf und verschwand einen Augenblick lang in der Dunkelheit am Ende des Raums. Dann kehrte er mit einem großen Psalmenbuch zurück. Er legte es auf seinen Schoß und wischte den Staub von dem wurmzerfressenen Umschlag. Das Buch stammte aus dem Jahr 1645, nur wenige Jahre vor der Spaltung.

»Dir werden sie nicht viel sagen, aber für uns sind die Wörter wie ein Wegweiser. Wenn sie verändert werden, verlieren wir die Orientierung.«

In den verstaubten Dörfern des alten Rußland bedeuteten den Menschen Begriffe wie Kirche oder Staat nie so viel wie die direkte Verbindung zu Gott. Beim kleinsten Anzeichen einer Veränderung kam es zu Streitereien, und man klammerte sich an den Glauben wie an einen Strohhalm. Es gab nur wenige Orte, die so viele religiöse Eiferer hervorbrachten wie das provinzielle Hinterland Rußlands im sechzehnten und siebzehnten Jahrhundert.

Im Mittelpunkt stand das Fasten und ein strenger Katalog von allen möglichen Enthaltungen. Während der vier großen Fastenzeiten im Jahr fastete sich mancher Bauer im wahrsten Sinne des Wortes zu Tode. Wenn die Kirche die Menschen zur Lockerung ihrer strengen Vorschriften mahnte, warfen sie ihr Ketzerei vor und fasteten um so mehr. Es gab ganze Dörfer, die des Nachts mit Äxten und Kerzen in den Wald aufbrachen und dort eine Kirche errichteten, damit sie im Morgengrauen die Messe feiern konnten. Hoch angesehen war die Übung *stolypnitschestwo* – die Fähigkeit, tagelang bewegungslos zu verharren; Ilja aus Murom brachte es auf dreißig Jahre. Sämtliche

Versammlungen wurden von Lesungen aus dem heiligen Kompendium *Tscheti-Minei* begleitet, das siebenundzwanzigtausend Seiten umfaßt.

Die meisten Gläubigen konnten die verschiedenen Texte, die damals im Umlauf waren, gar nicht lesen, aber sie konnten zuhören. Und indem sie jeden Buchstaben einer Zahl gleichsetzten, wurden aus den Gebeten Formeln. Sie waren geradezu besessen von Zahlen, die alles beherrschten, angefangen bei der Interpretation von Nachrichten bis hin zur Schweinehaltung.

Während des fünfzehnten Jahrhunderts waren immer mehr Russen überzeugt, daß der Weltuntergang unmittelbar bevorstand. Der Lehre des Slawenapostels Kyrillos zufolge begann das Kapitel der irdischen Existenz im Jahre 5508 vor Christus mit Adam und sollte siebentausend Jahre dauern – die Zeitspanne, die einhundert wahrhaft gute Seelen benötigen, um zu leben und die hundert gefallenen Engel zu ersetzen. Buchstabengläubige warteten sehnlichst auf das Jahr 1492. Es passierte nichts, doch das tat der Untergangsstimmung keinen Abbruch. (Hätten sie um die Bedeutung der Entdeckung der Neuen Welt durch Kolumbus gewußt oder um die Auswirkungen der Vertreibung der Mauren durch die Spanier, hätten sie den Weltuntergang womöglich vorverlegt). Statt dessen entdeckte man vorübergehend einen neuen Horizont: das christliche Jahrtausend plus die Nummer der Bestie, das Jahr 1666.

Vier Jahrhunderte lang hatten Erbauungstexte wie *Zlatavay Tsep (Die Goldene Kette)*, *Zlatostrvi (Der Goldene Strom)* und *Margarit (Perle)* sich der apokalyptischen Töne in den Geheimen Offenbarungen des Johannes bedient, um die Russen daran zu erinnern, daß die Zeit nicht ewig war und eines Tages alle irdischen Leiden und weltlichen Freuden zu Ende gehen würden. In *Izmaragd* II, Kapitel 162, findet sich folgende Warnung:

> Und dann wird es kein Lachen, kein Geschichtenerzählen und keine anderen teuflischen Vergnügen mehr unter euch geben, weder schnelle Rosse noch feine Gewänder, und ihr werdet die Qualen des Todes erleiden... Die Erde wird aufschreien wie eine ängstliche Jungfer... und dann wird der Antichrist kommen...

Solche Ängste waren mit dem Einfall der Mongolen im dreizehnten Jahrhundert entstanden und hatten dann Wurzeln geschlagen. Die Nachfahren von Gog und Magog spukten beständig durch die südliche Steppe, und die weltuntergangsfürchtigen Russen suchten in den düsteren Passagen biblischer Prophezeiungen Trost. Daniels Prophezeiungen und das Buch der Offenbarungen waren besonders hilfreich, denn sie versicherten all denen, die daran glaubten, daß der Sieg über die heidnischen Horden das Jüngste Gericht ankündigen und einen neuen Himmel, eine neue Erde und ein neues Jerusalem hervorbringen würde.

Es war Iwan Grosny (»der Schreckliche«), der bei Kasan den entscheidenden Sieg über die Khan-Dynastie der Mongolen errang. Um diesen Triumph zu feiern, ließ er ein auf verrückte Art russisches Gebäude errichten, die Basilius-Kathedrale auf dem Roten Platz, die Napoleon später verächtlich als »diese Moschee« bezeichnen sollte. Sie war dem heiligen Basilius gewidmet, einem der großen heiligen Narren des mittelalterlichen Rußland. »Nach Gottes Willen ein Tor«, war Basilius dafür bekannt, nackt durch die Straßen von Moskau zu ziehen, die Häuser der Anständigen mit Steinen zu bewerfen, die Häuserwände der Sünder hingegen zu küssen. Er kritisierte den Zaren in aller Öffentlichkeit, und seine Prophezeiung, daß Iwan seinen eigenen Sohn umbringen würde, erwies sich als richtig. Iwan selbst schrieb Basilius seinen Sieg bei Kasan zu.

Iwan wird als Vater der Grausamkeit bezeichnet, mit der der russische Staat seine Untertanen stets behandelt hat. Er selbst bezeichnete sich als bescheidenen Mönch, der sich mit einem exklusiven Zirkel ergebener Kirchenmänner umgab, mehrmals barfuß Pilgerfahrten unternahm und mit seinem *Domostroi (Hausordnung)* eine dem Buch Mose vergleichbare Gesetzessammlung verfaßte. Sie schrieb den göttlichen Weg vor, dem die Russen zu folgen hatten.

Während dieser lebhaften, hitzigen Jahrhunderte wuchs die Überzeugung, daß die Russen das auserwählte Volk seien und Moskau als Drittes Rom eines Tages die ganze Welt beherrschen werde; daß mit dem Fall Konstantinopels an die Türken der Anspruch als Hort der Orthodoxie an die Slawen übergegangen sei und sie nicht nur das Erbe Konstantinopels und Roms, sondern seit der arabischen Invasion im Jahre 638 vor Christus auch das von Jerusalem übernommen hätten.

Der byzantinische Doppeladler war bereits von Moskau als Reichswappen übernommen worden. 1472, kurz nach dem Fall Konstantinopels, war auch die Erbfolgeordnung an Rußland gegangen, als Iwan III. die übergewichtige Nichte des letzten oströmischen Kaisers heiratete. Zoe (Sophie) Palaiologina brachte das ganze Gewicht einer tausendjährigen theokratischen Tradition in das kleine Fürstentum im Norden ein, und bereits in der ersten Nacht im Kreml brach das traditionelle Bett der Großherzogin unter ihr zusammen.

Jetzt liegt direkt vor der Kremlmauer auf der anderen Seite des Roten Platzes und gegenüber den Kuppeln der Basilius-Kathedrale, die aussehen wie Narrenkappen, das Grab des letzten Anwärters auf den messianischen Thron Rußlands. Auch Lenin hatte den Leuten ein neues Jerusalem versprochen, den Himmel auf Erden, Erlösung für Habenichtse und Verdammnis für Tyrannen. Sein Credo sollte mit den Lügen von Jahrhunderten aufräumen, und von Rußland aus würden die Mächte des Guten die ganze Welt erobern und sie ins tausendjährige Reich der Gerechten führen.

»Weißt du, ob es noch andere Altgläubige hier in der Gegend gibt?« fragte ich Viktor Stepanowitsch. Er kraulte sich eine Weile den Bart, zwirbelte die grauen Strähnen und durchkämmte sie mit den Fingern. »Da wäre höchstens Pjotr Maximowitsch«, sagte er schließlich und gab mir die Adresse einer kleinen Hütte am Rande der Stadt.

Es war ein schwüler Abend, die Blätter hingen schlaff und schwer an den Pappelzweigen. Pjotr Maximowitsch grub in seinem Garten ein Kartoffelfeld um. Das lange Haar hielt er mit einem Plastiknetz im Zaum. Er trug kein Hemd und hatte einen dünnen, asketischen Oberkörper. Während unseres Gesprächs saß er verdreht auf seinem Stuhl und musterte mich. Sein Gesicht war von lebhaften Kontrasten geprägt – weiße Haut, schwarzer Bart, milchigblaue Augen, die tief in den Höhlen lagen.

Pjotr war in Sibirien aufgewachsen. Während der ersten zehn Jahre seines Lebens kannte er nur die drei Häuser der Altgläubigen mitten in der Taiga. Dorthin waren seine Eltern 1929 geflohen, »um ihre Seele zu retten und der gottlosen Kolchose zu entkommen«. Sie nahmen nur eine Truhe mit prä-raskolischen Texten mit und ernährten sich von dem, was sie anbauten. Als Pjotr zum ersten Mal in die flußabwärts gelegene Stadt kam, versuchte er wie gebannt, die Gesichter der Menschen auf dem Markt zu verfolgen. Er erinnerte sich, daß ihm dabei schwindelig wurde. Auf allerlei Umwegen war er in die Salsksteppe gelangt und beschäftigte sich augenblicklich mit den Prophezeiungen in einem Buch namens *Rußland vor der Wiederkunft Christi.*

»Die ganze Welt hängt nun von Rußland ab«, sagte er ruhig und ohne jede äußere Regung. »In diesem Jahrhundert hat keine andere Nation eine so wichtige Rolle gespielt wie Rußland. Wenn Rußland jetzt nicht endlich für die Sünden der Revolution Abbitte leistet, für den Mord an unserem Zaren und die gottlose Zerstörung, dann ist die Apokalypse nicht mehr weit. Rußland wird fünfzehn Jahre lang aufblühen, die Kirchen werden sich vereinen, und dann kommt die Zeit des Antichristen.«

Ich antwortete etwas lahm, daß Prophezeiungen so gut wie nie eintreffen, doch er konterte gelassen mit dem Fall Serafim Sarowski, der die Jungfrau Maria zwölfmal gesehen hatte, über Flüsse wandeln konnte und vor seinem Tod 1833 nicht nur die Revolution von 1917, sondern auch die von 1905 vorhergesagt hatte. Es hieß, Nikolaus II. habe nach seiner Krönung die Prophezeiung gelesen, die ihn dann ein Leben lang verfolgt hätte.

Pjotr Maximowitsch hatte Hebräisch und Griechisch studiert, um das Ereignis, das die Altgläubigen in die Wildnis verbannt hatte, besser verstehen zu können. Für ihn war die Spaltung der Kirche das wichtigste Ereignis in der russischen Geschichte, und ich sah keinen Grund, ihm zu widersprechen. Zumindest zeigte es wie kein anderes die Wurzel aller russischen Dilemmas: den Kampf der äußeren gegen die inneren Mächte, den Kampf zwischen Anhängern des Westens und solchen des Slawentums, den Kampf Rußlands als Schwester der Nationen gegen ihr eigenes gottgegebenes Schicksal.

In den Jahren vor 1666 gab es viele Anzeichen für eine bevorstehende Offenbarung. Wild dreinschauende Einsiedler kamen aus den Wäldern hervor, um ihre Visionen kundzutun: »... die Verdammten werden in den Kirchen verschlungen werden ... der Zar ist ein Vorbote des Antichristen ...« Während der Zeit der Wirren war das Land von Polen, Litauern und Schweden verwüstet worden. Danach waren Seuchen und Aufstände gefolgt. In vielen Gegenden kamen auf einen Mann zehn Frauen. Schwärme von Bauern auf der Suche nach Nahrung streiften durch den Schnee und schlachteten sich gegenseitig ab, wenn sie nichts anderes zu essen fanden. Im Winter 1660 fielen in einer einzigen Nacht viertausend Wölfe in die Stadt Smolensk ein und taten sich an ihren Einwohnern gütlich.

Mindestens ebenso gefräßig waren die papistischen Fremden, die in das Land einströmten, um sich am kränkelnden Mutterland zu vergreifen. Man begann, Ikonen nach den gutgenährten Vorbildern der westlichen Porträtmalerei zu bemalen. Von Zeit zu Zeit zogen plündernde Horden durch Moskaus Ausländerviertel und lynchten deren Bewohner. Um die Ordnung wiederherzustellen, brauchte der junge Zar Alexei die Unterstützung Nikons, eines strenggläubigen Mönchs, der mit seinen 1,90 Meter wie ein Prophet aus dem Alten Testament diese Zeit überragt. 1652 wurde Nikon Patriarch und erhielt die ersten Briefe aus dem Kreml, die an »die große Sonne« adressiert und mit »Euer irdischer Zar« unterzeichnet waren. Am Palmsonntag wurde der Patriarch von Zar Alexei höchstpersönlich auf einem Esel zum Roten Platz geleitet.

Nikon revanchierte sich. Er war von einem gefährlichen Fanatismus beseelt. Nachdem seine drei Kinder alle früh verstorben waren, hatte er seine Frau in ein Kloster verbannt und war selbst in den Norden gezogen, um am Weißen Meer ein Einsiedlerleben zu führen. Nach seiner Ernennung zum Patriarchen führte er einen unerbittlichen Feldzug gegen die Korruption innerhalb der Kirche. Er prangerte in aller Öffentlichkeit die »fränkischen« Ikonen als Verbrechen an und kratzte ihnen eigenhändig die Augen aus. Er war tief beeindruckt von den Schriften Arseni Suchanows, der gerade aus dem Heiligen Land und Jerusalem zurückgekehrt war und von der dortigen ketzerischen Anbiederung an die Türken berichtete. Nikon wurde immer klarer, daß in Wirklichkeit Moskau die einzige

Stadt war, die es verdiente, Gottes Namen zu tragen, als wahre Erbin der Orthodoxie.

»Zwar bin ich Russe«, verkündete er, »von meiner Überzeugung und meinem Glauben her jedoch Grieche.« Er begann, seine fundamentalistischen Anschauungen in Politik umzusetzen. Mönchskutten, Ambos, Kirchenlieder und Riten wurden aus der alten orthodoxen Welt nach Moskau importiert; die traditionelle Bekreuzigung mit zwei Fingern wurde durch drei Finger ersetzt; statt dreimal sang man nur noch zweimal das Halleluja; der Name Jesus wurde neu buchstabiert (und da viele nur dieses eine Wort lesen konnten, stand für die meisten fest, daß Nikon mit dem Teufel im Bunde war).

Nach den Reformen wurde das Land von einer verheerenden Beulenpest heimgesucht. Man stellte fest, daß der Zahlenwert der Buchstaben Nikon, Alexei und Arseni die Zahl 666 ergab; dasselbe traf auf den neuen Kaisertitel des Zaren zu. Mehrere neue Texte hatten genau 666 Seiten. Wenn man Rußland rückwärts schrieb, erhielt man Assur, einen Begriff, der von den Propheten verdammt worden war. Jene, die später als Altgläubige bekannt wurden, waren davon überzeugt, daß ihre Zeit gekommen war, daß der weltliche Staat ihre Kirche verwüstet hatte und sie nun in gefaßtem Gehorsam das Jüngste Gericht erwarten mußten.

Obwohl seine Reformen Bestand hatten, fiel Nikon bald in Ungnade. Als der Zar ihn schließlich schroff abwies, schlich er sich eines Tages während einer Messe in die Sakristei, legte seine Patriarchenalbe ab und machte sich durch eine Hintertür im Gewand eines gewöhnlichen Bettelmönchs davon. Seine letzte Zuflucht war eine Insel, die er sich inmitten eines Sees mit riesigen Felsbrocken aufgeschüttet hatte.

Niemand weiß, wie viele Abtrünnige Nikon hervorbrachte, noch wie sie sich in den folgenden Jahren über das Land verbreiteten, aber während des neunzehnten Jahrhunderts hieß es, zwei von drei Kaufleuten in Rußland seien Altgläubige. Eine Schätzung geht von mehr als zehn Millionen Altgläubigen im vor-revolutionären Rußland aus.

Als ich mich in Moskau zum ersten Mal nach den Altgläubigen erkundigte, bekam ich zur Antwort, sie seien alle tot. Dann traf ich in der Lenin-Bibliothek Sergei, der meinte, nein, viele von uns haben überlebt, aber nicht im Süden. Dann machte er mich mit jemandem bekannt, der einen alten Priester der Altgläubigen in Rostow kannte. Als ich dort war, wollte ich ihn aufsuchen, doch er war vier Jahre zuvor gestorben.

Jetzt fragte ich Pjotr Maximowitsch, ob er von irgendeiner Gemeinde im Süden wisse, die überlebt hätte. Er lächelte. »Wofür hältst du uns – für eine ganze Nation?«

Doch er hatte von einer Gruppe in der Nähe gehört, einer Gemeinde von frommen und gebildeten Gläubigen.

»Wo?«

»Primorsko-Achtarsk.«

Doch wo das lag, konnte er mir nicht sagen.

Am Morgen ging ich zum Busbahnhof, aber dort wußte man es auch nicht. Es war früh, die Schalter waren noch geschlossen. Ich setzte mich vor dem Bahnhof auf eine Bank und wartete. Vor mir gab es einen Stand, an dem Obst verkauft wurde. Der Verkäufer unterhielt sich mit zwei Frauen, die auf einer Bank saßen. Alle drei waren bereits im vorgerückten Alter.

Mann: Wißt ihr, sie ist interessant.
Erste Frau: Wer ist interessant?
Mann: Die Bibel…
Erste Frau: Pah!
Mann: Nein. Hör zu. Ich habe darin gelesen, und da stand, daß Christus Gott sei.
Erste Frau: Natürlich ist er Gott.

Mann: Aber wenn er doch Marias Sohn war, wie kann er dann auch Gott sein?
Erste Frau: Maria war auch Gott.
Mann: Maria war niemals Gott.
Erste Frau: Natürlich war sie Gott.
Mann: Wie kann Christus ein Mensch sein, wenn er Gott ist?
Erste Frau: Wer sagt denn, daß er ein Mensch war?
Mann: In der Bibel …
Erste Frau (wütend): Woher wollen die das wissen? Die lügen doch alle.
Zweite Frau (seufzend): Das stimmt. Sie wollen einen nur wirr im Kopf machen.

Eine Zeitlang herrschte Schweigen zwischen den dreien. Der aufkommende Steppenwind zerrte an der Plane über der Auslage. Der Mann befestigte sie mit Steinen.

Mann: Das ist wie mit den Männern auf dem Mond …
Erste Frau (spöttisch): Auf dem Mond?
Zweite Frau: Das war gar nicht der Mond. Die haben sie irgendwo hingestellt und dann behauptet, es sei der Mond.
Mann: Das war in Kasachstan …
Erste Frau: Alles Unsinn …

Wieder Schweigen.

Erste Frau: Er ist an allem schuld.
Mann: Wer?
Erste Frau: Gorbatschow.
Mann: Aber die Leute sagen, Gorbatschow sei ein guter Mann gewesen.
Zweite Frau: Er war schlimmer als Stalin.

Erste Frau: Stalin war also gar nicht schlecht, wie?

Zweite Frau: Er war stark. Nicht wie die Schlappschwänze von heute.

Mann (glucksend): In der Bibel gibt es eine Geschichte über...

Erste Frau: ...einen netten alten Mann, was? Einen, der die Leute ermordet und verhungern läßt?

Zweite Frau: Jetzt verhungern sie schon wieder. Es heißt, in der Gegend von Alexandrowsk gäbe es eine Hungerkatastrophe.

Mann: In der Bibel...

Erste Frau: Dann ist es also schlimmer als zu Stalins Zeiten?

Zweite Frau: Das war Sabotage.

Mann: In der Bibel steht, daß man von einem hohen Turm springen und überleben kann, Hauptsache, man glaubt. Man muß nur glauben.

Erste Frau: Die lügen wie gedruckt!

Zweite Frau: Die wollen einen nur wirr im Kopf machen mit ihren neumodischen Ideen.

Als ich sie nach Primorsko-Achtarsk fragte, meinte die erste Frau, den Ort gebe es nicht. Die zweite erklärte, sie glaube, den Namen schon mal gehört zu haben, vielleicht liege er in der Gegend von Stawropol oder sogar in Sibirien. Der Mann sagte, es wimmele dort nur so von Banditen, obwohl auch er nicht wußte, wo er war.

Als der Schalter öffnete, zeigte eine Frau auf einen klapprigen alten Bus und erklärte, in genau fünf Minuten fahre er nach Primorsko-Achtarsk ab.

Ein kleines Wunder

Primorsko-Achtarsk entpuppte sich als eine Stadt von etwa dreißigtausend Einwohnern, die weder in Sibirien noch in der Gegend von Stawropol, sondern an der Küste des Asowschen Meeres lag. Am frühen Abend hing eine graubraune Dunstglocke über der Küste wie Nebel. Am Strand stand ein sahneweiß gestrichenes Gebäude, das einzige Hotel in der ganzen Stadt. Schwärme von Fliegen summten in der aufgeladenen Luft. Die Bar war heiß und verlassen. Ich setzte mich mit einer Flasche Bier und einer Ausgabe von Leskows *Der verzauberte Pilger* in eine Ecke.

Zwar handeln viele von Leskows Erzählungen von Altgläubigen, doch *Der verzauberte Pilger* ist nur ein ausschweifender Schelmenroman. Erst am Ende zeigt sich darin so etwas wie ein Gleichnis der russischen Geschichte. Die Erzählung beginnt damit, daß ein Pilger eine geheimnisvolle Gabe für die Ausbildung von Pferden besitzt. Versehentlich tötet er einen Mönch und muß zur Strafe auf Pilgerschaft gehen, um Trost im eigenen Tod zu finden. Am Kaspischen Meer wird er von Tataren gefangengenommen, die seine Fußsohlen aufschlitzen und sie mit Roßhaar füllen, um ihn an der Flucht zu hindern. Erst nach Jahren kann er entkommen. Er fängt an zu trinken und wird von einem degenerierten Fürsten von der Trunksucht geheilt, verliebt sich in ein Zigeunermädchen, tötet es, verbringt fünfzehn Jahre als Söldner im Kaukasus, wird Mönch und erhält am Ende von den Heiligen Zosima und Savaty die Gabe, die Zukunft vorauszusehen. Schließlich hat er eine Vision. Er sieht einen Krieg, in dem er im Kampf für das russische Volk endlich sterben kann.

Ich legte das Buch beiseite und holte mir noch ein Bier. Eine Gruppe von Männern torkelte in die Bar – Schmalspur-Rowdys auf Sauftour. Sie trugen ärmellose T-Shirts und hatten ihr Haar kurz geschoren. Einer von ihnen kam zu meinem Tisch und sah auf mich herab. »Ich bin von der Polizei«, erklärte er.

Ich nickte.

»Hast du Papiere für Primorsko-Achtarsk?«

»Auf meinem Zimmer«, log ich.

»Woher kommst du?«

»Rostow am Don.«

»Rostow ist der Vater des Verbrechens …«

»… und Odessa seine Mutter!«

Er grinste, warf einen Blick auf die Bar und setzte sich, während er flüsterte: »In Wirklichkeit bin ich gar nicht bei der Polizei.«

»Was dann?«

»Sondereinheit. OMON. Aber wir dürfen nicht darüber reden.«

Ein Zweiter kam zu uns herüber. Er hatte eine kleine fischgrätenartige Narbe auf der Wange, offenbar war die Haut dort genäht worden. Er nahm den »Polizisten« von hinten in den Schwitzkasten. Der wand sich unter seinem Griff. »Verpiß dich, Oleg!«

Oleg lachte und drückte fester zu. Daraufhin stieß der Polizist ihm den Ellbogen in den Magen, und Oleg ließ los. »Au!«

Als er wieder zu Atem kam, zeigte er auf mich: »Was ist das?«

Ich sagte es ihm.

»Was willst du hier? Das ist unser Land.«

»Natürlich.«

»Unser Land! Rußland!«

»Hör auf, Oleg«, sagte der Polizist.

Doch Oleg war bereits auf mich losgegangen. Ich wehrte ihn ab. Der Polizist packte ihn am Arm und zerrte ihn zurück.

Er versuchte es erneut, und die anderen an der Bar kamen und bugsierten ihn hinaus.

»Komm schon, Oleg.«

Draußen verebbte ihr Geschrei, während sie die Straße hinunter zum Strand gingen. Der Polizist saß mir immer noch gegenüber.

»Warst du schon mal in Tschetschenien?« wollte er wissen.

»Nein.«

Seine blutunterlaufenen Augen starrten mich an. »Wir dürfen zwar nicht darüber reden, aber ich kann dir sagen, da unten ist die Hölle los. Ihr habt euer Ulster, aber da unten ist es zwanzigmal schlimmer. Sie tauchen urplötzlich auf, knallen ein paar von uns ab, und dann verschwinden sie wieder. Aber am allerschlimmsten ist die verdammte Blutrache. Du bringst einen von ihnen um, und sie finden dich. Ich hab vor einem Monat oder so einen erledigt. Letzte Nacht haben sie uns bei einem Patrouillengang aufgespürt und meinen Freund erwischt. Wir mußten ihn mit bloßen Händen begraben. Die kriegen mich, wenn ich zurückgehe, da bin ich sicher. Die finden uns immer. Und wir wissen, daß sie kommen, und können nichts machen. Scheiße!«

Es war Sonntagmorgen. Die Ausfallstraße im Süden von Primorsko-Achtarsk führte über eine breite Hochebene aus teilweise trockengelegtem Sumpfland. Entwässerungskanäle säumten die Straße, und das Wasser verschwand hinter schwankendem Schilfrohr. Die Straße war ganz gerade, abgesehen von hin und wieder einer Biegung vor einer Holzbrücke, aber auf der anderen Flußseite verlief sie genauso schnurgerade weiter. In der Ferne war der Himmel ein zartes Blau über dem Meer.

Eine Frau im Hotel hatte mich mit ihrem Bruder bekanntgemacht, der in der *liman* fischte. Er wußte, wo es Altgläubige gab. »Die bärtigen Typen? Klar kenne ich die.«

Seine Mutter habe stets behauptet, daß sie aus einer Altgläubigenfamilie stamme. Er könne sich aber nur an seinen Großvater erinnern, einen Kosaken, der an Feiertagen seine Uniform anzog, obwohl er niemals so auf die Straße ging. Aber das ist längst vorbei, alles zerstört.

Heute ging er fischen und machte sich nur um den Wildhüter Sorgen, der bewaffnet war, und um seine Wildererkollegen, die ebenfalls bewaffnet waren. »Ich habe bloß eine alte Pistole, aber die haben Kalaschnikows. Was soll ich machen? Letzte Woche kamen sie in einem Boot und haben zwei Fischer erschossen.«

Wir erreichten das Altgläubigendorf Pokrowka, und ich winkte ihm nach, als er sich in den Sümpfen verlor. Eine unbeaufsichtigte Rinderherde trottete durch die Straße und sah mal hierhin, mal dorthin. Hinter ihnen erhob sich eine große neugebaute Kirche aus gelbem Backstein. Frauen mit blumengemusterten Kopftüchern und Trachten aus dem neunzehnten Jahrhundert strömten heraus. Ich machte einen Bogen um die Kühe und wartete draußen auf den Popen.

Pater Georgi war ein beeindruckender Mann. Er hatte das Format eines Menschen, der genau zur richtigen Zeit am richtigen Ort war. In der Zeit der Reformen war er zum Priester geweiht worden und hatte gespürt, wie die Energie der wiedererstarkten Altgläubigen in Pokrowka brodelte. Daraufhin reaktivierte er die Gewohnheit, Messen zu lesen, lehrte die alten Kirchenlieder und brachte ohne irgendwelche Mittel, Genehmigungen oder Gutachten die Gemeinde dazu, sich eine Kirche zu bauen, noch dazu eine sehr ungewöhnliche Kirche. Obwohl ihr noch da und dort ein Turm fehlte, war es schon jetzt ein ungeheuer ehrgeiziges Projekt, das auch in einer größeren Stadt Aufsehen erregt hätte.

Gegenüber stand ein offener Anbau. Dort verschanzte ich mich während der Nachmittagshitze mit Pater Georgi und einer bunten Mischung von Altgläubigen aus Pokrowka. Wir saßen auf Bänken an einem langen Tisch und tranken Tee, während die gackernden Zwerghühner um uns herum im staubigen Boden pickten. Jenseits der flachen Felder erhob sich eine gerade Linie aus Schilfrohr, und dahinter lag das Meer.

Pater Georgi trug eine flache Kappe aus burgunderrotem Samt. Das schulterlange Haar breitete sich fächerförmig darunter aus. Ruhig forderte er die anderen auf, mir ihre Geschichte zu erzählen oder mir dieses oder jenes zu erklären. Manchmal erklärte er es selbst, und manchmal, wenn andere sprachen, sah ich, wie er den Blick abwandte, sich mit einer Hand müßig durch den Bart fuhr und dabei zufrieden die weiten Sümpfe musterte.

Die Geschichte der Altgläubigen von Pokrowka beginnt kurz nach der Spaltung in den ersten Jahren des achtzehnten Jahrhunderts. Peter der Große peitschte Rußland durch einen seiner Anfälle von rasender Verwestlichung. Mit mehr als 1,90 Meter war Peter noch größer als Nikon und hatte ganz andere Vorstellungen von Reformen. Er führte das Lateinische als Sprache an den Priesterseminaren ein und für seine wachsende Armee von Bürokraten den deutschen Rock. Engländer, Italiener und Katholiken aller Art strömten in das Reich und brachten ihr handwerkliches Können und ihre verschwenderische Lebensführung mit. In der Provinz tuschelte man wieder vom Antichristen, und es gab mehr als ein Dutzend ernsthafter Anwärter, die behaupteten, der wahre Zar zu sein.

Peter hatte keine Zeit, sich mit den Altgläubigen auseinanderzusetzen, und erließ ein allgemeines Verbot für das Tragen von Bärten. Im Süden regte sich Widerstand, und während eines Kosakenaufstands konnte der *wojewoda* selbst dem Mob nur entkommen, indem er sich drei Tage im Dorf versteckte, lange genug, um sich einen Bart wachsen zu lassen und als Altgläubiger durchzugehen.

Bulawin war ein Kosak aus dem Süden, der sich ebenfalls für den wahren Zaren hielt. Er befehligte 1708 eine Revolte gegen Peter den Großen, und als diese niedergeschlagen wurde, schoß er sich in den Kopf. Er wurde vor allem von Ataman Nekrassow unterstützt. Nach Bulawins Tod flüchtete Nekrassow mit einer Gruppe von mehreren tausend Kosaken und Altgläubigen in das Osmanische Reich.

Die Altgläubigen verstreuten sich über das gesamte türkische Gebiet. Manche blieben in den Bergen Ostanatoliens. Andere gelangten nach Istanbul und wurden Fischer am Bosporus, die zwar ihre Sprache verloren, nicht aber die Bräuche der Kosaken und Altgläubigen, und die zweihundert Jahre später von weißen Kosaken, die auf der Flucht vor den Bolschewiken waren, als solche wiedererkannt wurden. Eine weitere Gruppe von Altgläubigen schlug sich um das Schwarze Meer herum bis zur Donaumündung durch. Dort lebte sie, bis die Bedrohung durch das Osmanische Reich abnahm und in allen Cafés von Mitteleuropa über die Oktoberrevolution getuschelt wurde. Die Altgläubigen ließ das mehr oder weniger kalt. Sie nahmen die Nachrichten über die bolschewistische Machtergreifung mit einem weinenden und einem lachenden Auge zur Kenntnis.

»In Rumänien haben wir fast wie im Paradies gelebt.« Pater Georgis Mutter saß neben ihrem Sohn. »Wir kamen zum Essen zusammen und sagten: ›Sollen wir Wein von diesem Haus oder jenem nehmen?‹ Wir hatten alles, was wir brauchten. Wir lebten im Überfluß, Jahr für Jahr. Wir hatten keine Sorgen, aber als man uns rief, sind wir sofort nach Rußland zurückgekehrt, ohne auch nur darüber nachzudenken.«

Nach dem Zweiten Weltkrieg startete Stalin eine Kampagne, um einige der ausgewanderten russischen Gemeinden wieder nach Hause zu holen. Ein Oberst kam und erzählte den Altgläubigen, wie ihr Leben in Rußland aussehen würde, von eigenen Häusern, Schulen, eigenem Land. Kurz danach kam ein Schiff mit dem Namen *Karl Marx* und brachte sie alle nach Odessa.

Am Ende des Tisches stand ein älterer Mann auf und sagte: »Ich will dir sagen, wie es war. Kaum war ich auf dem Schiff, habe ich meine alten Stiefel ausgezogen und ins Meer geworfen, so weit ich konnte. ›Sergei‹, rief meine Frau, ›du bist ein Esel. Wieso wirfst du die Schuhe weg?‹ Und ich habe ihr gesagt: ›In Rußland trägt jeder neue Stiefel, du wirst sehen.‹«

Als sie in Odessa angekommen waren, warteten die Altgläubigen am Kai. Die Lastwagen kamen erst nach mehreren Tagen. Sie brachten sie in die Steppe zu einem neuen Dorf, das umgeben war von unbebautem Land. Euer Land, sagte man ihnen, und dann zogen die Lastwagen wieder ab. Doch das Dorf bestand nur aus ein paar halbfertigen Betonwänden. Der Winter war einer der kältesten, an die man sich erinnern konnte. Viele überlebten nicht mal die ersten Monate. Die übrigen brachen im Frühling auf und gelangten über Rostow nach Pokrowka.

Der Alte breitete die Arme aus. »Wir kamen aus dem achtzehnten Jahrhundert und wurden direkt ins zwanzigste katapultiert. Kein Wunder, daß uns jeder übers Ohr haute und bestahl.«

Von Hundegebell begleitet senkte sich die Dämmerung über Pokrowka. Gemächlich trotteten die Kühe durch die Gassen nach Hause. Motten tanzten im Licht der Straßenlaternen. Ein blaßgelber Mond ging über den Dächern des Dorfes auf. Pater

Georgi sagte seinen Schäfchen gute Nacht und sah ihnen nach, als sie eins nach dem anderen über den hell schimmernden Pfad nach Hause gingen.

Ich fragte ihn nach der Kirche und wie es zu ihrem Bau gekommen war.

»Das ist eine lange Geschichte.«

Ich zuckte die Achseln. »Ich hab's nicht eilig.«

Wir setzten uns wieder an den Tisch. Ein Chor von Fröschen erhob sich aus dem Sumpf. Pater Georgi schwieg eine Weile, dann beugte er sich vor.

Sein Bericht begann zur Zeit von Breschnew. Er war noch Student der Theologie und wollte Priester werden. Sein Freund, ein Architekt, und er saßen mit einem Stapel Skizzen in der Küche und debattierten über Fensterbögen, Altarnischen und tragende Wände. Sie zeichneten Pläne. Es war eine zwecklose Übung, sagte Pater Georgi. Gläubige wurden immer noch verfolgt. Doch in jenen Zeiten mußte man etwas für sich tun, sonst starb man innerlich ab.

Gerade als sie mit ihren Plänen fertig waren, kam Gorbatschow an die Macht und erließ neue Religionsgesetze. Etwa zur gleichen Zeit wurde Georgi zum Priester geweiht. Von Zuversicht erfüllt beschloß er, die neuen Gesetze zu testen. Er rollte seine Skizzen aus und legte sie den örtlichen Behörden vor. Doch die örtlichen Behörden sagten: »Eine Kirche bauen? Wo hat man so etwas gehört?«

Also ging er mit seinen Skizzen wieder nach Hause und dachte eine Zeitlang nach. Nachdem er ein paar Tage an seinem Tisch gesessen hatte, beschloß er: »Ich werde nach Moskau fahren.« So verabschiedete er sich von seiner Frau und fuhr mit dem nächsten Bus zum Bahnhof. Im Zug erinnerte er sich an etwas, das sein Freund, der Architekt, gesagt hatte: In Moskau genehmigen sie nichts, ohne Zugeständnisse zu verlangen. Während der Zug nach Norden ratterte, zeichnete er ein paar zusätzliche Türme ein und verlängerte das Hauptschiff um etwa sieben Meter. Das müßte reichen, dachte er.

Im Ministerium suchte er den zuständigen Beamten auf. »Ich möchte in meinem Dorf eine Kirche bauen. Die Pläne habe ich gleich mitgebracht.«

»Eine Kirche bauen?« sagte der Beamte. »Warum nicht?« Er sah sich die Pläne nicht einmal an.

Pater Georgi war sehr zufrieden und kehrte nach Primor-skoAchtarsk zurück, um die Behörden zu informieren. Die hingegen waren sehr erbost.

»Wir müssen kommen und das Grundstück inspizieren«, sagten sie.

Also fuhren sie am nächsten Tag los, um Pater Georgi zu treffen und die Stelle anzusehen. Unterwegs unterhielten sie sich darüber, wie sie den Bau der Kirche verhindern konnten. Plötzlich überschlug sich ihr Wagen, und sie landeten im Straßengraben. Pater Georgi besuchte sie im Krankenhaus und sagte: »Wenn ihr mit solchen Gedanken herkommt, bin ich nicht dafür verantwortlich, was euch zustößt.«

Und so erhielt er die Genehmigung für die Errichtung einer Kirche.

Der Bau selbst war das nächste Problem. Keiner im Dorf war Bauarbeiter, und kein Bauarbeiter aus der Stadt hatte je eine Kirche gebaut. »Fangen wir einfach an und sehen, was passiert«, schlug Pater Georgi vor.

Als erstes müßten sie ein großes Loch für das Fundament ausheben, sagte er. Als sie ein paar Wochen gegraben hatten, kamen die Leute zu ihm und fragten: »Wie lange willst du noch weitergraben, Pater?«

»Nicht mehr lange«, antwortete er.

Doch in Wahrheit machte er sich Sorgen. Er wußte, wenn das Fundament fehlerhaft war, könnte er sich über die Kirche selbst nie sicher sein. Deshalb rief er einen Experten hinzu.

Der Experte sah sich die Arbeit an und schüttelte den Kopf. Nicht einmal eine Bombe würde dieses Fundament zerstören können, sagte er zu Pater Georgi. Daraufhin erklärte Pater Georgi seinen Männern, daß sie noch ein wenig tiefer graben müßten. Dann zog er den Experten erneut hinzu, und der Experte sagte: »Hör mal, Pater, warum verschwendest du so viel Zeit? Du hättest halb so tief graben können, und es hätte trotzdem gereicht.«

So sagte Pater Georgi zu seinen Männern: »Wir müssen noch ein bißchen tiefer graben.« Als der Experte zum dritten Mal kam, sagte er: »Was ist los mit dir? Auf diesem Fundament könntest du eine ganze Kathedrale bauen.«

Da erklärte Pater Georgi, nun seien sie soweit, daß sie mit dem Mauerwerk beginnen könnten.

Das Mauerwerk stellte sie vor ganz neue Schwierigkeiten. Es gab keine Steine in der Gegend, deshalb beschlossen sie, Lehmziegel zu verwenden. Aber Lehmziegel gab es auch nicht. Irgendwer machte hartgebrannte Ziegel ausfindig, aber hartgebrannte Ziegel waren schwer zu verarbeiten. Schließlich fanden sie einen Mann, der in der Ukraine sein Haus mit hartgebrannten Ziegeln gebaut hatte, doch der Mann war schon alt, und als er ihnen geholfen hatte, die Wände bis auf Schulterhöhe zu bauen, setzte er sich erschöpft hin und sagte:

»Ich bin zweiundsiebzig, und bei Nacht sehe ich zwei Monde gleichzeitig. Ihr könnt nicht erwarten, daß ich auf eine Leiter steige.«

Pater Georgi bat die Altgläubigen im Dorf, beim Bau des Mauerwerks mitzuhelfen. Sie sagten, das könnten sie nicht. »Wir sind nicht ausgebildet, Pater. Die Mauer würde krumm und schief.«

Pater Georgi nickte nachdenklich. »Na schön. Wenn ihr sie beim ersten Mal nicht gerade hinkriegt, wird sie eben wieder eingerissen und neu gebaut. Es macht nichts, wenn ihr nur fünf Ziegel pro Tag legt. Auf diese Weise lernt ihr es.«

»Nun gut, Pater.«

»Aber vergeßt nicht«, schärfte er ihnen ein, »die Mauern müssen gerade sein, sonst werden später eure Enkel diese Straße entlanggehen und die Kirche sehen, und wenn sie nicht gerade ist, werden sie sich schämen und eilig an ihr vorbeigehen. Aber wenn alles gut gemacht ist und die Wände gerade sind, werden sie stehenbleiben und zu allen sagen: Seht nur! Mein Großvater hat mitgeholfen, diese Kirche zu bauen!«

Pater Georgi mußte so tun, als wüßte wenigstens er, wie es weitergehen sollte. Doch in Wirklichkeit hatte er keine Ahnung. Die anderen kamen zu ihm und sagten: »Pater, wie macht man das?« Und wenn es leicht war, dachte er sich schnell etwas aus, doch wenn es schwer war, sagte er: »Wir sind noch nicht soweit, damit anzufangen.« Dann ging er weg und versuchte, sich kundig zu machen.

Nach ein paar Monaten hatten alle raus, wie es ging, und Pater Georgi konnte sie fragen: »Was glaubt ihr, was wäre die beste Methode für dies oder jenes?« Dann erörterten sie es, kratzten sich den Bart und antworteten: »Nun, am besten machen wir es so ... oder so ...«

Und manchmal, wenn es besonders knifflig war, gingen sie nach Hause, um zu beten. Wenn sie alle eine Weile gebetet hatten, versammelten sie sich wieder und debattierten über die Ideen, die ihnen gekommen waren. Wenn nichts Richtiges dabei war, kamen sie überein, daß sie wahrscheinlich noch nicht lange genug oder nicht auf die richtige Art gebetet hatten, und beteten weiter, bis sie die Lösung fanden. Manchmal brauchten sie eine Woche oder sogar noch mehr.

Als sie zu den Kuppeln im Innern der Kirche kamen, hatten sie ein Problem. Es war schwierig, es so hinzukriegen, daß die untere Kante einen gleichmäßigen Kreis bildete und während des Baus auf dem viereckigen Sockel zentriert blieb. Also bohrten sie ein Loch in das Ende eines Bretts, spitzten einen langen Pfahl an und drehten das Brett um den Pfahl. Als ein Architekt kam, um sich das anzusehen, schüttelte er den Kopf. »Diese Methode haben die byzantinischen Maurer erfunden.«

Die äußeren Kuppeln mußten aus Metall gegossen werden. Jemand erzählte Pater Georgi von einem Altgläubigen in Achtarsk, der mit Metall arbeitete. Wie sich herausstellte, war es bloß ein Uhrmacher. Doch er sagte, daß er ihnen trotzdem helfen würde. Er hatte einen Freund auf einer Schiffswerft, den er wegen der Kuppeln um Rat fragte. »Kuppeln, hmm. Nun, da müßte man eine passende Form entwerfen, sie herstellen und dann eine spezielle Legierung gießen. Sechs Monate, drei Männer – zuzüglich Entwurf, das macht fünftausend Dollar, vielleicht auch mehr.« Der Uhrmacher zog aus seiner Werkstatt aus und lernte, wie man mit einem Schweißbrenner umgeht.

Als er die erste Kuppel fertig hatte, transportierte er sie in seinem Wagen zu der Baustelle und stellte sie auf der Wiese ab. Alle stimmten überein, daß es eine sehr schöne Kuppel war. Um sie aufs Dach zu hieven, befestigten sie einen Flaschenzug an der Brüstung und stellten eine Mannschaft auf dem Dach und eine zweite am Boden auf. Sie befestigten die Kuppel mit vier dicken Knoten und fügten dann noch zwei zur Sicherheit hinzu. Doch als sie halb oben war, fing die Mannschaft auf dem Dach an, mit der am Boden zu streiten. Plötzlich lösten sich alle Knoten, die Kuppel fiel herunter und brach entzwei. Danach hüteten sie sich, während der Arbeit Streit anzufangen.

Als sie zu bauen anfingen, hatten sie ungefähr dreihundert Dollar auf der Bank, die in Null Komma nichts verbraucht waren. Doch immer, wenn eine Rechnung zu begleichen war, tauchte das Geld dafür von irgendwoher auf. Manchmal schenkten die alten Leute ihnen ihre Ersparnisse, und manchmal sagten die Lieferanten: »Wenn es für eine Kirche ist, braucht ihr nicht zu bezahlen.« Ein Teil des Geldes kam anonym. Doch mit der Zeit stiegen die Kosten immer mehr an, und am Ende verbrachte Pater Georgi einen großen Teil seiner Zeit damit, die örtlichen Geschäftsleute um Spenden zu bitten. Bei der letzten Backsteinlieferung hatte sein Glück ein Ende. Sämtliche Kanäle waren ausgeschöpft. Obwohl sie die Steine verbaut hatten, drohte der Lieferant, zu kommen und sie wieder abzuholen, selbst wenn das bedeutete, daß er die Kirche einreißen müßte. Da hatten die Altgläubigen eine Menge zu beten.

An dem Tag, als die Forderung fällig wurde, kam ein Mann auf dem Weg zur Jagd in der *liman* durch ihr Dorf. Beim Anblick des Gerüsts bremste er und fragte: »Was macht ihr da?«

»Wir bauen eine Kirche.«

Er blieb eine Weile stehen und sah ihnen bei der Arbeit zu. Dann sagte er: »Ihr habt mir eine große Freude gemacht.« Mit diesen Worten wendete er, fuhr zurück nach Hause und kam genau mit dem Betrag wieder, den sie für die Backsteine brauchten.

Danach sahen sie den Mann nie wieder. Sie fragten jeden, der ihnen einfiel, wer er war, aber niemand kannte ihn. Obwohl der Mann Jäger war und obwohl er einen alten Moskwitsch fuhr, ging jetzt das Gerücht um, er sei eine Art von Erscheinung gewesen, ein Heiliger oder ein Erzengel – vielleicht sogar Jesus Christus selbst.

Zwei Älteste aus dem Dorf standen bei der Kirche. Es waren rechtschaffene alte Männer mit Mützen auf dem Kopf und schlohweißen Bärten. Es war ein taufrischer Morgen. Ich wollte mir die Kirche noch einmal ansehen.

»Was hältst du von unserer Kirche?« fragte einer der Männer. »Es ist eine wunderschöne Kirche.«

»Das ist sie in der Tat.«

Sie fingen an, untereinander zu reden.

»Wißt ihr, selbst Fremde haben jetzt von dieser Kirche gehört.«

»Die ganze Welt wird davon erfahren.«

»Ich habe gehört, daß tausend Gäste zur Einweihung kommen sollen.«

»Nein – eine Million.«

Und so hatten sie eine Weile dagestanden, diese Altgläubigen, die an den fernen Ufern des Schwarzen Meeres aufgewachsen waren, ihren Glauben im Namen eines Landes ausgeübt hatten, das sie nie gesehen hatten, mit falschen Versprechungen wieder dorthin zurückgelockt worden waren, es leer und ohne Priester angetroffen hatten – und jetzt hier standen und einander leise versicherten, daß sich in ihrem Dorf ein kleines Wunder ereignet hatte.

Die Ankunft Allahs und des KGB

Aus ein oder zwei Tagen, die ich für Pokrowka veranschlagt hatte, wurde eine Woche. Jeden Morgen erwachte ich in der Dachstube von Pater Georgis Haus, zog die Vorhänge zurück und blickte über die Zinkdächer des Dorfes hinweg auf die Wiesen dahinter. Und jeden Morgen war der Baldachin des Walnußbaums ein bißchen dichter, stieg die Sonne ein wenig höher, und ich sagte mir, wenn ich je die Duchoborzen in Georgien erreichen wollte, dann müßte ich jetzt diese Altgläubigen und ihr schlammiges Dorf verlassen und Richtung Gebirge weiterziehen. Doch beim Frühstück saß Pater Georgi mit seiner jüngsten Tochter auf dem Knie da und erzählte mir von diesem oder jenem Mann, einer Witwe oder einem alten Dichter aus den rumänischen Dörfern, den er hatte treffen wollen, oder daß sein Freund Sascha heute fischen ginge, ob wir ihm nicht helfen sollten? Jeden Morgen hob ich die Hand und sagte: »Na schön, Pater, du hast gewonnen. Aber morgen breche ich auf.«

So verbrachten wir die Tage damit, die Gemeinden um Pokrowka abzuklappern. An sonnigen Vormittagen fuhren wir über die hochgelegenen Dämme der Salzseen, nachmittags saßen wir in irgendwelchen Räumen mit grobverputzten Mauern. Wenn es Abend wurde, fuhren wir weiter zu abgelegenen Siedlungen der Altgläubigen, aßen spät unter freiem Himmel, und jede Nacht wurde der Mond ein kleines bißchen größer. Ich wurde das Gefühl nicht los, daß auch Pater Georgi Dinge entdeckte, die er noch nie zuvor gesehen hatte.

Wir besuchten die Altgläubigen der ersten Siedlung, jene Menschen, die die Dörfer des alten osmanischen Reichs verlassen hatten, um während der Revolutions- und Kriegsjahre sozusagen aus dem Koffer zu leben. Sie hatten sich über den Kaukasus gekämpft und waren hier in der Steppe angekommen, wo sie niemanden antrafen außer ein paar Kosaken, die Pferde für die Kavallerie züchteten. Larissa Michailowna erinnerte sich daran, wie sie nach dem Gebirge zum ersten Mal das flache Land gesehen hatte, mit Gras, das höher war als sie selbst, und wie ihre Mutter das Gras geteilt und auf ein Loch im Erdboden gedeutet hatte: »Hier, mein Kleines. Unser neues Zuhause.« Andere erzählten von Hunger, Typhus, deutschen Panzern und einer dunklen stickigen Kirche, in der man ohnmächtig werden konnte. Sie hatten die Ankunft der Kommissare miterlebt, die alle, die sagten, sie würden lieber mit ihren Tieren als mit den neuen Traktoren das Land bearbeiten, in den Norden verbannten.

Diejenigen, die das alles überlebt hatten, wohnten heute in Lehmhäusern mit Teppichen an den Wänden und bloßen Holzdielen unter den Füßen. Sie saßen auf Stühlen und Betten mit Eisengestellen. Wenn sie erzählten, klang es müde, als hätten sie ihr Leben lang gewußt, daß vor ihrer Tür eine Welt ohne Mitgefühl oder Vernunft begann. Daß sie Altgläubige waren, hatte ihnen nicht viel bedeutet, doch sie klammerten sich an Pater Georgis Hand und sagten: »Du bist jung, du darfst die Vergangenheit betrachten.«

Sie waren ihm dankbar, daß er kam, daß er ein Priester war, ihren Enkeln die alten Riten beibrachte und die herrliche Kirche erbaut hatte, und ihre Blicke verfolgten uns noch lange, nachdem wir aufgebrochen waren.

Dann gab es solche wie Pater Georgis eigene Familie, die nach dem Krieg aus Bulgarien und Rumänien gekommen war und stets die Fastenzeiten einhielt. Sie wußten nichts von den wenigen Jahren in den Dreißigern, die das ganze Jahrhundert gelähmt hatten. Ein alter Mann, der am Donaudelta aufgewachsen war, landete in Dagestan und erinnerte sich an den Tag, als er zum ersten Mal auf den Markt gegangen war. Als die moslemischen Händler den Bart des Altgläubigen sahen, hatten sie voller Angst gerufen: »Allah! Allah! Allah ist gekommen!«

Auch Pater Georgi wußte um die Wirkung seines ungeschorenen Bart- und Haupthaars und der schwarzen geistlichen Gewänder. Als wir nach Primorsko-Achtarsk hineinkamen, wurde er von wildfremden Menschen angesprochen. »Vater, Vater, ich habe diese schreckliche Unruhe...« oder: »Da sind so komische Geräusche in meinem Haus, Vater, wie von einem Gespenst oder so was...« oder: »Ich hab mein Hündchen verloren, Vater, was könnte ich beten, damit es zurückkommt?«

Ein paar davon irritierten ihn, das war nicht zu übersehen, doch im allgemeinen spielte er seine Rolle, neigte den Kopf zur Seite und hörte sich ihre Klagen an. Dann antwortete er, daß sich mit dem rechten Glauben alles erreichen läßt, was man will. Er war ein Meister des Theaterspiels, das seine Bittsteller erwarteten, und beherrschte die gesamte Palette entsprechender Verhaltensmuster – von ernsthafter Besorgnis über Didaktik, Strenge und prophetische Weisheit bis hin zu trockenem Humor oder gar Neckerei.

Eine Frau nahm ihn beiseite. Während ich mir anhörte, wie ihr Mann sich über die Juden ausließ, fragte sie Georgi, was sie mit ihrer Tochter machen solle, die sich in einen Mafioso verguckt hatte. Einmal parkten wir an einem heißen Nachmittag den Wagen neben einem Fluß, um uns ein wenig abzukühlen. Pater Georgi watete noch im seichten Wasser herum, als plötzlich eine Frau in einem kurzen weißen Kleid vor ihm stand, das Haar zurückwarf und sagte: »Taufe mich, Vater.«

Pater Georgi hatte für diese Woche einen Maler bestellt, der ein paar Engel lackieren sollte. Im Innern der Kirche war es kühl, und jedes Geräusch hallte wider. Der Maler balancierte auf einer Leiter und hatte das Gesicht einer teilweise bemalten Figur zugewandt. Am Fuß der Leiter stand ein Mann namens Sergei. Sergei redete wie ein Wasserfall, bis Pater Georgi dazukam und einen Fuß auf die unterste Sprosse der Leiter stellte. Während er mit dem Maler die genaue Ikonographie des Engelsflügels erörterte, bat ich Sergei, mir zu zeigen, wo er wohnte.

Wir verließen das Dorf auf einem Feldweg, in dessen Mitte eine dicke Grasnarbe verlief. Ganz am Ende des Weges versteckte sich die Hütte hinter einem blühenden Apfelbaum. Sergei hatte sie mit eigenen Händen gebaut. Seine Frau war gerade beim Teppichklopfen, und die beiden Kinder bespritzten sich gegenseitig mit Wasser. Unter einer Weide graste ein gutgenährtes angepflocktes Pferd.

Sergei hatte ein so strahlend schlichtes Gemüt, daß ich die ganze Zeit dachte, ich säße hier mit Dostojewskis Fürst Myschkin. Alles, was er sagte, jede seiner Gesten war von kindlichem Enthusiasmus durchdrungen. Zwar trug er jetzt den Bart eines Altgläubigen und über dem Bauernhemd einen wollenen Gürtel, war aber als Kommunist erzogen worden. »Der Vater meiner Mutter war ein Altgläubiger, sie dagegen lehrte in der Schule Atheismus.«

Er saß aufrecht auf einem Holzschemel. Seine Hände ruhten auf den Knien, und während sein Gesicht ständig in Bewegung war, blieb sein Körper vollkommen still. Als junger Mann war er schrecklich ruhelos gewesen, erklärte er. »Ich wollte ständig umziehen. Ich sagte zu meiner Frau: Wir müssen in die und die Stadt ziehen; dort wird es uns besser gehen! Aber irgendwie war es überall das gleiche.«

Vor zehn Jahren waren Sergei und seine Familie nach Primorsko-Achtarsk gekommen, nachdem sie im Norden und in Sibirien, im Ural, in Kasachstan und am Stadtrand von Moskau gelebt hatten. Hier hörte er zum ersten Mal von der Gemeinde in Pokrowka, und da er sich erinnerte, daß sein Großvater ein Altgläubiger gewesen war, sagte er eines Tages zu seiner Frau: »Ich mache einen Spaziergang.

Ich kam in dem Dorf an, und da gab es Männer, die aussahen wie Propheten. Um die Wahrheit zu sagen, ich hatte ein bißchen Schiß, denn ich wußte, daß die Altgläubigen sehr streng sind. Doch sie ließen mich an ihrer Messe teilnehmen. Es war das Fest der Heiligen Dreifaltigkeit. Die Kirche war über und über mit gelben Blüten geschmückt, eine russische Glocke ertönte, und als wir die Kirche verließen, waren die Tische reich gedeckt. Es war wie im Traum.

Am nächsten Sonntag brachte ich meine Familie mit und sagte zu ihr: Seht mal, hier werden wir leben. Meine Frau antwortete: Sergei Iwanytsch, wenn wir noch einmal umziehen müssen, werde ich dich verlassen. Doch dann sah sie, wie gut die Menschen und wie reichgedeckt die Tische waren. Innerhalb einer Woche hatten wir uns alle taufen lassen, und ich wußte, daß ich bleiben konnte. Da baute ich ein Haus und kaufte ein Pferd.«

Sergei warf einen Blick auf das Pferd, das im Schatten stand und mit dem Schweif schlug. »Am Anfang war es sehr schwierig. Ich pflanzte Samen in die Erde und wartete und wartete. Ich hatte noch nie zuvor etwas angebaut. Drei Wochen lang passierte nichts. Ich inspizierte den Boden wieder und wieder – nichts! Dann tauchte eines Nachts der erste Schößling auf, und ich weckte meine Frau, damit sie herauskam und sich das ansah. In diesen Tagen arbeitete ich wie ein Wilder. Die Leute gingen vorbei und sagten: Hör mal, Serjoscha, heute ist Feiertag, komm und feiere mit uns. Und ich sagte, nein, ich habe keine Zeit zum Feiern.

Doch dann fiel mir etwas Merkwürdiges auf. Ich wurde immer langsamer. Eines Tages konnte ich mich gar nicht mehr bewegen, und während ich so dalag, sagte ich mir: Sergei, ein Leben ohne Feiertage ist wie ein Pferd mit einem schlechten Besitzer!

Also feiere ich jetzt alle Feiertage, und wenn ich arbeite, stehe ich im Morgengrauen auf, arbeite und esse, und danach komme ich her und lege mich mit einem Glas Wasser unter den Baum und bin wunschlos glücklich.«

Bevor er zur Kirche ging, erzählte Sergei, sprach er diejenigen in der Gemeinde an, die er möglicherweise verletzt hatte. Er bat sie um Verzeihung. Häufig klopfte er bei jemandem an die Tür und entschuldigte sich, und der andere sagte: »Sergei, ich weiß nicht, was du meinst. Es ist mir gar nicht aufgefallen, daß du das getan hast.« Bei den anderen klopfte er gleich mit für den Fall, daß er jemanden vor den Kopf gestoßen hatte, ohne es zu merken. Das dauerte jedesmal eine ganze Weile, aber das machte ihm nichts aus, denn er redete gern, und so war er wenigstens glücklich, wenn er zur Kirche ging.

»Es ist schwer mit diesen Messen, weil sie so lang sind. Sie dauern und dauern. Du stehst dir die Beine in den Bauch und hast das Gefühl, du würdest jeden Augenblick umfallen. Aber danach kommst du nach Hause und hast nicht nur ein reines Herz, sondern fühlst dich auch sonst geläutert. Du trägst deine Sonntagskleider, deine Frau sieht wunderbar aus, und alles ist schön.«

Sergei zäumte sein Pferd auf und ritt neben mir her, als ich ins Dorf zurückkehrte. An der Kirche verabschiedete er sich, und ich sah ihm nach, als er sich auf den Weg zur *liman* machte. Sein Pferd trottete gemächlich mit breiter Kruppe dahin, und er selbst war bereits in Gedanken versunken.

Pater Georgi hatte von einem anderen Priester gehört, einem Ikonenmaler, der in einer Staniza mit vielen Bäumen und Grün etwas landeinwärts von Pokrowka lebte. Pater Jewgeni war weithin berühmt.

»Er ist ein Meister. Er malt auf die alte Art.« Pater Georgis Ton war ehrfürchtig, obgleich er den Mann noch nie gesehen hatte.

Wir fanden Pater Jewgeni in einem Lagerhaus, das die Kosaken aus Gründen, die nicht ganz klar waren, beschlagnahmt hatten. Durch ein paar Ritzen im Dach fielen breite Sonnenstreifen auf den Lehmfußboden und die aufgestapelten Militärkisten.

Pater Jewgeni arbeitete in einem Raum an einem Ende des Lagerhauses. Er war kein Altgläubiger, erklärte aber, daß solche Unterscheidungen heute, im Gefolge einer atheistischen Ära, ohnehin nichts taugten. »Wir stehen vor einer leeren Steppe. Warum sollen wir zwei Zäune bauen, wenn wir auch zusammen einen bauen können und dafür nur halb so lange brauchen?« Als er von seiner Technik bei den Ikonen sprach, hörte ich die gleiche Überzeugung heraus wie bei den Altgläubigen, wenn sie von ihren Riten erzählen.

Er war ein paar Jahre älter als Pater Georgi. Sein Bart zeigte bereits »erste Spuren von Frost«, und er strahlte jene verwirrte Intensität eines Menschen aus, der über lange Zeit hinweg immer dasselbe Objekt betrachtet hatte.

Für mich waren Ikonen weniger interessant als die Leidenschaften, die sie in anderen Menschen auslösen können. Pater Jewgeni war wie die ersten byzantinischen Maler überzeugt, daß nichts aus der materiellen Welt Gott so nahe kam wie sie. Die Duchoborzen dagegen betrachten sie als wertlose Klumpen von Eisen und Holz. In den klösterlichen Städten Yaroslavl und Kostroma pflegten die Mönche Ikonen, die zu dunkel zum Restaurieren waren, zur Wolga zu bringen und sie unter passenden Gebeten den Fluten zu übergeben. So wurden sie durch die Wälder zu den Ebenen geschwemmt, wo die Tataren sie herausfischten, um sie als Unterlage für ihre Pferdesteaks zu benutzen. »Was für ein Gott kann das sein«, sagten sie, »wenn er nicht besser ist als ein Gitterrost?« Zum Fünf-Jahres-Plan Übergelaufene, die in der Kirche nichts als »Agitprop der Kulaken« sahen, rissen die Ikonen von den Kirchenwänden und warfen sie den Schweinen der Kolchosen vor.

Mehr als tausend Jahre zuvor hatte Leo III. von Byzanz den Ikonen ebenfalls den Kampf angesagt und befohlen, sie bis zum letzten Exemplar zu vernichten. Als sie anderthalb Jahrhunderte später wieder Anklang fanden, war das der Beginn des großen Zeitalters der Ikonen. Es wuchs die Überzeugung, daß die Malerei dem Geist Gestalt gibt, so wie Gott in Christus zu Fleisch und Blut wurde. Ikonen galten als visuelles Wort, und Puristen betrachteten die Entwicklung von weniger stilisierten Gemälden im Westen, wo die rastlosen Schurken der Renaissance die steife Abstraktion von Byzanz über den Haufen warfen, als Ketzerei.

Pater Jewgeni beugte sich zu mir herüber. »Heutzutage hat man in Rußland richtige Ikonen vergessen. Ich habe in unseren Kirchen sogar Gemälde von Raffael hängen sehen!«

Mitten in seinem Atelier lag eine große, halbfertige Ikone auf mehreren Gerüsten. Sie stellte Christus Acheiropoietos dar, das »nicht mit Händen gemachte« Gesicht des Erlösers. Das war die erste aller Ikonen, diejenige, welche im wahrsten Sinne des Wortes die fleischgewordenen Merkmale des Malens enthüllt. Sie entstand, wie es heißt, als Christus selbst ein Tuch auf sein Gesicht preßte. Der erste Abdruck wurde an König Agbar von Odessa geschickt, dessen Lepraerkrankung in dem Moment heilte, als er einen Blick darauf warf. Und es war diese Ikone, deren triumphaler Einzug nach Konstantinopel 944 die Wiederaufnahme der verbannten Bilder in die Gunst der Herrschenden ankündigte.

Pater Jewgeni breitete seine Arme darüber. Die Umrisse des

Gesichts waren bereits eingezeichnet und teilweise auch schon vergoldet, an anderen Stellen sah man nur den dunkelroten Untergrund. Ich fragte ihn nach seiner Technik. Er führte mich in eine Ecke, wo ein Stapel von unbehandelten Brettern auf die Grundierung wartete. Seine Erklärungen waren absolut präzise, fast so als spräche er eine Zauberformel.

Das Holz, das er benutzte, war Lindenholz, wenn welches aufzutreiben war, sonst Pinienholz (in Byzanz waren es Linde und Zypresse gewesen). Wenn er die Bretter entsprechend vorbereitet hatte, legte er ein Leinentuch darauf und verstrich auf dem Leinentuch eine Lage Fischleim.

»Es muß Fischleim sein.«

Als nächstes kam eine Schicht aus gemahlener Tonerde und Eigelb. Beim Trocknen sorgte sie dafür, daß das Leinen schrumpfte und die Bretter eng aneinanderfügte.

»Das Ei muß vom selben Tag sein.«

Die Pigmente gewann er aus unbehandeltem Malachit, Lapislazuli und einem Schwefelextrakt. Zuerst wurden die Steine mit einem Stößel im Mörser grob zerkleinert, dann mit einer Eisenmassel auf einem Stück poliertem Granit sehr fein zermahlen.

»Es muß Granit sein.«

Eine Grundierung von rotem Ton bildete den Anfang, gehärtet mit Eiweiß und Bienenwachs. Darauf wurden zuerst die Pigmente und dann das Blattgold verarbeitet, der heikelste und heiligste Abschnitt – sozusagen die Fürbitte des ganzen Prozesses. Pater Jewgeni griff nach einem Buch mit Blattgold und einer Klinge, schnitt ein Blatt heraus und legte es auf ein Kissen aus braunem Wildleder. »Es muß eine hauchdünne Klinge sein, mit der man das Gold schneidet.« Als nächstes verrieb er etwas Sonnenblumenöl auf dem Handrücken (»Es muß Sonnenblumenöl sein«) und wischte dann ganz sacht mit einem Pinsel darüber. Jetzt waren die Borsten so präpariert, daß er das

Blattgold damit aufnehmen konnte. Die andere Hand schützend davorhaltend, ging er quer durch den Raum zu seinem Gerüst. Doch bevor er das Gold anbrachte, goß er ein paar Tropfen Wodka auf die Grundierung.

»Es muß russischer Wodka sein, nehme ich an«, sagte ich.

Er sah mich an, ohne zu lächeln. »Selbstverständlich.«

Dann setzte er das Stück Blattgold genau an die richtige Stelle in den Heiligenschein Christi. »Alles Licht einer Ikone muß aus dem Heiligen selbst kommen.« Er legte den Pinsel weg und griff nach einem Stück ungesponnener Baumwolle, um das Gold anzudrücken. Schließlich polierte er es mit Wolfszahn, das an einem Stück Pinienholz befestigt war.

Pater Jewgeni richtete sich auf. Im schwindenden Licht des Tages ging er durch den Raum und zeigte mir eine Stelle auf einer anderen Ikone, wo er Lapislazuli-Pigment für die Falten im Gewand der Jungfrau Maria benutzt hatte. »Diese Farben werden nie verblassen. Wenn man vor alten Ikonen steht, kann man feststellen, daß die Farben sich in das ursprüngliche Mineralgestein zurückverwandelt haben. Ich kannte eine blinde Frau, die mit dem Finger über die Oberfläche einer Ikone streichen konnte und genau wußte, welchen Heiligen sie darstellte und welche Farben man benutzt hatte, allein von der unterschiedlichen Beschaffenheit der Pigmente her.«

Ich fragte ihn, was ihn zum Malen bewogen hatte. Als er nach einer Weile antwortete, hatte er sein dogmatisches Gehabe verloren, und zum ersten Mal empfand ich so etwas wie Sympathie für ihn.

»Als Kind stand ich in der Messe immer vor den Ikonen. Ich verstand weder die Gesänge noch die Lesungen, aber ich sah, wie das Licht im Innern der Ikonen schimmerte. Gleichzeitig spürte ich auch ein Licht in mir, eine Ekstase, und seitdem empfinde ich sie jedesmal, wenn ich mit Schönheit konfrontiert bin. Nicht einfach Freude, sondern eine so intensive Ekstase, daß ich nicht weiß, was ich tun soll. Dieses Gefühl bringt mich dazu, zu malen. Jeder Künstler muß einen Sinn für Ekstase in sich tragen. Es ist wie ein Licht, das in deinem Innern explodiert. Du mußt es festhalten und weitergeben.«

Als wir Pater Jewgenis Studio verließen, dämmerte es. Zwischen Weizenfeldern und Entwässerungskanälen, deren Wasser in der Abendsonne glänzte, fuhren wir nach Pokrowka zurück. Als wir dort ankamen, leuchteten die Sterne am klaren Himmel.

Saschas stahlverstärktes Boot flog über die *liman*. Er hockte im Heck und hielt das Steuer in der Armbeuge. Seeschwalben schossen über das aufgewühlte Wasser und folgten uns. Pater Georgi saß barfuß auf dem schmalen Vorderdeck. Strähnen seines Barts und seiner langen Haare flatterten im Fahrtwind. Wir wollten auf Krebsjagd gehen.

Sascha war ein jüngerer Altgläubiger und obendrein Fischer. In einer der weiter entfernten Lagunen hatte er ein paar Reusen ausgelegt. Sein Außenbordmotor produzierte mehr Lärm als Energie. Lange Zeit schienen sich die Umrisse des Schilfrohrs am Horizont überhaupt nicht zu verändern. Als wir es nach etwa einer Stunde erreichten, drosselte Sascha den Motor, der Bug senkte sich ins Wasser und die Heckwelle schwappte an uns vorbei. Wir folgten dem Rand des Schilfrohrs bis zu einer Lücke. Dort bogen wir ein, und Sascha gab wieder Gas.

Zwischen dem Schilfrohr verbarg sich ein riesiges Labyrinth von Kanälen. Manche waren breit genug für ein Schiff, andere so schmal, daß man zu beiden Seiten die Hände ausstrecken und im Vorbeifahren die Stengel des Schilfrohrs umbiegen konnte. Es gab Lotosblumen im Wasser, Schildkröten, und einmal flitzte ein Eisvogel mit leuchtendem Gefieder vor uns her. Reiher erhoben sich aus dem Schilf und flogen in Zeitlupe davon. Irgendwo ragte eine meterlange Stahlplatte aus dem Wasser. Sascha beugte sich vor und erzählte mir über den Motorenlärm hinweg die Geschichte einer MIG, die hier vor einigen Jahren gestrandet war. Ihr äthiopischer Pilot, der noch in der Ausbildung war, konnte sich mit dem Schleudersitz retten. Als er aus dem sumpfigen Wasser auftauchte und seinen Helm abnahm, waren die Fischer in heller Panik weggelaufen.

Schließlich mündeten die Kanäle in eine andere Lagune, die von einer unendlich schmalen, weit entfernten Schilfrohrkante gesäumt war.

Sascha hatte seine Netze nicht mit Bojen markiert aus Furcht, daß sie von Banditen oder auch den Behörden gestohlen werden könnten. Jetzt schaltete er den Motor aus, richtete die Orientierungspunkte aus, und dann ließen wir den Dragganker hinab, bis er sich im Grund verhakte. Einer nach dem anderen wurden die kleinen Weidenkörbe an Bord geholt und ins Boot ausgekippt. Die schimmernden Krebspanzer zappelten als wimmelnde Chitinmasse auf den Planken. Als alle Reusen eingeholt waren, tuckerten wir gemächlich zurück zum Ufer, bis wir mit dem Bug aufprallten und ein Stück den Strand emporrutschten. Sascha nahm den Außenbordmotor ab.

Wenn der Wind durchs Schilfrohr strich, klapperten die Stengel gegeneinander wie Knochen. Um uns herum war meilenweit nichts als Wasser, Schilf, Kanäle und Sumpfland. Sascha bückte sich und schob den Haufen Krebse zur Seite, dann holte er eine Flasche Wodka aus der Bilge. Ich nahm mein Messer heraus und schnitt Brot, während Pater Georgi einen Klumpen Schweineschmalz aus einem Fetzen Butterbrotpapier wickelte. Außerdem hatten wir Tomaten, Frühlingszwiebeln und ein paar Kartoffeln dabei. Pater Georgi bekreuzigte sich, als Sascha drei Becher auf dem Dollbord aufstellte und mit Wodka füllte. Während er sie uns reichte, stellte er Pater Georgi eine Frage, die ihm offenbar schon lange auf dem Herzen gelegen hatte.

»Was ist eigentlich dran an der Geschichte, daß Jesus Jude war, Pater?«

»Er war Jude, das stimmt.«

»Wie kommt es dann, daß wir Christen sind und die Juden Juden?«

»Die Juden glaubten nicht daran, daß Jesus der Messias war.«

»Aber bevor die Juden Juden wurden, waren sie doch Russen, oder? Ich meine, waren nicht alle Menschen Russen, ganz am Anfang?«

»Nicht ganz –«

»Was dann?«

»Afrikaner.«

»Afrikaner!« Sascha lachte und schüttelte den Kopf. Man sah, daß er Pater Georgi für nicht ganz dicht hielt. »Na schön, Pater. Da ist noch was. Ich habe gehört, daß ein *banja* an Feiertagen nicht erlaubt ist. Ist es denn wirklich so schlimm, sich zu waschen?«

»Natürlich kannst du dich waschen, bloß nicht im *banja*.«

Und so ging es immer weiter. Pater Georgi beantwortete jede einzelne von Saschas Fragen mit unbeirrbarer Logik.

»Und warum dürfen wir mittwochs und freitags kein Fleisch essen? Ich meine, warum gerade an diesen Tagen?«

»Dafür gibt es keinen Grund. Es könnte genausogut montags und dienstags sein.«

»Es sieht ganz so aus, als wollten sie uns mit all ihren Geboten verscheißern. Die meisten ergeben überhaupt keinen Sinn.«

Pater Georgi lehnte sich etwas gemütlicher gegen die Windschutzscheibe. »Es sind nicht die Gebote, die wichtig sind, Sascha, sondern ihre Befolgung. Diese Gebote sind eine Methode, Disziplin zu üben. Wenn du die kleinen Regeln befolgen kannst, wird es dir leichter fallen, die richtigen Entscheidungen zu treffen, wenn es um größere Fragen geht. Wenn wir Regeln nicht gehorchen könnten, hätte unser Leben keinen Wert. Man kann nicht überleben, wenn man keine Regeln hat. Natürlich wirst du nicht krank, wenn du an einem Fastentag Fleisch ißt.

Aber indem du auf das Fleisch verzichtest, beweist du dir selbst, daß du dich beherrschen kannst, daß du Gebote im Leben respektierst.« Pater Georgi zeigte auf den wollenen Gürtel, den er nach alter *mushik*-Art über dem Hemd trug. »Nehmen wir beispielsweise diesen Gürtel. Wir tragen ihn als Symbol unserer Unterwerfung. Wir zeigen damit Gehorsam gegenüber dem Gesetz. Es ist wie ein Eid. Aus dem gleichen Grund tragen verheiratete Frauen ein unter dem Kinn verknotetes Kopftuch. Früher hat man Verbrecher gezwungen, ohne Gürtel herumzulaufen. Es gab sogar ein Wort mit der Bedeutung ›ungegürtet‹ – das hieß, daß man vom Gesetz ausgeschlossen war.«

Sascha nickte und stellte die nächste Frage. Und Pater Georgi gab die nächste Antwort, bis ein kühler Wind von Süden her aufkam. Wir schoben das Boot zurück ins Wasser und versteckten unseren Fang unter ein paar Planen, blieben jedoch unbehelligt von Patrouillen und erreichten die Küste kurz nach Einbruch der Dunkelheit.

Das war der letzte Abend mit den Altgläubigen. Wir aßen zu siebt bei Sascha zu Abend und teilten uns die Krebse aus einem großen Kessel. Eine Schüssel stand für die Schalen bereit, und als der Kessel leer und die Schüssel voll war, fing ein Mann namens Stefan an, von seiner Ankunft in Rußland nach dem Krieg zu erzählen.

»Ehrlich gesagt, ich war verblüfft. Immerhin war ich mit Geschichten über den Zaren und einem Bilderbuch über Sankt Petersburg aufgewachsen, das meine Eltern besaßen.« Daher war Stefan ein wenig enttäuscht, als er feststellte, daß er in einem Sumpf im Süden lebte. Er erzählte eine lange Geschichte von einem Funktionär, der ihn damals ganz zu Anfang aufgesucht hatte. Er schien ein netter Mensch zu sein und interessierte sich für Stefans Leben in Bulgarien, und so unterhielten sie sich darüber, bis der Funktionär ihn nach den anderen ausfragte, die später gekommen waren. Stefan hob die Hand und sagte, nein, für die anderen könne er nicht sprechen – das müsse der Funktionär sie schon selber fragen. Als er ging, erklärte der Funktionär, er werde in ein paar Wochen wiederkommen.

»Damals machte ich mir Sorgen. Ich dachte, vielleicht erzähle ich meiner Frau besser nichts davon. Doch sie merkte es trotzdem. Und das komische war, nachdem ich ihr gesagt hatte, was mich bedrückte, schien ich das ganze zu vergessen und machte mit meinem normalen Leben weiter.«

Doch der Funktionär kam zurück und fragte Stefan, was er hätte. Stefan sagte: »Was meinst du?« Dann fingen die Männer des Funktionärs an, ihn zu schlagen, und als sie aufhörten, sagten sie: »Das nächste Mal kennen wir kein Pardon mehr.« Danach machte er sich große Sorgen, denn er konnte nicht für seine Freunde sprechen, und sterben wollte er auch nicht.

»Aber dann habe ich mit meiner Frau gesprochen. Nach einer Weile vergaßen wir die ganze Sache und setzten unser übliches Leben fort.«

Als der Funktionär wiederkam, war es mitten in der Nacht. Sie zerrten Stefan aus dem Schlafzimmer. Als er erklärte, er könne immer noch nicht für seine Freunde sprechen, brüllte der Funktionär ihn an: »Abschaum! Du hast noch drei Tage, dann wirst du baumeln!«

Bei diesen Worten machte Stefan sich die allergrößten Sorgen. Auch seine Frau machte sich Sorgen. Sie stand nicht mehr auf und blieb den ganzen Tag im Bett. Als der dritte Tag gekommen war, setzte sich Stefan an die Tür und murmelte alte Gebete. Dort blieb er den ganzen Tag sitzen. Am Abend spähte er durch die Vorhänge, doch es gab immer noch keine Spur von dem Funktionär. Auch am nächsten Tag ließ er sich nicht blicken, die ganze Woche nicht, und im folgenden Monat auch nicht. Also stand seine Frau wieder auf, und nachdem sie sich darüber unterhalten hatten, vergaßen sie die ganze Sache irgendwie und machten mit ihrem normalen Leben weiter.

»Ich hab den Kerl nie wieder gesehen. Er war wie vom Erdboden verschluckt.«

Neben Stefan saß ein anderer Altgläubiger, ein Riese von Mann namens Igor. Igor hatte in der bulgarischen Marine gedient. Von allen Tagen seines Dienstes in der Marine konnte er sich am besten an den Tag erinnern, als sie mit den englischen Seeleuten ein Wettrennen veranstaltet hatten.

»Wir hatten bloß zwei Schiffe in unserer Flotte, doch eines Tages lief eins dieser englischen Schiffe in Varna ein. Ein weißes Schiff war es. Groß, mit viereckigen Segeln. Und was für ein Prachtstück

Das Schiff ankerte etwas außerhalb und ließ ein Beiboot zu Wasser, mit dem ein paar Männer zu den Bulgaren herüberkamen. Es war eine Gruppe englischer Seeleute, die ihre Ruder einzogen, während im Heck ein Offizier aufstand und erklärte: »Ahoi allerseits! Wir wollen euch zu einem Wettrennen einladen.«

»Nun, wir beugten uns über die Reling und sahen auf diese englischen Seeleute in ihrem blitzblanken Boot herab, mit ihren kleinen weißen Händen wie Frauenhände, und wir dachten, ja, machen wir ein Wettrennen, warum nicht? Wir hatten große Pranken voller Blasen, und unser Beiboot war überall rostig und ölverschmiert. Aber natürlich wollten wir mitmachen!«

»Und wer hat gewonnen?«

»Wir! Am Schluß lagen sie fünfzig Meter hinter uns. Anschließend luden sie uns zu sich an Bord ein. Unsere Stiefel machten eine Menge Kratzer auf ihrem Deck. Ich weiß noch, daß wir ein paar Flaschen dabei hatten, und sie haben uns Kuchen vorgesetzt. Ich glaube, ich werde nie wieder so ein Schiff sehen. Nicht solange ich lebe.«

Am nächsten Morgen, als die Walnußblätter sich vollends entfaltet hatten, sagte ich zu Pater Georgi, nun sei es aber wirklich Zeit, Abschied zu nehmen. Er antwortete: »Na klar. Nur noch eins. Ich möchte dich mit Grigory bekannt machen.«

Grigory war der Chef des örtlichen Fernsehsenders. Er wollte mich interviewen, und ich willigte ein. Die Fragen beschränkten sich im großen und ganzen auf die Butterpreise in England und was man dort zum Abendessen kocht. Zwar versuchte ich, nicht allzu sehr aufzufallen, um ja nicht ins Blickfeld der Behörden zu geraten, und im Fernsehen aufzutreten, ist zugegebenermaßen eine ziemlich dämliche Art, nicht auffallen zu wollen, doch letztlich kam mir das alles ziemlich harmlos vor.

Ich verabschiedete mich im Fernsehstudio von Pater Georgi und bewunderte ein letztes Mal, wie gut er mit seinen diversen Rollen jonglieren konnte, als er so dastand, mitten in einem mit Elektronik vollgestopften Sound-Studio. Er sah aus wie ein *starez* aus dem neunzehnten Jahrhundert.

Ein paar Tage später erreichte ich Armawir. Pater Georgi hatte gehört, dort gäbe es einen Zweig der molokanischen Sekte, der sogenannten »Milchtrinker«. Er hatte mich gebeten, ihn anzurufen, wenn ich dort war.

»Hast du die Molokanen schon gefunden?« Pater Georgis Stimme knisterte in der Leitung.

»Laß mir ein bißchen Zeit – ich bin vor einer Stunde erst angekommen.«

»Ach übrigens – ich muß dir noch was erzählen.«

»Was denn?«

»Grigory hat Besuch bekommen, nachdem er das Interview mit dir gesendet hat.«

»Besuch?«

»Vom FSB.« Der FSB war die post-sowjetische Version des KGB.

»Was haben sie gesagt?«

»Wer war dieser Engländer in unserem Fernsehen? Wieso wissen wir nichts über ihn?«

»Ach du Scheiße!«

Pater Georgi lachte. »Mach dir keine Sorgen. Er hat ihnen gesagt, wenn ihr eure Arbeit richtig machen würdet, bräuchtet ihr nicht mich zu fragen. Und nein, es tue ihm leid, er wisse nicht, wo der Engländer jetzt sei – er habe nicht die geringste Ahnung.«

Solschenizyn und die Hose des Prinzen Walja

Ich hatte eine Freundin in Moskau, die über die Kindheit und Jugend Solschenizyns forschte. Sie hatte mir von einem alten Haus erzählt, das einst dem Großvater des Schriftstellers gehört hatte. Das einzige, was sie darüber wußte, war, daß es in Otrado-Kubanskoje lag, einem Dorf unweit von Armawir, und mittlerweile in ein Institut für – ausgerechnet – Bienenzucht umgewandelt worden war.

Nun, um es vorweg zu sagen, ich hatte mit dem Institut mehr Glück als mit den Molokanen. Ich war an einem heißen Nachmittag in Armawir angekommen und schlenderte durch die Stadt zum Fluß – dem Kuban. Dort setzte ich mich ans Ufer und beobachtete, wie eine Frau im Badeanzug auf einem jungen Wallach immer wieder ins seichte Wasser hineinritt und dann zurückkam. Sie ritt ohne Sattel und hielt die Zügel stramm, als sie durch das seichte Wasser platschten. Der Fluß wirbelte rasch an mir vorbei; er kam aus dem Gebirge. Als ich in den Hauptstrom hineinschwamm, riß es mich ein paar hundert Meter mit, bevor ich wieder Boden unter den Füßen hatte. Schließlich ging ich am Ufer zurück und legte mich ins Gras. Die Frau und das Pferd hörten auf, im Wasser herumzuplanschen. Sie trieb es die Böschung hinauf, und dann verschwanden sie in der Steppe. Aus der Ferne hörte ich den Lärm der Stadt. Ein Flugzeug dröhnte über den leeren Himmel. Ich schlief ein.

Hinter Armawir hat sich der Kuban in die schwarze Steppenerde der Hochebene eingeschnitten. In den Jahren vor der Revolution hatte sich eine Gruppe von Pionieren hier an der neuen Eisenbahnstrecke angesiedelt und das Land parzelliert.

Die Erträge machten sie reich. Sie experimentierten mit Fruchtwechsel und Viehzucht. Sie züchteten Pferde mit seidigen Flanken und bauten so prächtige Häuser, daß sie die Bauern verblüfften. Sachar Stscherbak war einer von ihnen. Er hatte als Schafhirte in der Ukraine angefangen und es bis 1914 auf eine Herde von zwanzigtausend Tieren gebracht. Sein Sohn fuhr einen von nur neun Rolls Royces in ganz Rußland. Sein Enkel ist Alexander Solschenizyn.

Am nächsten Morgen nahm ich einen Zug nach Otrado-Kubanskoje. Die ganze Bahnstation bestand aus einem niedrigen Schuppen. Niemand außer mir stieg aus. Ich kletterte über die Gleise und fragte eine Frau nach dem Institut.

»Äh?«

»Gibt es ein Institut hier in der Nähe?«

»Was für ein Institut?«

»Für Bienen.«

»Hier gibt es keine Bienen.«

»Aber ein Institut?«

»Auch kein Institut.«

»Überhaupt nicht?«

»Hör zu, es gibt hier weder Bienen noch ein Institut.«

Sie saß auf einer Bank und wandte sich ab, um die Straße hinaufzusehen. Ihr Kleid war mit Sonnenblumen bedruckt. »Es sei denn, du meinst das Botanische Institut.«

Es war ein heißer Tag. Der Wind wehte aus der Steppe, und die Getreidefelder wogten und verbeugten sich vor ihm. Unsichtbare Lerchen sangen am Himmel, hohe Wolken trieben darüber hinweg. Nach einiger Zeit hörte ich einen Wagen hinter mir. Der Fahrer kurbelte das Fenster herunter, ein Mann mit zerzaustem Haar und einem einzigen Zahn im Mund, der so breit wie die Klinge einer Hacke war. Ich erzählte ihm, daß ich auf der Suche nach einem großen alten Haus beim Botanischen Institut sei. »Kennst du es?«

»Ich kenne es. Steig ein.«

Ein Schweinekopf lag neben ihm auf dem Beifahrersitz. Ich stieg hinten ein.

»Dieses Haus, von dem du gesprochen hast«, sagte er in den Rückspiegel. »Was ist damit? Willst du es kaufen?«

»Eine Familie namens Stscherbak hat dort gelebt.«

»Es gibt hier niemanden mit diesem Namen.«

»Das ist schon lange her.«

»Wie lange her?«

»Vor der Revolution.«

»Nun, da mußt du die alten Leute fragen.«

Die alten Leute lebten in den Hütten beim Institut. Sie waren sehr bemüht, mir zu helfen: O ja, da hatte es ein Haus gegeben. Vor der Revolution, ja, damals war es gebaut worden. Ein sehr großes Haus – das größte weit und breit. Stscherbak, ja, so hatte die Familie geheißen.

Ich fragte, ob das Haus noch stand.

Aber natürlich! Bloß konnte niemand mir genau verraten, wo es war, und nach einer Weile ging mir auf, daß sie »ja« gesagt hatten, weil sie sahen, wie sehr es mir gefiel, wenn sie »ja« sagten, und weil sie wußten, wenn sie »nein« sagten, wäre ich enttäuscht, und ich war doch so einen weiten Weg gekommen.

Ich ging zurück die Straße entlang zum Büro des Instituts, wo ein Mann namens Grawtschenko bestätigte, was ich schon vermutete: Es gab kein Haus aus der Zeit vor der Revolution und auch keine Familie namens Stscherbak.

Grawtschenko war auf dem Weg zum Mittagessen. Er trug einen Kirgisenhut mit steifer Krempe, hatte ein offenes Gesicht und lächelte viel. Er nahm mich mit zur Kantine, wo wir Fleisch mit Kartoffeln aßen und Wasser dazu tranken. Dann begann Grawtschenko zu erzählen.

Er war in Weißrußland als eins von sieben Geschwistern zur Welt gekommen. 1941 war er nach Leningrad gereist, um zu helfen, die Stadt vor der Wehrmacht zu retten. Der Herbst rückte näher, die Deutschen ebenfalls. Eine Nachschubverbindung nach der anderen wurde gekappt.

»Wir aßen Hunde und Vögel, und als keine mehr übrig waren, kochten wir die Stiefel der Gefallenen und machten eine Suppe daraus. Wir stapelten die gefrorenen Leichen übereinander wie Holzscheite. Aber das kannst du nicht verstehen.«

Über sein Handgelenk zog sich eine Narbe. Ein Heckenschütze hatte ihn erwischt, als er sich zwischen den Fronten herumtrieb. Er war an der Brust verwundet worden. Die Belagerung hatte zweieinhalb Jahre gedauert – neunhundert Tage –, und die Hälfte der Bevölkerung war dabei umgekommen. Grawtschenko kehrte im Sommer 1944 in sein Dorf zurück. Im Wald und auf den Feldern blühten blaue und gelbe Blumen. Die Straße war ein sandiger Feldweg zwischen den Pinienwäldern. Alles war genauso wie in seiner Erinnerung.

»In diesem Moment war das ganze Glück meiner Jugend plötzlich wieder da.«

Die Gegend hatte unter der Besatzung sehr gelitten. Als er zu seinem Haus kam, mußte er feststellen, daß mittlerweile eine Familie aus Lida dort wohnte. Von seiner eigenen Familie hatte niemand überlebt. Die Partisanen waren sehr aktiv in der Region gewesen, und die Deutschen hatten die ganze Grawtschenko- Familie in eine Scheune gesteckt und verbrannt. In seinem Haus entdeckte Grawtschenko ein Märchenbuch, das seiner jüngsten Schwester gehört hatte. Er klemmte es unter den Arm und kehrte Weißrußland für immer den Rücken. Erst verbrachte er zehn Jahre in Kasachstan und zog dann um in eine gesperrte Atomstadt in Sibirien. Später gewann er einen

Wettbewerb, bei dem es um diesen Posten im Botanischen Institut ging. Es war ein guter Job. Er hatte nie geheiratet und besaß nur Kollegen, keine Freunde. In gewisser Hinsicht war Grawtschenko der Inbegriff des Sowjetbürgers: ein *blokadnik*, ein Waise, loyal nur dem Staat gegenüber, denn er war der einzige, der ihn nie enttäuscht hatte.

Er fragte, warum ich mich so sehr für das Stscherbak-Haus interessierte.

»O ja«, sagte er, »das Solschenizyn-Haus.«

»Du kennst es?«

Er nickte. »Aber es ist nicht hier. Du mußt nach Nowokubansk.«

Also verabschiedete ich mich von Grawtschenko und dem Botanischen Institut und verließ das Tal per Anhalter. Dann ging ich zu Fuß von der Hauptstraße aus weiter.

Das Stscherbak-Haus und die dazugehörigen Gebäude hatten ein ganzes Dorf hervorgebracht, und das Dorf war zu einer kleinen Stadt herangewachsen, die als Zentrum für experimentelle Landwirtschaftsgeräte fungierte. Überall sah man die merkwürdigsten Erfindungen – ausgeklügelte Sämaschinen, eine neuartige Heuwalze, eine Art mehrstöckige Egge, Pflüge, die aussahen wie überdimensionale Küchengeräte. Die städtischen Absperrgitter waren mit Traktormotiven geschmückt.

Es war nicht schwer, das Haus selbst zu finden. Es stand inmitten eines dichten, wohlriechenden Wäldchens. Die Spuren einer weitläufigen Anlage waren noch überall sichtbar – Ställe, Getreidelager, Kühlhäuser, langgestreckte niedrige Kuhställe für das Vieh und langgestreckte niedrige Unterkünfte für die Arbeiter. Die Bäume und Fliederbüsche hatten alles überwuchert; das Haus selbst mit seinen breiten Giebeln und hohen Fenstern war leer und ungenutzt.

In *August 1914* hat Solschenizyn das Anwesen beschrieben – diese fünfeinhalbtausend Morgen schwarzer Kubanerde. Er erzählt von seinem Großvater, der es gebaut hatte – seinem goldenen Zigarettenetui, den Havanna-Zigarren, den Skizzen, die er mit seinem Architekten entwarf. Er berichtet von einer Million Eisensteinziegel, die für den Bau des Hauses gebraucht wurden, den Jalousien und Rolläden, um die Sommerhitze auszusperren, den Zubern aus Zitronenholz, die für den Winter herbeigeschafft wurden, dem englischen Rasen, der mit elektrischen Mähmaschinen gepflegt wurde, dem Wasser eines Swimming-pools, den elektrischen Lampen im Park. Doch Solschenizyn erwähnte nicht das kleine Gebäude, das etwas abseits vom Haus stand. Das hatte sich Stscherbak, der seine Jugend als Schafhirte nie ganz hatte abschütteln können, zum Wohnen ausgesucht.

Nach der Revolution flüchtete Sachar Stscherbak nach Kislowodsk im Süden. Dort sah er die Roten und Weißen kommen und gehen. Irgendwie überlebte er auch die damit verbundenen Greueltaten. Doch nach einer Weile, als alles sich beruhigt hatte, zog es ihn zurück an den Kuban. Um der Verhaftung zu entgehen, lebte er anonym in einem Nachbardorf. Er lernte, sich auf die Großherzigkeit seiner früheren Angestellten zu verlassen, und beobachtete Jahr für Jahr den allmählichen Verfall seines ehemaligen Anwesens.

Eine Frau führte im Park ihren Hund spazieren. Sie sagte, sie komme immer mit dem Hund hierher, weil sie das Haus liebe. Sie hatte sanfte Augen und feine Hände. Der Hund war ein Dobermannpinscher. Letztes Jahr war sie sehr aufgeregt gewesen, weil Solschenizyn selbst gekommen war, um sich das Haus anzusehen.

»Das war der schönste Tag in meinem Leben! Erst sah er sich das Haus an, und dann unterhielt er sich lange mit den Leuten. Was für ein großartiger Mann! Ich habe ein Album mit Fotos und Zeitungsausschnitten über ihn.«

Sie könne sich nicht recht erinnern, was er gesagt habe. Aber sie liebe seine Bücher. Sie besaß alle seine Werke, eine lange Reihe von zusammengehörigen Ausgaben, die sie mit dem Album in einem Glasschrank in ihrer Wohnung aufbewahrte, frei von Staub oder anderen Makeln, die sich beim Umblättern der Seiten einstellen könnten.

Ihr Mann war Regierungsbeamter. Er verbrachte den Abend ziemlich schweigsam, während sie über Bücher sprach und mir Fragen zu England stellte. Am Ende hob er die Hand und unterbrach sie mitten im Satz. Dann stand er auf und breitete in aufsteigender Reihenfolge eine umfangreiche Sammlung von Gewehren vor mir aus. »Wir haben nur Töchter«, sagte er.

An diesem Wochenende wollte er auf die Jagd. Als er am nächsten Morgen fragte, ob ich mitkommen wolle, mußte ich ablehnen. Ich wollte zurück nach Armawir, um einen Molokanen zu treffen.

Es war ein chaotischer Nachmittag gewesen – einer dieser russischen Nachmittage, an denen man versucht, etwas zu erledigen und immer mehr das Gefühl bekommt, daß die Dinge eigentlich gar nicht dazu da sind, um erledigt zu werden, daß Anstrengung, ganz gleich welcher Art, eine seltsame und subversive Aktivität ist. Ich hatte ganz Armawir durchstöbert und den Angehörigen der Molokanischen Sekte nicht gefunden. Dafür war ich einem Mann namens Sascha begegnet, der behauptete, er kenne die Molokanen. Wir saßen auf dem Außenflur einer Gemeinschaftswohnung in einem alten Handelshaus. Es gab kaum Licht; alles war verstaubt und alt. Ich wollte gerade telefonieren, als die Haustür aufging und ein Mann in der Uniform der Kuban-Kosaken eintrat. Er war in geselliger Stimmung.

»Was? Da draußen im Flur? Kommt rein.«

Er war ein schmaler älterer Mann mit den Augen eines zehnjährigen Jungen. Er wollte hier seine Nichte besuchen und drängte uns, auf ein paar Minuten hereinzukommen, in das Zimmer mit der hohen Decke. Ich hätte es besser wissen müssen. Im Nu standen Flaschen und Teller mit Fleisch und Käse auf dem Tisch, und mit jedem Teller und jeder Flasche löste sich die strenge Kontrolle, mit der ich meine Pläne einzuhalten versuchte, ein Stückchen mehr in Luft auf. Schließlich fügte ich mich in mein Schicksal. Dann ging ich zum Kiosk und kaufte Champagner und Wodka. Als ich erwähnte, daß ich an diesem Tag Geburtstag hatte, war mir klar, daß es jetzt kein Zurück mehr gab.

Die Nichte des Kosaken hieß Anetschka. Sie war mit Walja verheiratet, einem Georgier. Einem georgischen Prinzen, wie der Kosak betonte. (Ich muß darauf hinweisen, daß diese georgischen Prinzen keineswegs selten sind. Wie alles Gute im Leben wurden solche Titel von den Georgiern höchst freizügig vergeben; deshalb gab es im neunzehnten Jahrhundert Tausende von ihnen.)

Prinz Walja stand auf und hob das Glas. »Zuerst möchte ich auf meinen kosakischen Onkel anstoßen, weil er diese Freunde mitgebracht hat... und dann auf den Geburtstag von Philip, unserem Freund aus England, was so weit weg von hier in Frankreich liegt.« Er stürzte seinen Drink in einem Zug hinunter und pfiff zufrieden durch die Zähne. Anetschka zupfte an seinem Hemd, damit er sich wieder hinsetzte, doch er ging quer durchs Zimmer und nahm ein Bild von der Wand. Es war eine Karte von Georgien.

»Schau mal.« Er legte sie vor mich hin. »Das ist das Land, wo ich geboren wurde. Gefällt es dir?«

»Ja.«

»Nimm es.«

»Nein, Walja. Es ist dein Land.«

»Ja, und es ist dein Geburtstag!«

»Du brauchst es mehr als ich.«

»Warst du schon mal in Georgien?« fragte er.

»Einmal. Und jetzt bin ich wieder auf dem Weg dorthin.«

»Oh – oh, ich liebe mein Land« – er preßte die Landkarte an seine Brust – »und ich vermisse es von ganzem Herzen. Nimm es!«

»Du bist jetzt in Rußland. Behalte es.«

»Aber ich liebe Rußland auch. Und ich liebe meine Frau. Sie ist Russin. Zur Zeit der Sowjetunion war alles ganz einfach.

Wir reisten dorthin, und es gab keine Grenzen. Rußland und Georgien waren eins –«

In diesem Augenblick ging die Tür auf, und Walja warf Georgien aufs Bett, um den Neuankömmling zu begrüßen. »Sergei!« Sergei wohnte ebenfalls in der Wohnung und hatte sich in der gemeinsamen Küche jahrelang als Herausgeber einer *samisdat*-Zeitschrift betätigt. In den siebziger Jahren hatte er sogar als politischer Gefangener im Gefängnis gesessen. Er war ein großer Mann, völlig glatzköpfig, der sich jedoch so anmutig wie ein Vogel bewegte.

Walja schenkte nach und stand erneut auf. Dann legte er Sergei die Hand auf die breite Schulter. »Dieser Mann – dieser Mann ist ein ehrlicher Mann und ein guter Mann. Stets kämpft er für das, was recht ist. Ich respektiere ihn wie einen Bruder, nein, wie einen Vater. Wir sind seit vielen Jahren Nachbarn, und ich respektiere ihn sehr. Tatsächlich weiß er wahrscheinlich gar nicht, wie sehr ich ihn respektiere.«

Der Kosak nickte. »Ein tapferer Mann.«

»Ein echter Streiter für die Wahrheit.«

»Ein Held.«

Sergei legte den Kopf auf die Seite. »Was sollen diese vielen Worte? Ich meine, worauf willst du hinaus?«

Walja achtete nicht auf ihn. »Ohne solche Männer wären wir übel dran. Stets Gutes zu tun, das ist alles, was wir in diesem Leben hoffentlich erreichen können. Ich selbst jedenfalls versuche immer, Gutes zu tun. Und meine Frau auch. Heute hat sie mir eine Hose gekauft. Wenn du nach Hause kommst, und deine Frau hat dir eine Hose gekauft, nun …« Er wandte sich zu ihr und küßte sie auf den Scheitel.

»Na los, Walja, zeig uns deine neue Hose«, drängte der Kosak.

Walja trat zu einem Wandschrank, um sie zu suchen. Dann stieß er einen Schrei aus, offenbar hatte er sie entdeckt. Doch statt der Hose hatte er eine dreibändige Biographie von Marschall Shukow in der Hand, als er zurückkam. Er legte sie vor mich auf den Tisch. »Hier Philip. Zum Geburtstag!«

»Nein, Walja.«

»Ich mußte drei Tage Schlange stehen, um sie zu kriegen.«

»Ja, und deshalb mußt du sie behalten.«

»Nein, sie ist brandneu, ich schwör es dir. Ich habe noch kein einziges Wort gelesen.«

Der Kosak beugte sich über den Tisch zu Sergei. »Du kennst dich aus mit Politik.«

»Ich habe meine Meinung.«

»Dann sag mir eins. Wo kommen sie her?«

»Wer?«

»Diese Idioten, unsere Politiker.«

»Was meinst du mit ›Wo kommen sie her‹? Wir haben sie gewählt.«

»Ich habe sie nicht gewählt.«

»Andere schon.«

»Tja, dann müssen sie verrückt sein.«

»Das ist Demokratie.«

»Es sind Gauner, allesamt. Wir sollten sie davonjagen wie –«

»Ruhe!« Walja sprang erneut auf. »Ihr gackert ja wie ein Haufen alter Weiber!«

Er setzte zu einer neuen Rede an. »Wir, deren Herzen stets offen und deren Tische stets voller Fremder sind –«

Sergei drohte ihm mit der Faust. »Willst du etwa behaupten, daß Georgier gastfreundliche Menschen sind?«

»Die gastfreundlichsten auf der ganzen Welt.«

»Warum führen sie dann all diese Kriege?«

Walja schwieg einen Moment. »Keine Ahnung. Georgien wird für seine Gastfreundschaft bestraft. Wir werden ausgebeutet und beraubt. Aber wenn morgen jemand an diese Tür klopfte und sagte: Walja, du mußt kommen und für dein Land kämpfen, würde ich keine Sekunde zögern.«

»Würde es sich lohnen, dafür zu sterben?«

»Natürlich! Sie könnten mich töten! Sie könnten mich kreuzigen. Sie könnten Nägel durch mich schlagen, hier und... und da. Wir heißen alle anderen Menschen in unserem Land willkommen – Osseten, Armenier, Abchasen –, und dann wollen sie unabhängig sein. Warum? Ich verstehe es nicht. Es ist so, als wenn ich dich zu mir nach Hause einlade, und du bleibst einen Tag, und ich sage: Bleib doch noch! Dann bleibst du zwei Tage, und ich sage: Bleib noch! Nach drei, vier Tagen dasselbe – und am fünften Tag stellst du dich vor mich hin und sagst: Verschwinde endlich, Walja! Das ist so, als wenn mir einer sagte, ich solle mein eigenes Haus verlassen.«

Mehrere Minuten vergingen mit seinen Erklärungen für die Kriege in Georgien, daß Georgien nichts als Freundschaft suche und diese Leute ins Land kämen und es dann unter sich aufteilten, als sei es ein geschlachtetes Schaf. Seine Stimme wurde immer klagender, sein Ton ungläubiger. Dann brach er ab.

Der Kosak sah zu ihm auf. »Nun?«

»So vieles ist jetzt verschwunden –«

»Aber worauf trinken wir?«

»Warte, warte...«

Das Glas schwankte immer noch in einer Hand, ohne daß er getrunken hätte, in der anderen hielt er eine nicht angezündete Zigarette. Er sah über unsere Köpfe hinweg. »Was soll aus dir werden, Georgien, wenn du von solchen Völkern umgeben bist? Wenn du die Hand in Freundschaft ausstreckst und zum Dank eine Kugel ins Herz bekommst –«

»Walja«, zischte Anetschka.

»– wenn du Hilfe anbietest, und man spuckt dir ins Gesicht. Wenn alte Leute aus ihren Häusern vertrieben werden und nicht wissen, wohin sie gehen sollen. Sie haben nichts. Ich würde mein Leben für sie geben, wenn es nur helfen würde. Ich würde jeden Rubel geben, den ich besitze, meine Kleider und meinen Fernseher verkaufen, wenn ich diesen Leuten helfen könnte, für ihr Eigentum zu kämpfen. Jetzt gleich werde ich –«

»Walja.« Anetschka legte ihm eine Hand auf den Arm.

»Ich werde –« Er starrte auf sein Glas. »Es tut mir leid. Vielleicht wäre es besser …« Er stand auf und ging zum Schrank. Als er wiederkam, knöpfte er sich eine Khakihose zu. »Meine neue Hose.«

Er zog einen Gürtel durch die Schlaufen und sah hinab auf seine neue Hose, dann wandte er den Blick zu seiner Frau. Er hob das Glas und trank. »Es tut mir leid.«

Anschließend verließ er das Zimmer. Die Unterhaltung stockte und kam nur zögernd wieder in Gang, doch nach einer Weile hatte sie ihre frühere Leichtigkeit wiedergewonnen. Von Zeit zu Zeit sah ich durch die offene Tür, wo Walja im Flur saß, den Kopf in die Hände gestützt, und zu Boden starrte. Und noch später, als eine neue Debatte begonnen hatte – über das Scheitern der Dissidenten, die Enttäuschung über Solschenizyns Rückkehr und das Wiedererstarken der Kommunisten –, und lange danach, als alles etwas außer Kontrolle geriet, als man sich wiederholte und vergaß, was man eigentlich hatte sagen wollen, konnte ich Walja in derselben Haltung im Flur sitzen sehen, den Blick auf den Boden gerichtet, die prinzlichen Ellbogen auf die Knie in der brandneuen Hose gestützt.

Kusma Alexejewitschs Tod

Nach einem weiteren Tag Suche fand ich den Molokanen. Es war ein blasser, schweigsamer Mensch, der mir eine Adresse in Kochubejewskoe gab.

Ich nahm einen Zug und einen Bus, stieg dann in einen anderen Bus um und kam spät nachmittags am grünen Stadtrand von Kochubejewskoe an. Ein heißer Wind wehte aus der Steppe und brachte dichte Staubschleier mit, die den Mund austrockneten und an den Zähnen klebten. In diesen Schleiern hing die dunkelrote Kugel der Sonne. Am anderen Ende der Stadt drückte ich ein Tor in einem hohen Zaun auf. Dahinter lag ein betonierter Hof mit Brunnen, Walnußbaum und einer Ansammlung von einstöckigen Gebäuden. In der Mitte des Hofes stand ein weißbärtiger Mann mit einem Filzhut auf dem Kopf.

»Timofej Wassiljewitsch?«

»Das bin ich.«

Ich stand vor dem obersten Molokanen von ganz Rußland.

Vier Jahre zuvor war ich in einer Stadt im armenischen Hochland zum ersten Mal auf die molokanische Sekte, die sogenannten »Milchtrinker« gestoßen. Inmitten der dunkelhäutigen Menge auf dem Markt von Dilischan hatte eine Gruppe von blonden Frauen mit hohen Wangenknochen Tomaten verkauft. »Molokanen«, sagten sie. »Wir sind Molokanen aus der Gegend von Tambow und wurden hierher geschickt.«

»Wann war das?«

»Vor hundertfünfzig Jahren. Zar Nikolaus I. hat uns geschickt.«

Sie skizzierten die religiösen Umstände, die zu ihrem Exil geführt hatten – ihre heftige Auflehnung gegen das Priestertum, ihre Proviantlager, die sie nach den Diätvorschriften von Leviticus anlegten, die starke Identifikation, die sie mit den frühen christlichen Gemeinden empfanden. Wir unterhielten uns eine Weile, und als ich weiterreiste, hatte ich das Gefühl, daß sie mir mit ihrer Begeisterung, ihrem verstohlenen Engagement und den blutroten Tomaten, die sie mir in die Taschen stopften, eine Menge Auftrieb gegeben hatten.

Ein Jahr später stand ich in einem Antiquariat in Somerset und studierte die lange Reihe von Buchrücken, als ich ein Werk mit dem Titel *The Pilgrims of Russian Town: The Community of Spiritual Christian Jumpers in America* entdeckte. Die Regale des Antiquariats waren mit Jagderinnerungen, Hirschlegenden und vergilbten Thrillern gefüllt, so daß dieses Buch hier ebenso aus dem Rahmen fiel wie die Frauen auf dem Markt von Dilischan. Das Frontispiz zeigte eine Tolstoische Gestalt, den Hut in der Hand, darunter die Zeile »Ein Ältester der Geistigen Christen«. Die folgenden Kapitel hießen »Molokanische Traditionen«, »Die Molokanische Familie« oder »Der Kampf zur Erhaltung des Molokanismus«. Meine »Spiritual Christian Jumpers« waren also Molokanen! Ich kaufte das Buch für fünf Pfund.

Alle möglichen Theorien haben für die Erklärung herhalten müssen, woher die Molokanen oder »Milchtrinker« diesen Namen haben. Ihre eigene ist auch die überzeugendste. Sie verweist auf eine Passage im Ersten Brief des Petrus:

> *...und seid begierig nach der vernünftigen, lautern Milch als die jetzt geborenen Kindlein, auf daß ihr durch dieselbe zunehmet...*

Für die Molokanen ist nur das Wort von Wert – weder Ikonen noch Priester, weder Ziegel noch Mörtel, weder das Kreuz noch die Jungfrau Maria oder hochgewachsene Heilige. Allein im Wort entspringt die reine Milch des Heiligen Geistes, und nur das ist die Manifestation Gottes. Wie die Gnostiker erkennen die Molokanen an, daß einige und nicht alle von ihnen dazu bestimmt sind, den Geist zu empfangen. Wenn das passiert, werden diese auserwählten Molokanen »kleine Christusse«. Ihnen gelten in der *sobraniye* die tiefsten Verbeugungen.

Obgleich die Molokanen aus einer ähnlichen Wurzel wie die Duchoborzen abstammen, lehnen sie deren Version textloser Verehrung ab. Und hinsichtlich ihrer Verbreitung waren die Molokanen erfolgreicher. Während des neunzehnten Jahrhunderts wurden sie zum Auffangbecken für russische Dissidenten; ihre Mitgliederzahl stieg auf mehr als eine Million. Eine Zweigniederlassung legte in den zwanziger Jahren des 19. Jahrhunderts nach der Lehre eines Bauern namens Popow ihre Besitztümer und sonstigen Mittel zusammen und prägte zum ersten Mal den Begriff »Kommunisten«. Eine andere erlebte 1833 »einen großen Ausbruch des Heiligen Geistes« und gewöhnte sich diesem Ereignis zu Ehren an, auf und ab zu springen. Ihre Anhänger wurden als *Pryguny* oder »Springer« bekannt.

1865 erschien in Genf ein Buch mit dem Titel *The Confession of Faith of the Spiritual Christians called Molokanye*. Es war von Mitgliedern der Sekte selbst verfaßt worden und verfolgt ihre Ursprünge bis zur Herrschaft Iwan des Schrecklichen. Moskau war zu dieser Zeit eine Hochburg von Angst, Fremdenfeindlichkeit und chiliastischem Aberglauben. Es gab einen englischen Arzt am Hof, der nach dem, was man hört, nur weil er Ausländer war, als schrecklicher Anblick galt. Die Einwohner von Moskau verrammelten ihre Türen, wenn sie ihn kommen sahen, und viele hielten ihn für den Antichristen höchstpersönlich. Nur ein Kaufmann aus Tambow – der Stadt der Dissidenten – freundete sich mit dem Arzt an. Während ihrer langen Diskussionen lernte er etwas kennen, was russischen Laien größtenteils unbekannt war: die Bibel.

Nach seiner Rückkehr erzählte der Kaufmann aus Tambow dieses Geheimnis einem Landbesitzer namens Matwej Semjonowitsch Baschkin, der sofort erkannte, wie schändlich die Kirche handelte, wenn sie ihren Anhängern das Wort Gottes vorenthielt. Von nun an richtete Baschkin sein Leben nach den weniger verschwommenen Aspekten in der Lehre Christi aus. Er folgte nur noch den Regeln, die in der Bergpredigt enthalten waren, ließ seine Leibeigenen frei und wagte es, die Evangelien zu predigen. Zwar wurde er wegen seiner subversiven Tätigkeiten verhaftet und auf die Folterbank gespannt, doch fielen seine Offenbarungen in Tambow auf fruchtbaren Boden und kamen zweihundert Jahre später in Gestalt der molokanischen Sekte zur Blüte.

Wie die Duchoborzen waren die Molokanen eine unerträgliche Bedrohung für das orthodoxe Denken von Kirche und Staat, die mit ihnen auf die übliche Art und Weise verfuhren – indem sie sie in die weniger besiedelten Gegenden ihres Reiches verbannten. Manche mußten zu Fuß und in Ketten über das Eis bis in den hohen Norden wandern. Neben ihnen fuhr ein Priester im Schlitten. Sie hätten nur das Kreuz zu küssen brauchen, das ihm um den Hals hing, und wären frei gewesen. Andere wurden in die heißen und abweisenden Regionen des Transkaukasus verschleppt – nach Armenien, Georgien und Aserbaidschan, so etwa Timofejs Vorfahren. Hier lebten sie in isolierten Gemeinden und beschränkten den Kontakt zu den fremden Völkern in ihrer Umgebung auf das Nötigste. Und wie die Duchoborzen in der gleichen Gegend hatten sie in letzter Zeit lernen müssen, daß Unabhängigkeit ein Synonym für Chauvinismus und Krieg war. So waren sie in den Norden zurückgekehrt, heim nach Rußland.

An diesem ersten Abend bei den Molokanen aßen wir alle zusammen draußen an einem langen Tisch. Der Walnußbaum breitete sein hellgrünes Blätterdach über unsere Köpfe. Timofej Wassiljewitsch thronte wie ein echter Patriarch erhobenen Hauptes am Kopfende, neben ihm saß wie ein Schüler ein Mann namens Michail. Timofejs Frau und seine drei Söhne mit ihren Frauen und den älteren Kindern hatten ihre Plätze dem Rang entsprechend zu beiden Seiten des Tisches. Ich fragte Timofej, warum sie Aserbaidschan verlassen hatten. Es wurde still am Tisch. Ein Schatten flog über die untere Hälfte seines Gesichts. »Es war im Jahr 1897, damals lebten wir noch in Sumgait.«

»Eines Nachts hörte er im Traum eine Stimme, die ihm befahl, sein Volk zu versammeln«, übernahm Michail das Wort.

»Das war die Stimme Gottes.«

»Also seid ihr gleich aufgebrochen?«

»Wir sind aufgebrochen.« Timofej zögerte. »Die Pogrome begannen kurz nach unserer Abreise. Wir reisten durch das unwegsame Gebirge. Wir hatten all unseren Besitz dabei. Als wir hier ankamen, beschlossen wir, eine Siedlung zu bauen. Obwohl es regnete.«

»Der Regen spülte alle Häuser davon, die wir gebaut hatten«, sagte Michail.

»Also beteten wir, und der Regen ließ nach.«

»Dann gab es eine große Dürre, und wir mußten beten, damit es wieder regnete.«

Timofej und Michail fuhren mit ihrer Aufzählung von Wundern fort und wandten die göttliche Logik auf eine Welt an, in der das Gebet eine ebenso vorhersehbare Größe war wie die Schwerkraft. In Zeiten der Not ging von der Statue der Jungfrau Maria in Aserbaidschan ein goldenes Licht aus, und die Maschinen der Kommunisten brachen zusammen, wenn sie für gottlose Zwecke eingesetzt wurden – Friedhöfe umpflügen oder am Sabbat arbeiten. In dieser Welt verständigte man sich mit Zitaten aus der Bibel – etwa Matthäus 3, 11-12, Brief an die Kolosser 3, 14, Lukas 14, 27, Brief an die Römer 8,16 – so präzise wie mit Koordinaten auf einer Schiffsbrücke.

»Springt ihr auch?« fragte ich.

»Springen?« Timofej schüttelte den Kopf. »Wir springen nicht.«

»Diese Springer sind keine echten Molokanen«, sagte Michail.

»Sie behaupten, König David sei gesprungen.«

»Wo steht geschrieben, daß er gesprungen ist?«

»Nirgends.«

»Ich habe sie sogar sagen hören, daß Christus gesprungen ist.«

Es folgte eine lebhafte Diskussion über die Springer und ihre diversen Irrtümer. Dann fragte ich nach Kusma.

»Kusma? Woher weißt du von Kusma?«

Kusma war ein legendärer molokanischer Wundertäter. Ich hatte in Moskau etwas über ihn gelesen.

»Er stammte aus unserem Dorf«, sagte Timofej stolz und begann eine der vielen Geschichten über Kusma, die zum molokanischen Mythen-Fundus gehören.

»Kusma Alexejewitsch predigte Gottes Wort in der Gegend von Rostow, und die Pharisäer planten, ihn deswegen zu töten. Sie versuchten, ihn zu erschießen, doch die Kugeln trafen alles um ihn herum, nur nicht ihn selbst, sogar aus unmittelbarer Nähe. Sie schlugen ihn in Fesseln und trieben ihn auf allen vieren nach Aserbaidschan. Als er die Berge erreichte, war er noch immer nicht tot, obgleich er keinen Fetzen Fleisch mehr an Fußknöcheln und Handgelenken hatte. So kamen sie zu einer sehr steilen Straße. Kusma fing an zu beten, und die Straße wurde wieder flach. Die Kosaken-Wächter hatten Angst, deshalb führten sie ihn ins Gefängnis und saßen drei Tage vor seiner Zelle, während Kusma betete. Er betete so inbrünstig, daß der Wächter gar nicht merkte, wie er sich befreite. Kusma schlug sich in die Berge und predigte den molokanischen Dorfbewohnern. Nach drei Tagen gingen die Molokanen zum Gefängnis und fragten die Kosaken: Wen bewacht ihr da? Einen schlimmen Mann, sagten sie. Wer ist es? Kusma, sagten die Kosaken, und die Molokanen lachten sie aus: Aber der ist doch in den Bergen und predigt!

Also rannten die Kosaken den Berg hinauf, doch als sie oben ankamen, war Kusma schon verschwunden, und immer wenn sie kurz davor waren, ihn zu schnappen, verschwand er wie ein Regenbogen. So war es mit Kusma.«

Michail nahm die Geschichte auf. »Meine Großmutter sagte, wenn die Leute verreisen wollten, gingen sie zu Kusma, um sich zu erkundigen, ob ihre Reise sicher sein würde. Er sagte zu ihnen: Wenn ihr die erste Brücke erreicht, werdet ihr einen Tataren auf euch zureiten sehen. Winkt diesem Mann, denn es ist ein guter Tatar, doch bei der zweiten Brücke wird ein neuer Tatar auftauchen, der ist böse, und ihr müßt euch hinter einem Felsen verstecken.«

»Kusma kannte alle Felsen.«

»Er kannte alles mögliche.«

»Er hat Erdbeben vorausgesagt.«

»Und wenn im Dorf ein Feuer ausbrach, rief man ihn. Dann kam er zur Hütte, ging im Kreis um sie herum und betete, bis die Flammen immer kleiner wurden. Er betete noch ein wenig, und dann hörte auch der Rauch auf.«

»Natürlich war er nicht der einzige«, sagte Timofej.

»Es gab immer Männer, die vom Geist erfüllt waren.«

»Ich habe mal einen Film mit Charlie Chaplin gesehen. Er bewahrte mit einer Hand ein Haus vor dem Einsturz.«

»Er muß dieselbe Kraft gehabt haben.«

»Das hat er, Michail, das hat er.«

Am nächsten Morgen sagte Timofej Wassiljewitsch zu mir: »Du mußt meinen Bruder kennenlernen. Er hat den Brief.«

»Den Brief?«

»Den Brief, der von Kusmas Tod berichtet.«

Timofejs Bruder lebte mehrere Stunden entfernt in einer molokanischen Gemeinde. Michail kam auch mit und saß neben mir im Bus, der schlingernd wie ein Schiff die Ebene passierte. Seine Stirn war gerunzelt, solange er schwieg, doch wenn er eine Geschichte erzählte oder mit einer seiner Theorien die Vernunft auf den Kopf stellte, glättete sie sich, und sein Gesicht hellte sich auf. Er hatte im Fernsehen ein Programm über das menschliche Bewußtsein gesehen, in dem ein Professor den Beweis dafür erbrachte, daß der Mensch eine Seele besitzt, Tiere hingegen nicht.

»Das haben die Molokanen schon immer gewußt«, sagte er.

Wir verließen den Bus und kletterten einen niedrigen Hügel hinauf, in den Wald. Nach einiger Zeit zeigte Michail auf ein paar Gebäude, die sich zwischen den Bäumen in alle Himmelsrichtungen ausbreiteten. »Das ist das Dorf«, sagte Michail.

»Ein großes Dorf.«

»Das größte weit und breit. Wenn nicht das größte in ganz Rußland.«

Die paar hundert Molokanen lebten am anderen Ende des Dorfes. Im Hof von Iwan Wassiljewitsch saßen zwei Frauen. »Er ist nicht da. Er holt einen Sack Zement ab«, sagten sie.

So ging ich hinein und unterhielt mich statt dessen mit seiner Mutter, die tief in einem alten Bett versunken war. Sie hatte das letzte Stadium einer Krankheit erreicht, deren Name sie nicht interessierte. Sie sprach eine Weile, dann hob sie die Hand, und wir hörten auf zu reden.

Eine leichte Gardine blähte sich vor dem offenen Fenster. Sommergeräusche drangen herein – die Unterhaltung der Frauen, gackernde Hühner, grunzende Schweine. Irgendwo in den Wäldern hinter dem Dorf erklang das Geräusch einer Axt. Es dauerte eine Weile, bis Iwans Mutter weitersprechen konnte.

»Ich hab schon mal in einem Flugzeug gesessen«, sagte sie. »Wir sind nach Amerika geflogen. Meine Cousine lebt in Amerika. Ich war die ganze Nacht damit beschäftigt, für unterwegs zu kochen, denn ich wußte ja, wie weit es bis Amerika ist. Aber stell dir vor, was sie mich im Flugzeug als erstes gefragt haben. ›Willst du Frühstück?‹«

»Und wie hat dir San Francisco gefallen?« fragte ich. »Alles automatisch! Wasserhähne, Samowars, sogar die Türen. Und ihre Lebensmittel sind eingeschweißt. Man kommt nicht ran, nicht mal, wenn man am Verhungern ist.«

Als Iwan etwas später auftauchte, gingen wir hinaus und setzten uns vor die Hauswand. Über uns flatterte der Vorhang vom Zimmer seiner Mutter hinein und heraus.

Wir unterhielten uns eine Weile, bevor ich ihn nach Kusma und seinen Wundern fragte. Dann erwähnte ich den Brief.

»Welcher Brief?«

»Der Brief, der von seinem Tod berichtet.«

»Den hat mein Bruder.«

»Er sagte, du hast ihn.«

Aus dem Fenster kam die Stimme seiner Mutter: »Du hast ihn, Iwan.«

Iwan stand auf und ging ins Haus. Ich konnte ihre Streiterei hören und das Geräusch von Schranktüren, die auf- und zuklappten. Schließlich kam Iwan lächelnd wieder heraus und trug mit beiden Händen eine große Bibel vor sich her. Zwischen den Seiten lagen ein paar lose Blätter. Eine blaugerahmte Brille saß ihm schief auf der Nase. Er räusperte sich und betrachtete stirnrunzelnd das erste Blatt.

»Er ist sehr lang«, sagte er.

»Das macht nichts.«

Er räusperte sich erneut. »Er fängt so an: Bruder Arista Petrowitsch, gegrüßet sei Deine Frau, gesegnet sei Dein Haus und Deine Familie. Das Herz erfüllt von Achtung und Liebe verbeugen wir uns ehrerbietig vor Dir.« Iwan verbeugte sich leicht. »Ach, mein Bruder! Mit welcher Ungeduld erwarteten wir Deinen Brief, der am vierundzwanzigsten April eintraf. Du schreibst, daß Du schon seit zwei Wochen sehr krank warst. Diese Nachricht bekümmerte uns von tiefstem Herzen, doch dann sagten wir uns: Dies ist nichts anderes als eine Strafe Gottes, die uns gelegentlich trifft, um uns aus unserem tiefen, sündigen Schlaf zu reißen. In diesen finsteren und unruhigen Zeiten müssen wir stets größte Vorsicht walten lassen und dürfen uns nicht das kleinste Zaudern gestatten oder Zweifel an unserem Glauben oder den Überzeugungen der Geistigen Christen, die an uns weitergegeben wurden im heiligen Gedächtnis und in den göttlichen Visionen unseres verstorbenen Altvorderen, der stets im Bewußtsein der Lehren, der Liebe und der Vergebung lebte, wie Du mit eigenen Augen sehen und mit eigenen Ohren hören konntest, als Du hier zu Besuch weiltest –«

»Vielleicht sollten wir die Einleitung überspringen«, sagte ich. Iwan überflog die Seite.

»Nein, Iwan. Alles!« kam die Stimme seiner Mutter durchs Fenster.

Iwan zog eine Grimasse und fuhr fort: »– möge Deine Familie sich an uns erinnern und uns beschützen, und möge Gott, der Vater, Dich vor allen schlechten Menschen und falschen Lehrern bewahren, die mit ihrem fehlgeleiteten Denken und Handeln den Segen unseres Herrn Jesus und der heiligen Apostel zersetzen –«

Er beugte sich vor und flüsterte: »Lassen wir einen Teil davon aus, ja?«

»Iwan!« schrie seine Mutter.

»Hör nicht auf sie.«

Doch mittlerweile hatte mich die Sprache gepackt. Ich drängte ihn, weiterzulesen.

»– deren Güte uns unter anderem durch unseren Vorfahren Semjon Matwejewitsch während seiner heiligen Anwesenheit unter uns offenbart wurde, in jener Zeit, als die Sonne ihr heiliges Licht verbreitete und ihre Strahlen selbst die Nacht erhellten, als ihr Segen sich über uns ergoß wie das Wasser der Flüsse und die Sommer noch heiß waren. All das ist vergangen! Wir leben in einer bedrohlichen Zeit, und nur der ist sicher, der glücklich im Vertrauen auf das heilige Wort und den Glauben der Geistigen Christen verankert ist, der in unbeirrbarer Zuversicht, in Liebe und fester Hoffnung auf das Wort Gottes lebt. Amen. – Das ist die Einleitung«, sagte Iwan.

»Aber es ist doch der richtige Brief, oder? Der Kusmabrief?«

»Ja – hier: Auch muß ich Dir von dem großen und unerträglichen Schmerz berichten, dem tiefen, unendlichen Kummer, der uns und die Herzen unseres Volkes erfüllt, der in allen, die Zeuge seiner Güte waren, brennt und ihnen bittere Tränen entlockt. Jeder, der in spirituellen oder weltlichen Angelegenheiten zu ihm kam, fand in ihm einen weisen Arzt, und die Fähigkeit, Wunder zu tun, die ihm durch die Gnade Gottes verliehen war, strahlte von ihm aus, wie wir selbst sehen konnten, und in seinem Namen bedeckte sich der Himmel mit Wolken. Sein ganzes Leben lang, von der Jugend bis zum Alter, vollbrachte er aufgrund seiner Weisheit und seines heiligen Mutes große Wundertaten, so daß es heute niemand auf Erden geben kann, der ihn persönlich kennengelernt hat, ohne Respekt zu empfinden, gepaart mit Freude und Ehrfurcht, bis selbst sein größter Feind nicht über die Heiligkeit hinwegsehen konnte –«

»Kusmas Heiligkeit?«

Iwan hob eine Braue hinter der Brille. »– die Starez Kusma Alexejewitsch besaß. Er starb nach Gottes Willen in der Nacht von Sonntag auf Montag um neun Uhr abends am achtzehnten Januar achtzehnhundertdreiundsechzig und wurde am neunzehnten im Dorf Chebana beerdigt.«

»Puh!« sagte ich.

Iwan nahm seine blaue Brille ab. »Damals liebten sie das Schreiben.«

»Es ist ein wunderbarer Brief!«

Von oben kam ein Schrei. »Die Beerdigung, Iwan!«

»Er will die Beerdigung gar nicht, Mutter!«

»Doch, lies die Beerdigung«, sagte ich.

Er setzte die Brille wieder auf. »Die Zahl der Trauergäste bei seiner Beerdigung war sehr sehr groß. Die Tische für die Totenfeier wurden in vier Hütten gedeckt. Es war eine außergewöhnliche Beerdigung, weil er durch die Gnade Gottes dazu auserwählt gewesen war, Wunder zu tun. Sein heiliger Leichnam wurde in einen guten Sarg aus Pinienholz gebettet und auf die Spitze des Berges zu einer flachen Stelle unweit des Dorfes Chebana getragen. Maxim Fjodorowitsch war da, er schluchzte so bitterlich, daß ihm große Tränen über die Wangen rollten. Nikolai Michailowitsch war mit seinen Leuten aus der Stadt gekommen. Wir sangen den siebenundachtzigsten Psalm und trugen ihn zu Grabe. Dann sangen die Frauen den hunderteinundvierzigsten Psalm, und wieder füllten sich unere Herzen mit Kummer und Verzweiflung, und während wir den Psalm sangen und die Tränen flossen, tat Gott ein großes Wunder an seinem armen und bemitleidenswerten Körper, denn plötzlich begab es sich, daß der Himmel auf die Erde niederkam und die Luft mit dem Jubel und Frohlocken des Himmels erfüllte. Von einem Augenblick auf den anderen war alles durchsichtig und klar, laut und wohltönend, so daß wir, als wir mit dem einen Psalm fertig waren, sogleich den nächsten anstimmten – den dreiundachtzigsten – und den ganzen Weg bis Chebana sangen. Die Sonne erwärmte die Oberfläche der Erde, und wir stapften durch eine Menge Schlamm. Der Leichnam im Sarg war gezeichnet von unendlichem Leid. Er bestand nur aus Haut und Knochen, denn er hatte einen Zustand erreicht, da er nicht mehr weiterleben konnte, und doch dachte er kein einziges Mal an sich. In allen Gesprächen waren seine Worte rein. Einen solchen Mann wird man in dieser weißen Welt nicht wieder sehen, und es ist zu unserem großen Schmerz, Brüder, daß wir als Waisen zurückbleiben.

Mit vollem Herzen haben wir ihn getragen, und nicht einer von uns war müde.

Dieser Brief wurde geschrieben vom *starez* und dem spirituellen Vater Semjon Jefremowitsch.«

Der nächste Tag war ein Sonntag. In der kühlen Luft des frühen Morgens ging ich zum Gebetshaus. Der Tau lag dick auf dem Waldweg. Dann lichteten sich die Bäume. Ich bemerkte eine Gruppe von Männern und Frauen in der Tracht des neunzehnten Jahrhunderts, die sich vor einem frischgestrichenen Gebäude versammelt hatte. In seinem Innern saßen bereits vierzig bis fünfzig Menschen in den Bänken. Jedesmal, wenn jemand eintrat, standen alle auf und verbeugten sich. Die Männer saßen auf einer Seite, eine Ansammlung von sonnengebräunten, schlicht gläubigen Gesichtern. Sie trugen Anzüge, die ihnen zu groß waren, und schwere Schuhe und hatten ihre Hüte unter die Bänke gelegt. Die Frauen saßen auf der anderen Seite und trugen Spitze und sauber gebügelte Kopftücher.

Iwan Wassiljewitsch war Vorsitzender der *sobraniye*. Er trat nach vorn. Einen nach dem anderen forderte er die Alten auf zu lesen: Michail Sergejewitsch. Und Michail Sergejewitsch blätterte in der Bibel, bis er den von ihm gewählten Text fand, den er vorlas und anschließend erläuterte. Dann stimmte jemand einen Psalm an.

Die *sobraniye* dauerte drei Stunden. Zu Anfang waren es nur Psalmen und Lesungen, doch mit der Zeit achteten die Alten immer weniger auf die eigentlichen Lesungen und wurden freier in ihren persönlichen Bemerkungen.

»Brüder und Schwestern, glaubt nicht, daß es leicht ist, den Himmel zu erreichen. Selbst hier, in diesem Raum, gibt es viele, die vor dem Tor stehen und die Worte hören werden, die jeder Christ fürchtet: Ich kenne dich nicht …«

»… In der Schule heißt es, daß wir von den Affen abstammen, nicht von Gott. Ist es dann ein Wunder, daß wir uns wie Tiere aufführen?«

»Brüder und Schwestern, wir wissen, daß das jüngste Gericht nahe ist. Es steht geschrieben, daß wir auf drei Zeichen achten sollen, die es ankündigen – Eltern, die ihre Kinder nicht ernähren, viele Kriege und Erdbeben, welche die Erde zerreißen. Seht euch um, ist es nicht so?«

Am Ende wurden die Bänke hinausgetragen und ein kleines Stück Teppich wurde in die Mitte des Raums gelegt. Die Alten stellten sich an drei Seiten des Teppichs auf. Ein Gläubiger nach dem anderen trat nach vorn und bat um ein besonderes Gebet: für den Vater, der im Krankenhaus lag, oder einen Sohn mit einer geheimnisvollen Krankheit. Schließlich kam die Reihe an zwei Frauen.

»Meine Schwester muß nach Aserbaidschan«, sagte die eine. »Sie muß sich um das Grab unserer Eltern kümmern. Betet für sie, ich bitte euch, es gibt dort niemanden mehr aus unserer Familie, nur die Gräber. Jemand muß das Grab unserer Eltern besuchen. Betet dafür, daß ihr nichts passiert, bitte.«

Die Schwester stand neben ihr und brachte keinen Ton heraus, so sehr schluchzte sie.

An diesem Abend saßen wir im Haus von Iwan Wassiljewitsch. Mitglieder der Gemeinde kamen und gingen mit Taschen voller Weichkäse und Obst. Sie fingen an zu reden, noch bevor sie die Schwelle überschritten hatten. Das Gerede hielt unbeirrt an und wurde nur unterbrochen, wenn es ans Singen ging. Es war schon beinahe Mitternacht, als der letzte Gast gegangen war. Iwan krempelte sich die Ärmel herunter und sagte: »Es ist Zeit, Michail.«

»Ja, es ist Zeit.«

Michail erhob sich vom Tisch. Er mußte ein paar Molokanen in der Salsk-steppe besuchen. Ich ging mit zu den Eisenbahngleisen. Dort gab es eine Stelle, wo man ein Signal beachten mußte, und es war möglich, in den Zug einzusteigen, solange er hielt. Die Nacht war still. Grillen zirpten. Michail stand geduldig wie ein Pilger neben den Gleisen. Im Mondschein sah ich seine gerunzelte Stirn, doch dann blickte er plötzlich auf und lächelte.

»Was ist los, Michail?«

»Tauben.«

»Wo?«

»In Aserbaidschan.«

»Du hattest dort Tauben?«

»Ich hatte siebenundzwanzig. Ich liebte meine Tauben wie die Erde selbst. Die Baku-Taube ist die stärkste auf der Welt. Du kannst sehen, wie sie sich aufschwingt und höher, immer höher steigt. Du stehst da und schaust zum Himmel auf, obwohl du sie gar nicht mehr sehen kannst.«

»Und jetzt?« fragte ich. »Hast du immer noch Tauben?«

»Nein. Jetzt nicht mehr.«

Da kam der Zug. Er war auf dem Weg nach Sibirien. Kurz hinter uns kam er schnaufend zum Stehen, und wir rannten an den Schlafwagen vorbei nach vorn. Michail schwang sich hinauf, und ich reichte ihm seine Tasche und eine Kiste mit Tellern und Tassen, die er den frisch angesiedelten Molokanen nahe Salsk mitbringen wollte. Er stand auf dem Trittbrett, und wir redeten weiter, bis in der Ferne das Signal von Rot auf Grün umsprang und die Wagenkupplungen einrasteten.

»Auf Wiedersehen!«

Während er in der Dunkelheit verschwand, hörte ich ihn schreien: »Römer, fünf, Vers fünf!«

Hoffnung aber läßt nicht zu Schanden werden. Denn die Liebe Gottes ist ausgegossen in unser Herz…

Am Morgen erklärte ich Iwan, daß ich weiter müsse, und er antwortete: »Wozu die Eile?«

»Ich muß die türkische Grenze erreichen, bevor der Sommer endet.«

»Das ist eine schlimme Gegend mit bösen Menschen.«

»Ich will die Duchoborzen besuchen.«

»Die Duchoborzen?« Er war überrascht. »Sie haben ein gutes Herz. Doch im Kopf sind sie nicht ganz richtig.«

Teil 2

GEBIRGE

»Was brauchen wir, um wirklich
zu siegen? Wir brauchen dreierlei:
erstens Waffen, zweitens Waffen,
drittens Waffen und nochmals Waffen!«

Josef Stalin vor einer Arbeiterversammlung,
Tiflis, Oktober 1905

Die wahre Bedeutung des Hirsches

In Krasnodar, der Hauptstadt der Kuban-Kosaken, gelang es mir, eine der Fragen zu lösen, die mich seit Wochen beschäftigten: Wo genau liegt die Adygische Republik?

Eine Frau, die ich zufällig kennenlernte, selbst Adygierin, erklärte mir: »Du stehst praktisch mittendrin.«

Sie war Lehrerin in einer Fortbildungsstätte und hatte mich in einem Arbeitercafé angesprochen, wo ich mich mit meiner deutschen Landkarte herumschlug. Mit einem Kugelschreiber zeichnete sie die Umrisse des Territoriums nach, das sich wie eine Hundepfote aus dem Gebirge herausstreckte und die Außenbezirke von Krasnodar berührte.

»Adygische Republik. Bevölkerung: vierhundertdreiundachtzigtausend. Religion: moslemisch und christlich. Fläche: Siebeneinhalbtausend Quadratkilometer. Hauptstadt: Majkop.«

Von der Adygischen Republik aus setzte sie ihre Kugelschreiberreise fort, Richtung Osten, am Kaukasus entlang, und erwähnte dabei alle anderen nicht-russischen Republiken, deren genaue Lage nur Desinteresse hervorgerufen hatte, egal, wen ich danach fragte: die Autonomen Republiken der Karatscheier und Tscherkessen, der Kabardiner und Balkaren, Nord-Ossetien und Inguschetien.

Ich schob alles auf die russische Abneigung gegenüber Landkarten. Zwar rief man zur Freundschaft zwischen den Nationen auf, doch das geographische Bewußtsein wurde vernachlässigt. Ein post-sowjetischer Bürger wird bestenfalls die Stirn runzeln, wenn man ihm eine Landkarte zeigt. Aber das hat ebensoviel mit dem Land selbst zu tun – seiner Ausdehnung, den gewaltigen Räumen, der ewig gleichen Weite von Wald, Steppe und Taiga – wie mit den wechselhaften Gesetzen seiner jeweiligen Herrscher. Ein zaristischer Schulinspektor aus dem neunzehnten Jahrhundert, der noch keine große Erfahrung hatte, forderte eine Klasse von Geographie-Schülern auf, ihm auf einer Erdkarte zu zeigen, wo Rußland liegt. Nicht einer konnte die Aufgabe erfüllen.

Doch im Büro des kuban-kosakischen Chors kannte man sich mit Landkarten aus. Eine Gruppe von Historikern, die in einem Hinterzimmer arbeitete, hatte Informationen aus den Kosakendörfern gesammelt. Eine Wand war von oben bis unten mit einer riesigen Landkarte bedeckt. Ein vierschrötiger, schnurrbärtiger Kosak klopfte mit seinem Zeigestock darauf: »Hier, Steppe. Hier, Berge – und entlang dieser Linie, dazwischen – Staniza … Staniza … Staniza … Staniza … «

»Und diese anderen Dörfer«, fragte ich, »im Süden?«

Sein Schnurrbart zitterte. »Türken.«

Am späten Vormittag verließ ich die Historiker. Ein warmer Wind strich durch die Bäume an der Straße. Ich ging zum Fluß hinunter und folgte ihm eine Weile. Als ich wieder zurückkam, setzte ich mich barfuß in eine Bude, während einer der zwanzigtausend Armenier in dieser Stadt meine Schuhe neu besohlte. Er erzählte mir, wie das Leben in Krasnodar ist und wie es vorher war. Und machte im Flüsterton finstere Andeutungen über den Aufstieg der Kosaken.

Die kuban-kosakische *woisko* hat ihre Wurzeln in der ältesten und kriegerischsten aller Kosakengruppen, den Saporogern. Ursprünglich stammten sie vom Fluß Dnjepr in der Ukraine, aus dem saporogischen Sich, wörtlich »Lichtung unter dem Wasserfall«. Von dort aus widersetzten sie sich allen Versuchen der Unterwerfung, eigneten sich das Sumpfland an und terrorisierten jedermann, der versuchte, es zu durchqueren. Ihre Einbaum-Streifzüge führten sie bis nach Istanbul. Sie lebten als Söldner und Piraten und versprachen ihre Loyalität jedem, der ihnen gerade paßte – Polen, Litauern, Russen und sogar Tataren. Zu Beginn des siebzehnten Jahrhunderts verhalfen sie dem Falschen Dmitri auf den Thron, bevor er ermordet wurde und man seine Leiche als Kanonenkugel mißbrauchte.

Die Saporoger waren Erzkosaken, also Kerle, die dem Mythos des unbekümmerten Gesetzlosen, der den gedemütigten Russen und Ukrainern so gefiel, am besten entsprachen. Gogols Taras Bulba war ein Saporoger. Auf Ilja Repins Gemälde *Saporogische Kosaken trotzen dem Sultan* ist eine Gruppe von ihnen um einen in der Steppe aufgebauten Holztisch versammelt. Die tonsurierten Köpfe sind zurückgeworfen, extravagante Schnurrbärte schmücken ihre offenen Münder; der Maler hat sie in einem Augenblick fröhlicher Ausgelassenheit festgehalten. Sie lachen, weil der osmanische Sultan Mohammed IV., der sich selbst den Titel »Beschützer der Kosaken« verliehen hatte, Tribut von ihnen forderte. Und so diktierten sie dem Schreiber ihre Antwort:

> Türkischer Teufel und Freund des Satans! Selbsternannter Herr des Christentums, der es nicht im geringsten ist! Topfkratzer von Babylon! Bierverkäufer von Jerusalem! Ziegenhirte von Alexandria! Schweinehirte des oberen und unteren Ägypten! Sau von Armenien! Halsstarriger Ungläubiger! Fahr zur Hölle! Die Kosaken spucken auf deine gegenwärtigen Forderungen und alle, die du dir in Zukunft einfallen läßt …

Zwei Jahrhunderte lang spuckten die Saporoger weiter auf die Mächte, die sie umgaben, und zogen weiter die Außenseiter der ukrainischen und russischen Gesellschaft an, bis das saparogische Sich 1775 unter Katharina der Großen in einer einzigen Nacht erobert wurde. Die Kosaken zerstreuten sich. Denjenigen, die man als königstreu einstufte, wurden Gebiete von unbebautem Land in der Kuban-steppe zugesprochen. Dort gaben sie ihr altüberliefertes Räuberunwesen auf und züchteten Pferde, wurden Fischer oder dienten im Militär. Ihre neue Hauptstadt tauften sie Yekaterinodar – »Das Geschenk Katharinas« –, und ein Jahrhundert später, 1894, brachten sie 150 000 Rubel zusammen, um eine Statue von ihr zu errichten. (Von den Sowjets wurde die Stadt später in Krasnodar – »Das Rote Geschenk« – umbenannt.)

Im neunzehnten Jahrhundert, als Rußland die kaukasischen Völker immer mehr unter Druck setzte, waren die Kuban-Kosaken die ersten, die es unterstützten. Sie bildeten das westliche Ende der kaukasischen Front. Kosaken-Stanizas wurden immer tiefer in den Bergen errichtet, Pionier-Gemeinden, die dazu bestimmt waren, die mörderischen Stämme in Schach zu halten, Freibeuter, die die erweiterten Grenzen des Zaren verteidigten. Doch noch zur Zeit Nikolaus II. blieb das Ukrainische die Sprache der Mehrheit unter den Kuban-Kosaken.

Ihr Hauptquartier befindet sich heute noch in Krasnodar. Es besteht aus ein paar heruntergekommenen Gebäuden und einem grünbelaubten Hof. Es war ein sonniger Nachmittag, als ich, auf die Balustrade gestützt, einen Offizier beobachtete, der mit eisenbeschlagenen Stiefeln durch den Hof eilte und mit klapperndem Koppelschloß die Treppe heraufkam. Er war der *jessaul* des Kuban- Gastgebers, der Stellvertreter des Ataman, und hieß Schotkin.

»Du mußt dich beeilen.« Er schob seinen Ärmel zurück. »In genau fünf Minuten habe ich den nächsten Termin.«

Wir betraten sein Büro. Er warf die Mütze über einen Haken, zupfte an den Knien seiner Reithosen und setzte sich. Sein

Schreibtisch war leer. Er zog eine Schublade auf, die ebenfalls leer war. Schließlich fand er ein weißes Blatt Papier, das er vor sich hinlegte. »Fünf Minuten!«

»Ich wollte dich nach deiner Meinung zur heutigen Rolle der Kosaken fragen.«

Er kniff die Augen zusammen und musterte mich.

»Ob du es angesichts des wachsenden Nationalismus in dieser Gegend für möglich hältst, die Kosaken erneut als eine Art Puffer zwischen Rußland und den Völkern des Kaukasus zu benutzen.«

»Hä?«

»Wie die alte kaukasische Front –«

»Die kaukasische Front?«

»Ja.«

»Welche Front?«

»Während der kaukasischen Kriege hier –« Er hob die Hand. »Genug.«

»Wir haben noch drei Minuten.«

Er zerknüllte das Blatt Papier und warf es in den Papierkorb. »Holla!« Die Stuhlbeine scharrten über den Holzboden. »Ab nach Hause!«

Schotkin war bereits dabei, mich rauszuscheuchen. Er schloß die Tür ab und rückte seine Mütze zurecht. Mit gleichgültigem Grunzen ließ er den nächsten Termin sausen, und zusammen marschierten wir zum Tor hinaus.

Schotkin gefiel mir. Offenbar nahm er seine Wichtigtuerei genausowenig ernst wie ich. Er hatte einen herrlichen grauen Schnurrbart, der über seine Oberlippe fiel und zu beiden Seiten des Kinns glockenförmig aufgezwirbelt war. Die Augen unter der Mütze leuchteten hell und kompromißlos. Als wir jetzt rasch die Allee zu seinem Haus entlanggingen, erzählte er mir, daß sein Großvater den jungen Nikolaus II. beaufsichtigt habe, bis dieser vier Jahre alt war, und ich erinnerte mich an Bilder von Nikolaus' Sohn, Zarewitsch Alexej, die ich gesehen hatte, krank und schwächlich auf dem Arm eines imposanten Kosaken.

Schotkin bewohnte einen Flügel einer alten, vorrevolutionären Villa, die himmelblau gestrichen war und von einem so scharfen Hund bewacht wurde, daß ich auf der anderen Straßenseite warten mußte, bis er ihn eingesperrt hatte.

»Seine Mutter hat einen Mann getötet!« prahlte Schotkin. »Und der hier würde es auch tun, wenn ich ihn ließe.«

Wenig später hatte Schotkin in seinem Wohnzimmer mit der hohen Decke zwei Säbel, eine Knute aus Schweinsleder, einen *beschmet*, eine (mit Orden behängte) *tscherkesska*, zwei *papacha* (hohe Hüte aus Astrachan), ein *baschlyk* (rote Kleiderkapuze) und einen *burka* (einen steifen, ärmellosen Umhang aus Wolle, in den man hineinsteigen muß wie in ein hochgeschlossenes Wachhäuschen) vor mir ausgebreitet. Dann zog er eine Schublade mit Visitenkarten auf und rasselte wie ein Zeremonienmeister herunter, welche Posten er in seinem Leben bekleidet hatte – Major in einem Raketenregiment! Mitglied des Kosakenkongresses! Kommandant des Kuban *woisko*! Kosakenberater in der Duma! Offizier des Kuban-Wohnungskomitees!

»Ich habe Millionen von Titeln!«

Auch seine Fotos waren eine Fundgrube des Vergnügens: Schotkin mit dem Patriarchen Alexei II. in Nischni Nowgorod, Schotkin mit dem russischen Basketball-Team, Schotkin, flankiert von leichtbekleideten Schönheitsköniginnen, Schotkin bei einer Kosaken-Beerdigung in Moldowa, Schotkin bei einer Regiments-Parade.

»Sieh nur, wie schwer meine Medaillen sind! Holla! Manchmal, wenn ich sie trage, breche ich unter ihrem Gewicht fast zusammen.«

Er sprang durchs Zimmer, zog seine *schaschka* aus der Scheide und knallte eine Flasche und Gläser auf den Tisch. »Einen Doppelten!« Er schob eine Hand in seinen Gürtel, wiegte sich auf den Absätzen und hob das Glas: »Meine Herren, verehrte Ahnen! Ein Wort aus dem Kirchenslawisch – ein Lied für die Truppen: Tob dich aus, *kasaky*...«

Und die ganze Zeit stand auf einem hohen Regal über seinem Kopf das Foto eines anderen Mannes, eines Mannes im grauen Anzug am Schreibtisch, eines Apparatschiks, der mit dem glasklaren Blick eines *petit chef* in die Kamera starrte. Das war der Mann, das Parteimitglied, den man in der Kirche nie angetroffen hatte, der gezwungen gewesen war, unter den Bäumen zu stehen, während seine Frau in der Kathedrale eine Kerze für seinen verstorbenen Vater anzündete, der gelassen seinen Anzug getragen hatte, für die Ideen des Staates eingetreten war und ihn 1990, als die Zeit gekommen war, ohne Probleme gegen seine *tscherkesska,* den aufgezwirbelten grauen Schnurrbart und die wiederentdeckte Leidenschaft für die Kosaken eintauschte.

»Ja, das bin ich.« Schotkin sah darin keinen Widerspruch. »Anfangs wußten wir nicht, ob sie uns ins Gefängnis stecken oder erschießen würden.«

Er wühlte in einem Schrank herum. Als er gefunden hatte, was er suchte, kam er quer durch den Raum und setzte sich. In der Hand hielt er einen Brief des Innenministers; daran angeheftet war die Kopie einer Sterbeurkunde vom 13. Januar 1938. Todesursache: Exekution.

»Mein Großvater.« Plötzlich wirkte Shotkin bedrückt. »Er war der letzte Ataman seiner Staniza. Er hat ihnen eine Schule gebaut, und sie haben ihn erschossen. Meinen Vater haben sie ebenfalls auf dem Gewissen. Sie haben ihn als Volksfeind verhetzt und ihm so lange zugesetzt, bis er starb.«

Schotkin sah mich an. Trauer und Ungläubigkeit flogen über sein unschuldiges Gesicht. Einen Moment lang saßen wir schweigend in dem Raum mit der hohen Decke. Durchs offene Fenster strich eine Brise, die am Saum des Vorhangs zupfte. Die Sonne leuchtete auf die Mauer gegenüber, und irgendwo in der Ferne, in einem anderen Haus, fiel eine Tür ins Schloß, bellte ein Hund, erklangen Begrüßungsschreie.

Schotkin stand auf und ging in die Küche. Ich hörte, wie er vor sich hinmurmelte. Als er zurückkam, brachte er ein Brot, Tomaten und einen Klumpen Schweineschmalz mit.

Mittlerweile hatte er auch seine gute Laune wiedergefunden. »Du bist doch kein Moslem, oder?«

»Nein.«

»Natürlich nicht. Deine Königin ist Christin. Und ich habe euren Schinken gesehen – Fleisch, Fett, Fleisch, Fett ... ihr laßt die Schweine hungern, dann füttert ihr sie, laßt sie wieder hungern, füttert sie. Bei uns ist das anders.« Er tätschelte seinen Klumpen Schweineschmalz. »Wir füttern sie bloß.«

Schotkin machte mich mit einem Mechaniker bekannt, der von Krasnodar nach Majkop fuhr, in die Adygische Republik. Er hatte seine Frau und einen älteren Kosaken dabei, den sie Onkel Sascha nannten. Onkel Sascha hatte einen struppigen Bart, der auf seinen Rock fiel. Er war auf einem *krug* gewesen und schnarchte laut vor sich hin. Am frühen Nachmittag verließen wir die Straße und bogen in einen holprigen Feldweg ein, der zu einer Lichtung führte.

Grüner Hochsommer lag über der Gegend, die Fliegen summten im Gras. Die Frau des Mechanikers spülte die Becher aus, und Onkel Sascha streckte sich, gähnte und zog ein Stück geräucherten Stör aus der Tasche. Das legte er zu dem übrigen Essen auf der Motorhaube des Wagens.

Ob wir die Grenze zu Adygien bereits passiert hätten, wollte ich wissen.

»Grenze?« fragte der Mechaniker zurück.

»Welche Grenze?« Onkel Sascha stand stramm. »Möglich, daß sie genau hier verläuft.« Dann machte er einen Satz. »Oder hier.«

Die Witze setzten sich noch eine Weile fort, allein die Vorstellung, daß diese kleinen nordkaukasischen Republiken unabhängig sein könnten, war zum Totlachen.

»Und Tschetschenien?« fragte ich.

Das Gelächter verstummte. Tschetschenien ist etwas anderes. Warum, wußten sie auch nicht. Und was war mit den anderen Völkern – den Karatschaiern, Balkarern, den Kabardinern, Osseten und Inguschen? Bei dieser Aufzählung zuckten sie die Achseln. Das Thema war zu ernst, um es in der Öffentlichkeit ernstzunehmen. Sie packten noch mehr zu essen aus, und mit dem Essen nahmen sie auch ihr harmloses Geplauder wieder auf. In Rußland wird die Angst niemals so groß, als daß sie sich nicht mit einem gedeckten Tisch vertreiben ließe.

Nachdem wir gegessen und getrunken hatten, streckten wir uns im Gras aus. Nur Onkel Sascha blieb neben dem Wagen stehen, scharrte mit seinen Lederstiefeln im Staub und sang ein Lied: »Oh, der Mann, den ich mal heirate, muß 'ne weiße Weste haben, blitzeblanke Weste haben ...«

Dann nahm er einen Stapel Bücher aus seiner Reisetasche. Eines davon reichte er mir. »Das ist mein Buch. Ich hab's selbst geschrieben.« Auf dem Umschlag war eine Frau abgebildet und darauf das Fadenkreuz eines Gewehrs. Sie trug eine Feldmütze und Epauletten auf den Schultern. Abgesehen davon war sie nackt.

»Es sind Erinnerungen an die Schlacht in Polen.«

»Unsinn, Onkel Sascha!« sagte der Mechaniker. »Es sind nichts als Hirngespinste.«

»Damals war es nun mal so. Ihr seid viel zu jung, um das zu wissen.«

Das Buch hieß »Heißer Sex im Kriegsbunker«.

In Majkop brannte die Sonne. Die Kinder saßen da und schleckten ihr Eis. Unter den Bäumen hockten Männer zu zweit oder zu dritt und spielten mit ihren Gebetsketten. Als alte kosakische Hochburg war die Stadt in einem perfekten Gittermuster angelegt. Onkel Sascha machte eine rasche Handbewegung durch die Luft. »Diese Straßen haben sie mit dem Säbel gezogen.«

Doch mir fiel Majkop aus drei anderen Gründen sofort auf: wegen der 126 Banken, die in den letzten Jahren wie Pilze aus dem Boden geschossen waren, wegen der nagelneuen Villen, die die Stadt umgaben, und wegen der Hügel. Die Hügel selbst waren eigentlich nichts Besonderes, verglichen mit den Bergen, die außerhalb unseres Blickfeldes hinter ihnen lagen – doch nach Monaten in der Steppe erschienen sie mir so vielversprechend wie die Vorboten des Frühlings.

Diese Nacht verbrachte ich bei Onkel Sascha, dem Mechaniker und seiner Frau. Es war heiß, und wir saßen draußen. Onkel Saschas Mutter kam mit der Tochter des Mechanikers und dessen zwei Monate altem Enkelkind dazu. Diese fünf Generationen wurden verstärkt durch die abendlichen Nachbarn und Cousins, die sich unter den Weinreben zu uns gesellten. Die Unterhaltung war nervös wie bei einem Grenzvolk, dessen Vorherrschaft plötzlich in Frage gestellt wird.

Es sind die Amerikaner, sagte einer, die Amerikaner haben unser Land destabilisiert. Gorbatschow war ein Spion. Die ganze Angelegenheit ist eine Verschwörung des internationalen Komitees jüdischer Banker. Ich mußte laut lachen.

»Aber du hast doch bestimmt ›Die Protokolle der Alten von Zion‹ gelesen, oder?« fragte er.

Der nächste Tag war ein Samstag. Am Stadtrand fand ich eine kleine Kirche, wo gerade eine Taufe stattfand. Es war eine komplizierte Angelegenheit, da mehrere Generationen gleichzeitig getauft wurden. Der arme Priester rief die Mutter eines Täuflings auf und mußte erfahren, daß auch sie getauft werden wollte. Er fand das alles ziemlich verwirrend.

Sie standen in einem weiten Halbkreis um ihn herum. Ihre Stirnen waren naß, und in den Händen hielten sie Kerzen.

»Und jetzt zur Bekreuzigung«, erklärte der Priester. »Es ist sehr wichtig, daß man es so macht. Die Katholiken und armenischen Gregorianer machen es so, aber das ist falsch. Ihr müßt es so machen. Bekreuzigt euch vor allem vor Ikonen und wenn ihr betet.« Dann trat er mit einer Schere zu jedem einzelnen und fragte: »Bist du Russe?«

»Ja, ich bin Russe«, antwortete einer nach dem anderen, und er schnitt jedem ein Stück Haar ab.

»Russe, ja.«

»Natürlich.«

»Ich bin Pole.«

»Das geht in Ordnung. Wir sind alle Slawen.«

»Ich bin Finnin.«

»Hmmmm.« Doch er segnete sie trotzdem und schnitt ihr ein Stück Haar ab, und als er den ganzen Halbkreis abgeschritten hatte, trat er wieder vor die versammelten Gläubigen.

»Und jetzt sorgt dafür, daß dies nicht das letzte Mal ist, daß ihr zur Kirche kommt. Kommt jeden Sonntag, nicht nur an Feiertagen. Vergeßt nicht, das ist eine russische Kirche, eure eigene Kirche –«

Einer der frisch getauften Jungen nahm eine Zigarette aus der Tasche. »Psst!« Er zwinkerte seinem Nachbarn zu.

»– es ist euer Erbe. Die Kirche ist wie euer eigenes Land, und ihr müßt sie beschützen. Wir Russen sind nicht wie die Amerikaner oder die Deutschen und Engländer, die mit fünfzig Millionen Dollar daherkommen, ihre Kirchen bauen und dann Handzettel verteilen. Glaubt ihr etwa, das täten sie aus Nächstenliebe? Glaubt ihr das im Ernst? Nein! Später werden sie wiederkommen und uns unser Öl und unser Gas wegnehmen. Deshalb müßt ihr immer –«

»Komm«, flüsterte der Junge. »Gehen wir.«

Onkel Sascha erzählte mir von einem gewissen Viktor Gregorijewitsch. »Ein großer Kosaken-Experte.«

Viktor Gregorijewitsch trug einen Overall und stand, die Hände in die Hüften gestemmt, vor einer zementbeschmutzten Baustelle in Majkop. Er überwachte die Lieferung von Abflußrohren für die zweistöckige Villa seines Bruders, die fünfzehn Zimmer haben sollte. Als ich ihn fragte, was sein Bruder so mache, erklärte er lakonisch: »Geschäfte.«

Viktor hatte entschiedene Ansichten, was die Kosaken anging. Wir setzten uns in der spätnachmittäglichen Sonne auf einen Stapel Ziegelsteine, und er sah mich mit zusammengekniffenen Augen durch seine gefärbten Brillengläser an. Er mochte die Briten nicht. Sein Onkel hatte unter Shkuro für die Achsenmächte gekämpft, die Wolfsmütze getragen und war gestorben, als sie 1945 alle zu Stalin zurück mußten. Die Briten hatten ihn geschickt. »Wußtest du das?«

»Ja.«

»Wirklich?«

Ich versicherte ihm, daß ich davon gewußt hatte, doch er fuhr fort, mich mißtrauisch zu beäugen. Im spekulativen Bereich antiker Geschichte kamen wir besser miteinander zurecht. Als Verfechter einer lockeren Verbindung zwischen Kosaken und Skythen erzählte Viktor mir von dem Majkoper *kurgan*. 1898 waren die Überreste von dreihundertsechzig geopferten Pferden in der Umgebung eines Grabmals gefunden worden (eine Bestätigung für Herodots anekdotische Berichte von den Bestattungsriten der Skythen). Begeistert beschrieb er die Majkoper Vasen und Tiersymbole – jene reichhaltige zoomorphische Kunst, die Schilde und Spangen der Skythen mit phantastischen Tiergestalten schmückte. Es waren dieselben, mit denen sich ihre Anführer tätowieren ließen und die mit der Zeit durch ganz Skandinavien gewandert waren, um dann an den Rändern keltischer Manuskripte wieder aufzutauchen. Schließlich kam er auf den Hirsch zu sprechen. Er interessierte ihn seiner eigenen Aussage zufolge am meisten, und so hatten wir wenigstens ein Thema, für das wir uns beide gleichermaßen erwärmen konnten.

Auch mir war der Hirsch mehr als alle anderen skythischen Motive aufgefallen – prachtvoll gearbeitete, grinsende Pazyryk-Hirsche mit langgezogenen Geweihen, Hirsche auf Brustpanzern, Hirsche auf Gürtelschnallen, auf blassen Filz gestickte Hirsche, vor allem jedoch das Hirschsymbol auf einem Schild, das in der Staniza Kostromskaja in der Kuban-Steppe gefunden worden war. Bei dieser Darstellung aus dem sechsten Jahrhundert vor Christus oder noch früher, die aus purem Gold besteht, ist der Kopf des Hirsches erhoben. Ein elegant verschnörkeltes Geweih zieht sich über den Rücken. Der angespannte Nacken, die geblähten Nüstern, das aufgerissene erschrockene Auge – all das scheint den Augenblick festzuhalten, in dem er zum ersten Mal den Jäger erblickt. Doch seine Beine sind gekrümmt. Man hat vermutet, daß sie das Tier auf der Flucht zeigen sollten; mir aber erscheint die Theorie wahrscheinlicher, daß die Beine gefesselt sind, weil es geopfert werden soll.

In seiner *Naturalis Historia* erwähnt Plinius unter anderem, daß Hirsche dazu fähig sind, mit ihrem Atem Schlangen anzulocken, um sie dann mit ihren Hufen zu zertrampeln. Hirsche konnten darüber hinaus den bösen Blick abwenden. Diesen beiden Eigenschaften hatten sie es zu verdanken, daß sie zu einem allgemein akzeptierten Symbol für Christus wurden. Hubertus wurde zum Schutzpatron der Jäger, weil ihm in einem Wald ein weißer Hirsch mit einem vom Geweih herabhängenden Kruzifix erschienen war. In prähistorischer Zeit wurden Geweihe häufig für totemistische Riten verwendet, und ihre Überreste fanden sich in heiligen Stätten von Yorkshire bis Tibet. Vor nicht allzu langer Zeit gab es in Sibirien noch Schamanen, die die Identität eines Hirsches annahmen. In der sibirischen Mythologie trägt der Hirsch die Seelen der Verstorbenen davon. Die skythischen Gräber bei Pazyryk enthielten allerlei Kopfschmuck mit Geweihen aus Gold, damit sich die geopferten Pferde in der anderen Welt in Hirsche verwandeln konnten. Die alten Saka-Völker aus Zentralasien – deren Name übrigens möglicherweise von *sag* abstammt, dem Begriff für Hirsch in den iranischen Sprachen – hatten den Hirsch angeblich zu ihrem Totem erwählt. Gruppen von jungen Saka durchstreiften unter dem Banner des Hirsches die Steppe.

Hier stimmten Viktors eigene Theorien und die Verbindung der Kosaken mit dem Hirschkult überein. »Der Name ›Kosak‹«, so behauptete er, »stammt von einem alten iranischen Begriff mit der Bedeutung ›Weißer Hirsch‹ ab – *sak* war das Wort für Hirsch.«

Und weiße Hirsche waren das Standardgeschenk vieler zentralasiatischer Völker an den chinesischen Hof.

Was immer auch an diesen Theorien dran sein mag – und wie könnte man sich einen Abend im Nordkaukasus besser vertreiben als mit solchen Spekulationen? –, der Hirsch ist und bleibt das perfekte Symbol für die Kosaken: schnell, kämpferisch und unübersehbar männlich. Kein Wunder, daß das Emblem der größten Kosakengruppe, Don-*woisko*, ein Hirsch ist, in dessen Flanke ein Pfeil steckt. Sie haben es auf ihre Flaggen genäht und in Gedenksteine gemeißelt.

Schließlich fuhr Viktors Bruder in einem schwarzen BMW an der Baustelle vor. Ich beobachtete sie, als sie über den Fortgang der Arbeiten diskutierten. Über ihnen färbte die tiefstehende Sonne die Ziegelsteine rot. Sie funkelte auf dem reichverzierten, galvanisierten Giebelschutzbrett (einem charakteristischen Merkmal dieser plötzlich aufgetauchten südlichen Paläste) und glühte im Gitterwerk, das sich an jeder Ecke des Hauses zur Figur eines springenden Hirsches erhob.

Um Viktors Kosakenansprüchen auf die Welt der Antike begegnen zu können, suchte ich einen adygischen Archäologen auf.

Adam Kerschew empfing mich in einem konventionelleren Ambiente – im fünften Stock eines Mietshauses aus der Breschnew-Ära, eines von vielen, die alle gleich aussehen. Zu ihren Füßen spielten Kinder im Dreck, wässerten Männer ihre in Reih und Glied gepflanzten Tomatenstauden und klopften die Frauen Teppiche aus.

Adam Kerschew war ein leidenschaftlicher Mensch. Er behielt den ganzen Vormittag über seinen Wollhut auf dem Kopf und saß mit einem auf Kissen gelagerten Bein auf dem Sofa. Er hatte es sich in den Bergen verletzt. Doch der übrige Körper hatte die Lebhaftigkeit eines jungen Spaniels bewahrt.

»Du fragst nach Wild. Überall in den Bergen wirst du diese aufrechten Steinmonumente finden, auf Russisch *›alyeni kamni‹* – Hirschsteine. Sie waren Totems für die Krieger.«

Auf den Anspruch der Kosaken angesprochen, hier beheimatet zu sein, reagierte er unwirsch. »Die Kosaken sind Nomaden. Das adygische Volk hat seit frühesten Zeiten hier gelebt.« Er zeigte auf einen verglasten Schrank. »Sieh mal.«

Ich öffnete die Glastüren und nahm ein Foto von einem kreisförmigen Muster heraus.

»Dieses Motiv befand sich auf einem Teller, den ich letzten Sommer ausgegraben habe. Er war mit Wildschweinzähnen eingelegt. Das ist unser Pantheon. Hier, da siehst du die Strahlen, die sich über den Teller ausbreiten – das ist die Sonne, zentraler Bestandteil des adygischen Glaubens. Dann die Erde. Dann die Dreifaltigkeit. Und der vierte ist das hier, eine Darstellung von Alexander.«

»Alexander dem Großen?«

Er nickte.

»Und der Islam?«

»Die Adygen haben sich aus politischen Gründen zum moslemischen Glauben bekannt. Doch im Herzen sind wir ein Bergvolk, und Bergvölker verehren immer das, was sie in ihrer Umgebung sehen.«

Er rückte das Bein auf dem Sofa zurecht und verzog vor Schmerz das Gesicht. »Wir verehren nicht nur die Sonne und die Berggipfel, sondern auch die Hügelgräber aus der Bronzezeit. Bis in jüngste Zeit hielten die Adygen noch Zeremonien an diesen Gräbern ab.« Dann lieferte Adam eine eindrucksvolle Vorstellung dieser Zeremonien. »Die Leute versammelten sich draußen um einen Haufen Steine. Mittlerweile schickten ihre Anführer heimlich einen kleinen Jungen in den Schacht. Er kroch auf allen vieren hinein, etwa so« – Adam ließ sich vom Sofa auf den Fußboden plumpsen – »und schrie auf. Die Leute sahen die Steine an und glaubten, die Seele des Verstorbenen sei da drin. Und der Junge heulte: Uaaah!«

In diesem Moment kam seine Frau aus der Küche gelaufen. »Was ist denn hier los... Adam, steh sofort vom Boden auf!« Adam sank wieder aufs Sofa. Reumütig und zerknirscht saß er da. Im Sommer zuvor hatte er Dutzende von neuen Hügeln entdeckt, die noch nicht erforscht waren, und monatelange Vorbereitungen für ihre Erkundung getroffen.

»Aber es ist hoffnungslos! Wie soll man mit so einem Bein in den Bergen auf Grabung gehen?«

Auf dem Rückweg in die Stadt kam ich an einem Gebäude mit einer Plakette vorbei: »In diesem Haus wurde vom 18. bis 21. September 1891 der große Schriftsteller A. M. Gorki unter Arrest gestellt.« Neben der Inschrift befand sich ein Abbild des großen Schriftstellers – im Profil, mit zurückgestrichenem

Haar und erhobenem Haupt, wie er mit dem entschlossenen Blick eines guten Revolutionärs die Straße hinunterschaut.

Eine ältere russische Frau kam vorbei und tippte mir auf den Arm, als ich noch dabei war, die Inschrift abzuschreiben. »Verstehst du, was geschrieben steht?«

»Ja.«

»Nicht das.« Sie wischte Gorki mit einer Handbewegung vom Tisch. »Diese Schmiererei ist eine große Sünde. Die Bibel, ich meine in der Bibel.« Sie forschte in meinem Gesicht nach einem Zeichen der Zustimmung. »Ist deine Bibel eine moslemische Bibel?«

»Nein.«

»Dann weißt du es. Du weißt, daß man dem, was kommen wird, nicht entgehen kann.«

»Was wird denn kommen?«

»Nichts mehr, es ist vorbei. All das ist zu Ende. Das Zeitalter, in dem wir leben.«

»Wieso bist du so sicher?«

»Heutzutage liebt man die Eile. Diejenigen, die im Grunde ihres Herzens wissen, daß nur noch sehr wenig Zeit ist, vertun sie damit, sich zu hetzen.« In der Ferne sah ich, wie einer der unzähligen Mercedes in der Stadt die Straße entlanggeschossen kam. Er bremste vor einer Ampel, ließ den Motor aufheulen und brauste dann weiter.

Die alte Frau zuckte die Achseln und seufzte. »Bei euch ist es dasselbe wie hier. In einem Augenblick tun wir gar nichts, und im nächsten rasen wir wie verrückt durch die Gegend. Wir sind alle so schrecklich müde.«

Die Wälder von Romantika

Am nächsten Tag im Morgengrauen verließ ich Majkop mit seinen halbfertigen Palästen, Onkel Saschas Liedern und streitbaren Archäologen. Ausgerüstet mit einer Landkarte, auf der mit Bleistift mehrere Stanizas eingekreist waren, nahm ich einen Bus in die Hügel. Die Morgensonne ging hinter den bewaldeten Hängen auf und stieg an einem tiefblauen Himmel empor. Der Belaja rauschte neben der Straße und verstopfte die Brücken mit angeschwemmten Baumstämmen. Und hoch über alledem erschien wie der aufgehende Mond der erste schneebedeckte Gipfel des Großen Kaukasus.

Sofort erhob sich ein Streit. Eine Frau wollte das Fenster schließen, doch der Mann vor ihr protestierte.

»Ich habe dich für eine anständige Frau gehalten.«

»Was?«

»Wegen eines Fensters so ein Trara zu machen!«

»Ich bin krank. Ich darf nicht die ganze Zeit im kalten Luftzug sitzen.«

»Du bist bloß krank, weil du so verdreht und schlecht gelaunt bist.«

Sie antwortete nicht.

»Wer freundlich ist, wird auch nicht krank.«

»Jeder wird krank.«

»So nicht, nein.«

Als sie später ausstieg, flog ein einhelliges Raunen durch den Bus: »Flüchtling – Armenierin – Georgierin …«

Eine Seitenstraße führte aus dem Tal heraus und schlängelte sich dann über die Hänge aufwärts. Ich ging eine Weile zu Fuß, bis ein Heuwagen mich über den Kamm mitnahm. Dann bog der Wagen in die Felder ab, und der Fahrer zeigte mit dem Finger auf das gelbe Band einer Straße. Etwas weiter, so hatte ich gehört, lag die Staniza Nowosvobodnaja, der Ataman hieße Wolodja. Die Straße führte nur bis dorthin und endete im Nichts. Die Häuser verschwanden beinahe hinter Obstbäumen. Auf dem Dorfplatz spritzten zwei Männer einen Teppich ab.

Ich grüßte sie. »Guten Morgen.«

Sie gaben keine Antwort.

Ein rotgesichtiger Kerl stand mitten auf dem Platz und starrte mich an. An einem Strick führte er ein Schwein mit sich. Etwas abseits, unter ein paar Linden, saß eine Gruppe von Frauen neben dem Brunnen.

»Wo finde ich wohl Ataman Wolodja?«

Die mit dem Teppich hielten in ihrer Arbeit inne. »Keine Ahnung.«

Der mit dem Schwein verließ den Platz. Eine der Frauen sagte: »Geh lieber wieder. Wir mögen hier keine Fremden.« Ich sah mich um, bedankte mich bei den Frauen und verließ die Staniza auf dem gleichen Weg, den ich gekommen war.

Am Abend kam ich zu einem Haus namens Romantika. Früher war es ein Kloster gewesen, doch während der Sowjetherrschaft hatte es den Staub der Jahrhunderte abgeschüttelt, um die Massen willkommen zu heißen, und sich in einen Kurort verwandelt.

Im Pförtnerhäuschen saß ein Zwerg, der sich ein Schaffell umgehängt hatte, auf einem Motorrad und döste. Im Hof durchbrach nur der ferne Klang der Ziegenglocken die Stille des Abends. Ansonsten war das Gebäude menschenleer.

Nichts ist so kurzlebig und gleichzeitig so widerstandsfähig wie ein sowjetischer Kurort. Durch ein schmales, unverglastes

Fenster spähte ich in das ehemalige Theater, auf das Flechtwerk, das sich von der Decke rankte, und auf die Glasscherben auf den Sitzen. Jemand hatte mit Kohle ein orthodoxes Kreuz an die Wand gemalt. Auf der Bühne lagen leere Flaschen.

Hinter den alten Klostergebäuden gab es ein Gasthaus; davor parkte ein Wagen. Zwei Männer versuchten, Feuer zu machen. Neben ihnen sah ich einen kleinen Stapel Holz und ein paar blutige, rohe Fleischstücke auf einem Stück Zeitungspapier. Eine Frau lag auf einem Teppich und las ein Buch. Sie drehte sich auf die Seite, um mich zu mustern, als ich näher kam. Die Männer gaben mir etwas zu essen, und ich schlief in dem alten Gasthaus in einem fensterlosen Zimmer. Bis spät in die Nacht konnte ich die Stimmen der Männer und der Frau auf dem Teppich hören.

Am Morgen verließ ich das Kloster durch das Tor. Dicker Tau lag auf dem Waldboden. Die Wipfel der Bäume wölbten sich über der Straße, und nur an wenigen Stellen bahnte sich die Sonne einen Weg hindurch. Dann wurde der Wald lichter, der Weg abschüssiger, und in der Ferne fielen Wellen von blauen Bergketten bis zur Steppe hinab.

Eine Woche oder mehr marschierte ich am Fuß des Kaukasus entlang nach Osten, verließ die Adygische Republik und war wieder in Rußland, kletterte hinauf in die Berge und wieder zurück in die Steppe. Im Hochland waren die Leute untersetzt, mit geschmeidigen Bewegungen. Im allgemeinen redeten sie nicht viel. Das Ende eines Satzes verebbte, und sie standen da und blickten mit zusammengekniffenen Augen wie Seeleute in die Weite ringsum. Je hochgelegener sie lebten, desto einsilbiger wurden sie. Ich hatte den Eindruck, daß sie jenseits der Stanizas und tscherkessischen Aouls von den kaukasischen Felsen selbst nicht mehr zu unterscheiden waren.

Die Täler waren flach und mit Sonnenblumen, Weizen- und

Roggenfeldern bedeckt. Gruppen von Weiden säumten die Flüsse; die ersten Hügelhänge führten zu dichtbewaldeten Bergkämmen. Alles strahlte eine derbe Fruchtbarkeit aus. Am Ende einer Staniza begegnete ich einer Frau, die ihre Kuh im kniehohen Gras weiden ließ. »Wenn man diese Hügel auspreßte«, sagte sie, »könnte man den Saft trinken, der herausfließt. Jeder Dummkopf kann sich von diesem Land ernähren.«

Das stimmte natürlich nicht ganz. Hier konnte man die Menschen ebensoleicht verhungern lassen wie in der Ukraine. Robert Conquest zitiert in seinem Buch *Ernte des Todes* den Bericht eines Soldaten, der Anfang der dreißiger Jahre hier unten in eine Staniza kam. Zwanzigtausend Menschen lebten dort, doch an diesem Tag war alles still. Der Soldat ging zwischen den Hütten und den unbestellten Feldern entlang. In einigen Häusern lagen Leute im Bett. In einem sah er ein Paar, das Hand in Hand dasaß. Doch in der ganzen Staniza stieß er an diesem sonnigen Frühlingstag nur auf einen einzigen lebenden Menschen – einen Mann, der sich mit ein paar Katzen um den Kadaver eines Schweines balgte.

Kurz vor der großen Hungersnot hatte sich etwas Merkwürdiges ereignet. Als sie den Befehl erhielten, ihr Vieh an die Kollektive abzutreten, hatten diese Dorfbewohner im Süden versucht, ihre Tiere zu verkaufen. Daraufhin sackten die Preise in den Keller, also schlachteten sie ihr Vieh und aßen es. Zum ersten Mal in ihrer Geschichte, so hieß es, wurden russische Bauern richtig satt. Wenn man in jenen Tagen eine Küche betrat, drehten einem ganze Familien mit fetttriefendem Kinn und vollen Backentaschen den Kopf zu.

Danach gab es kein Vieh und kein Essen mehr. Nichts, um die Felder zu bestellen. Aus den Städten kamen immer größere Forderungen nach Getreide, und die Methoden, es sich zu verschaffen, wurden brutaler. Die Bauern hungerten in Gegenden, die zu den fruchtbarsten der Welt gehören. Sie kauten Birkenblätter und Grashalme. Sie kochten ihre Stiefel, aber der Hunger ging nicht weg. Sie hungerten vor den Barrikaden, die man errichtet hatte, um sie von den bestellten Gebieten fernzuhalten. (Nur wenige Städter wußten, was vor sich ging.) Sie litten Hunger, obwohl die Felder ringsum voller Getreide waren. Doch das Betreten war ihnen bei Todesstrafe untersagt, und bewacht wurden sie hauptsächlich von jungen Pionieren – Kindern –, die sangen:

> Wir nehmen alle Diebe fest –
> Woran er ist, weiß jedermann!
> Wir schützen Felder und den Rest,
> Damit die Ernte wachsen kann!

Proteste regten sich kaum und wenn doch, wurden sie im Keim erstickt. Einen gab es, der sogar einen Protestbrief an Stalin überlebte: Michail Scholochow, Donkosak, von der Partei gebilligter Schriftsteller, Nobelpreisträger und Verfasser des Werkes: *Der stille Don*. Stalins Antwort war unmißverständlich: »Die hochgeschätzten Bauern haben buchstäblich einen ›schweigenden‹ Krieg gegen die Sowjetherrschaft geführt. Einen Krieg des Hungers, werter Genosse Scholochow ...«

So die verdrehte Logik des Diktators, die Paranoia eines Psychopathen: Nicht ich tue ihnen etwas an, sondern sie mir. Nicht ich lasse sie im Stich, sondern sie versuchen, mich am ausgestreckten Arm verhungern zu lassen.

Als Churchill erfuhr, daß die Kollektivierung den Tod von zehn Millionen »einfachen Bürgern« mit sich gebracht hatte, bemerkte er: »Es besteht kein Zweifel daran, daß eine Generation kommen wird, die von ihrem Leid nichts weiß. Aber ebenso steht fest, daß sie mehr zu essen haben und Stalin preisen wird.«

Der Weg zur Staniza Abadscheskaja führte über eine von Pyramidenpappeln gesäumte Allee. Sie waren so kerzengerade, daß man den Eindruck gewann, durch den Säulengang eines großen Tempels zu wandeln. Am Dorfeingang holte ich einen Mann ein, der einen Kinderwagen vor sich her schob und mir erklärte: »Wir werden immer überleben. Wir sind wie Bären im Wald.« In dem Kinderwagen lag ein sauber aufgestapelter Stoß Birkenholz. Ich fragte ihn, ob er einen Mann namens Nikolai Gregorjewitsch Gulenko kannte, und er zeigte auf ein Haus, das sich unter ein paar Tannen duckte.

Nikolai Gregorjewitsch saß auf einem Holzklotz in seinem Hof und sah zu, wie sein Kettenhund an einem Knochen nagte. Er war ein älterer Kosak mit höflichen Umgangsformen und einem traurigen Gesicht. Als er mich hinter seinem Gartentürchen stehen sah, von wo ich mich bemerkbar machte, erhob er sich zu voller Länge und begrüßte mich wie einen alten Freund.

Wir gingen durch eine Küche mit schlichtem Lehmboden, wo seine Frau damit beschäftigt war, Teig auszurollen, ins Wohnzimmer. Seine Frau hieß Darja Daniilowna, doch sie nannten sich gegenseitig Großmutter und Großvater.

Nikolai sprach leise. Er saß ein wenig vorgebeugt in einem alten Lehnstuhl. Er war der Kosakenbewegung beigetreten, gleich nachdem sie zu neuem Leben erwacht war, in jenen fernen verrückten Zeiten von 1990.

»Mein ganzes Leben lang wollte ich Kosak werden. Nicht um zu kämpfen. Bloß weil ich wußte, ich bin ein Kosak. Doch bei der zweiten Versammlung sah ich mich um und entdeckte die Gesichter von lauter grausamen Männern. Das waren die Gesichter meiner Kindheit.«

Nikolai war 1917 in eine gefährliche Welt hineingeboren worden. Der Krieg hatte den Süden seines früheren Reichtums beraubt, und mit Beginn der Revolution war die Gegend in eine

Reihe von untereinander verfeindeten Bündnissen zerborsten: Bolschewiken und das Freiwilligenheer, *frontoviki* und Tscherkessen, Rote Kosaken und Weiße Kosaken. 1918 erlangten die Weißen vorübergehend die Herrschaft. Doch mit ihrer Niederlage 1920 kam die Vergeltung. Die Todesschwadronen der Tscheka schwärmten durch die Stanizas. Viele Kosaken kehrten zu alten Bräuchen zurück. Sie wurden zu Gesetzlosen, zu Umhertreibern mit zotteligem Haar, Steppenbanditen, die bei Nacht herbeigeritten kamen, die Farmen überfielen und Getreidekonvois bildeten. Diejenigen, die aus dem Land geflohen und die zerbrochenen Gewißheiten des zaristischen Reiches hinter sich gelassen hatten, trieben sich nun in den Gassen von Istanbul herum, arbeiteten als Türsteher in Pariser Nachtclubs oder gaben in Wanderzirkussen spektakuläre Beispiele ihrer Reitkünste zum besten, während die Zuschauer in französischen und englischen Städten johlten und Beifall klatschten.

Nikolai erinnerte sich an das Ende der zwanziger Jahre im Süden. »Die ersten, die weggebracht wurden, waren diejenigen, die ein paar Tiere hatten oder lesen und schreiben konnten. Das war 1928 –«

»1929, *deduschka!*« kam eine Stimme aus der Küche.

»Wirklich? Ich war noch ein Junge. Ich stand die ganze Nacht am Fenster und sah, wie die Männer auf Lastwagen geladen wurden. Sie nahmen so viele mit, wie auf den Laster paßten.«

»Wohin?«

»So weit sie konnten. Bis hinter den Ural. Da haben sie sie hingebracht und ohne alles zurückgelassen. Es war mitten im Winter, Hunderte von Meilen gab es nichts um sie herum. Es war genauso, als hätten sie sie einfach umgebracht. Wir haben keinen von ihnen wiedergesehen.«

Nikolai selbst wurde 1931 verhaftet. Zusammen mit seinem Vater, seiner Mutter, Bruder und Schwester wurde er in die Steppe verfrachtet und in einem Haus ohne Türen und Fenster untergebracht. Da sie Volksfeinde waren, durften sie nicht arbeiten. Sie hatten einen Sack mit Getreide bei sich, und als der leer war, fingen sie an, nachts am Straßenrand nach Körnern zu suchen. Auf diese Art sammelten sie genug, um ein paar Pfannkuchen zu machen. Sie schafften es sogar, ein wenig für den Winter zurückzulegen. Doch dann kamen die Aktivisten und nahmen ihnen auch diese mageren Vorräte weg.

»Manchmal hörte man nachts ein Kratzen an der Tür. Das waren die Waisenkinder auf der Suche nach etwas zu essen. Am Morgen fanden wir sie, auf der Straße oder im Hof. Sie lagen da, wo sie zusammengebrochen waren. Was sollten wir tun? Wir hatten nichts. Wir waren praktisch selber tot.«

Nikolai und seine Familie überlebten so zwei Jahre lang.

Darja Daniilowna erschien in der Tür und wischte sich die Hände an der Schürze ab. »Sie kamen mit spitzen Stöcken in unsere Häuser. Damit bohrten sie Löcher in die Wände oder stocherten in Matratzen und Ställen auf der Suche nach etwas zu essen. Alle hatten Hunger, deswegen nahmen sie einfach alles Eßbare mit.«

»Und du?« fragte ich sie. »Hat man dich auch ins Exil geschickt?»

»Meine Familie wurde verhaftet. Aber meine Großmutter hat mich versteckt. Anderthalb Jahre war ich in ihrem Haus gerettet, auf dem Dachboden. Da kamen die Soldaten nicht hin. Ich beobachtete sie durch die Ritzen in den Dielen, wie sie ihre spitzen Stöcke in die Wände stießen.«

1935 kehrte Nikolai Gregorjewitsch in die Staniza zurück. »Mein Vater mußte im Wald leben, um den Leuten aus dem Weg zu gehen.«

Doch ein Jahr später entspannte sich die Lage. Ende 1936 garantierte die neue sowjetische Verfassung – auf dem Papier ein Musterbeispiel an Fairneß – die Rechte der Kosaken. Einige hatten immer noch Angst, doch andere fingen an, ihre alten

Sachen wieder herauszuholen. Gelegentlich besuchten sie sich an Feiertagen gegenseitig mit *papacha* oder im Tscherkessenrock.

»Abends hörte man, wie die alten Kosakenlieder gesungen wurden. Die Offiziere saßen mit ihren Akkordeons da. Sie erzählten ihre Geschichten, und ich war noch jung und dachte: Was für eine Welt haben sie gekannt? Ich war sicher, daß sie eines Tages wiederkommen würde.«

Nikolai runzelte die Stirn und betrachtete die Innenfläche seiner Hand. »Doch die ganze Zeit wurden sie von den Kadern beobachtet. Ein Jahr später wurden all diese Kosaken verhaftet. Sie waren immer sehr clever bei so was, diese Kader.«

Der 26. September 1937 war ein Sonntag. Nikolai hackte gerade Holz, als die Aktivisten kamen. »Wo ist dein Vater?« fragten sie.

»Ich war erst zwanzig und wagte zu fragen: ›Und wo ist euer Haftbefehl?‹ Aber sie hatten einen.« Nikolai wandte den Blick ab. »Natürlich hatten sie einen. Sie gingen in den Wald und fanden ihn.«

An diesem Tag wurden Hunderte von Männern verhaftet. Einen Monat später erschossen sie Nikolais Vater.

Darja Daniilowna kam mit einem Teller *pelmeni* aus der Küche. »Und all das nur, weil er kein Informant sein wollte.« Sie schüttelte den Kopf. »Iß nur, iß. Na komm schon, du mußt hungrig sein.«

Wir aßen schweigend. Zwei der Wände waren mit Teppichen behangen, und an der einen hing ein Paar zeremonieller *schaschky*. Nikolai saß genau darunter, Darja auf einem Hokker neben ihm. Er war bedrückt und rührte sein Essen nicht an.

Dann beugte er sich vor und erzählte weiter. Es gab eine Sache, vor allem eine Sache, die er nie hatte vergessen können; die würde er mir jetzt erzählen. Es war nicht das Gefühl der Schuld, die er am Tod seines Vaters zu haben glaubte, und auch nicht die Zeit, die er in der Steppe umhergestreift war oder die Jahre von Stalins Säuberungen. Es war eine Nacht im Jahr 1921, als er gerade vier Jahre alt war.

Damals, gleich nach dem Bürgerkrieg, hatte jede Gemeinde ihre eigene Gruppe von Kämpfern. Eines Nachts verabredeten sie sich zu einem *krug*. »Putzt euch heraus«, sagte ihr Ataman. »Zieht eure besten Kleider an – es ist ein besonderer Anlaß.«

Die Kosaken versammelten sich im Rat. Dort erwartete sie eine große Gruppe von Tscheka-Wachen. Sofort befahl man ihnen, sich auszuziehen. Sie wurden nackt ins Freie hinausgeführt. Einhundertachtzehn Männer.

»Ich war wach. In dieser Nacht hörten wir alle im Dorf einen schrecklichen Lärm. Aber es waren keine menschlichen Laute. Es klang wie Tiere …« Nikolai verbarg das Gesicht in den Händen; er schluchzte. »Es tut mir leid … es tut mir so leid.«

Die Kosaken, so erzählte er, wurden nicht erschossen. Die Tscheka hatte draußen eine Maschine aufgestellt, die benutzt wurde, um Schweine zu töten. Sie steckten einen Kosaken nach dem anderen hinein und hackten ihm den Kopf ab.

Später traten wir in Nikolais kleinen Hof hinaus. Er trug seine *tscherkesska* und den zeremoniellen *papacha*. »Er gehörte meinem Vater.«

Er blieb neben der Pforte stehen. Die Uniform wirkte unpassend an ihm. Er murmelte leise vor sich hin; ich hörte es kaum. Als ich ging, packte er mich am Arm und sah mich düster an. »Möge Gott dir bei deiner Arbeit beistehen. Verlier niemals die Wahrheit aus den Augen.«

Eine Kosakenhochzeit

Es war ein warmer Abend. Die Stadt Labinsk summte erwartungsvoll wie ein Publikum kurz vor dem Konzert. Man hörte Verkehrslärm, die Molkerei und aus der Ferne das blecherne Bumm-Bumm einer Militärkapelle. Ich saß auf dem Marktplatz und wartete auf einen »Volkskundler«, und während ich wartete, kam ich mit zwei Kosaken ins Gespräch, die auf der Bank saßen, Vater und Sohn. Sie waren aus ihrer Staniza gekommen, um eine Pferdeauktion zu besuchen.

»Hier wird heute ein wenig gefeiert«, sagte der Vater.

»Was ist denn der Anlaß?« fragte ich.

»Das kann ich dir nicht sagen.«

»Bestimmt irgendeine alte Schlacht, Vater.«

Der alte Mann verzog die Lippen und nickte.

Zu Beginn der sowjetischen Herrschaft war Labinsk eine solche Brutstätte für Dissidenten gewesen, daß die Behörden sich gezwungen sahen, seine gesamte Bevölkerung zu deportieren. Jetzt flatterten über unseren Köpfen einträchtig die russische und die kosakische Flagge vom Dach des Mir-Kinos. Die Hauswände waren mit allerlei Sprüchen beschmiert:

FRIEDE, SCHÖNHEIT, LIEBE UND WAHRHEIT –
DIE LEITSTERNE DES KOSAKENTUMS!
STELLT DIE EHRE DER KOSAKEN WIEDER HER!
ICH LIEBE DICH, RUSSLAND, MEIN GELIEBTES RUS!

In der lauen Abendluft seufzte der alte Mann und begann, von seiner Staniza und ihrer durch die Heuernte noch verstärkten Herzlichkeit, den schnellen Pferden, den Mädchen mit ihren Apfelbäckchen und von ihrer Verbindung zu dem großen Rebellen Kotschubei zu erzählen, die, da er nur im Flüsterton davon sprach, besonders innig gewesen sein mußte.

»Ich nehme an, du weißt, wer unser Kotschubei war?« fragte er.

Ich antwortete, ich sei in Kotschubejewskoje gewesen und habe die kantige Statue des Rebellen mit dem kämpferischen Gesicht gesehen. Außerdem hatte ich die Geschichte dieses Rotkosaken gelesen, der seinen Status als Volksheld nicht nur mit einer Bronzestatue in einer nach ihm benannten Staniza, sondern auch mit einem Roman besiegelt hatte. Es gab nur wenige Familien in Kuban, die Arkadi Perwenzews Werk *Kochubej* nicht besaßen. Daß sein Held ein Roter war, ein Märtyrer unter den Bolschewiken, die anschließend alles daran setzten, die Kosaken auszurotten, spielte eine geringere Rolle als die Tatsache, daß er ein feuriger Kuban- Kosak war, der weder lesen noch schreiben, dafür jedoch aus dem Stand in den Sattel springen konnte.

Nach der Revolution von 1917 war Kochubej zum Anführer jener Kosaken geworden, die sich General Denikins Weißen widersetzten. Seine äußerst bewegliche Armee operierte hinter den feindlichen Linien und vertrieb die »Blutsauger« immer wieder aus ihren Stellungen. Doch am Ende hatten die Weißen sie bis auf einen Trupp von gerade mal vierzehn Männern niedergemacht, die bei dem Versuch, durch die von Schneestürmen heimgesuchte Kalmyk-Wüste zu fliehen, gefangengenommen wurden. Sie säbelten alle zu Tode. Nur Kochubej selbst blieb verschont. Man wies ihm ein Quartier an, mit Personal und einem Bett mit Schaumstoffmatratze. Dann tauchte Denikin auf und bot ihm den Rang eines Obersten, wenn er zu den Weißen überträte. Kochubej lehnte ab und erklärte, er würde ihm mit größtem Vergnügen die Kehle aufschlitzen. Daraufhin wurde er ergriffen und unverzüglich gehenkt. Auf seiner Brust hatten sie ein Sperrholzschild mit der Aufschrift: »Roter Bandit Kochubej!« befestigt.

Der jüngere Kosak sah über den Marktplatz. »Aber es gab auch weiße Kochubejs, Vater.«

»Es gab alle möglichen Kochubejs.«

»Du hast gesagt, Puschkin hat über einen geschrieben.«

»Das stimmt. Denjenigen, der mit Mazepa liiert war, wenn man der Geschichte glauben darf. Und dann gab es noch einen Kochubej, der nach Afrika ging.«

»Nach Afrika?«

»Er hat dort eine Krokodilfarm gegründet. Aber die Sache ging schief.«

»Das ist bestimmt ein schwieriges Geschäft, Vater, Krokodile züchten.«

»Leicht ist es jedenfalls nicht.«

Als der Volkskundler endlich auftauchte, stellte sich heraus, daß er mit dem Ethnographischen Institut in Moskau zusammenarbeitete. Sein Name war Mischa Jefremowitsch. Er war ein blasser, angespannter Mensch um die Vierzig, der zu heftigen Gemütsausbrüchen neigte. Er bezeichnete sich selbst als Kuban-Kosaken, weil seine Großmutter ebenfalls Kuban-Kosakin gewesen war und er als Kind die Sommer dort verbracht hatte. Für ihn war das Kosakentum ein Schatz an unbefleckten Traditionen, zu denen er aufgrund seines Blutes und seiner Ausbildung den Schlüssel besaß.

In seinem schäbigen Büro stellte er sich vor den Schreibtisch und hämmerte mir als erstes seine wichtigste These ein: Die Kosaken seien Erben des größten technologischen Durchbruchs in der Geschichte der Menschheit.

»Was ist deiner Meinung nach einem Kosaken das Liebste auf der Welt? Sein *woisko*? Seine Staniza? Was glaubst du?«

»Sein Säbel?«

Mischa beugte sich dramatisch vor. »Sein Pferd!«

Dann erklärte er mir den Einfluß, den das Reiten auf die Geschichte gehabt hatte: wie berittene Bogenschützen die unflexiblen Streitwagen ersetzt und die Gerüchte darüber die Griechen dazu veranlaßt hatten, ein neues Tier zu erfinden, den Zentaur, um sich ihre Existenz zu erklären. Wie im Krieg, so auch in der Landwirtschaft: Während ein Mann zu Fuß im Höchstfall siebzig Schafe beaufsichtigen kann, bringt ein berittener Hirte es auf siebenhundert.

Es ist zwar kaum zu leugnen, daß das Reiten eines Pferdes – im Unterschied zum einfachen Vor-den-Wagen-Spannen – von Menschen entwickelt worden sein muß, die in dieser Gegend der Welt lebten, und daß in der Tat möglicherweise keine andere Erfindung eine solch weitreichende Wirkung auf den Lauf der Geschichte hatte, trotzdem antwortete ich, daß ich nicht glaubte, die Kosaken – oder sonst jemand, wenn wir schon dabei wären – könnten eine Blutsverwandtschaft zu diesen frühen Pferdemenschen nachweisen.

»Ich spreche nicht von Beweisen!« sagte Mischa. »Sieh dich um! Kennst du irgend jemanden, der von Pferden mehr versteht als wir Kosaken?«

Ich fragte Mischa, wie man die Stanizas in den Bergen erreichte, und er sagte, ich hätte Glück. Er führe am nächsten Tag zu einer Hochzeit nach Beslenejewskja.

An einem Morgen mit hellblauem Himmel verließen wir Labinsk und fuhren über eine lange, von Pappeln gesäumte Allee in Richtung der Berge. Irgendwann tauchte am Straßenrand ein großes sowjetisches Gebilde auf. Es stellte ein paar grob gearbeitete fliegende Schwäne, Weinblätter und eine mit Zöpfen geschmückte Frau dar, die Brot und Salz anbot. Daneben verkündete eine stählerne Plakette: »Staniza, gegr. 1861«.

In dieser Siedlung besuchten wir Ilja, Mischas Cousin. Er lag auf einer Bank vor seinem Haus und schlief. Auf seinem Bauch hatte sich eine Katze ausgestreckt. Als er aufwachte, scheuchte er sie weg, schwang die Beine auf den Boden, kratzte sich den Bart und zeigte auf einen Stapel neuer Ziegelsteine: »Um ein Haar wären sie alle geklaut worden.«

Die Ziegel waren für die neue Kirche geliefert worden. In der Nacht hatte Ilja seinen Hund bellen und jemand schreien hören. Am Morgen fand er ein paar verstreute Ziegel am Tor und ein blutbeflecktes Stück Stoff. Er zeigte uns den Fetzen. »Ich würde diese Leute nicht als Kosaken bezeichnen, was meint ihr? Als ich jung war, stahlen wir aus Jux schon mal ein Gartentor. Aber Ziegel für eine Kirche?«

Ilja war ebenfalls zu der Hochzeit eingeladen, also nahmen wir ihn im Wagen mit.

Die Ebene ging in ein tiefes Tal über. Hie und da brach das Gestein durch den Wald, doch zum größten Teil waren die Hänge grün gepolstert. Unten wichen die Bäume Feldern von halbgemähtem Gras, die sich über das ganze Tal erstreckten. Mischa erzählte von den kosakischen Hochzeitsbräuchen, als seien sie so etwas wie ein Programm.

»Die Kosaken haben immer das freie Leben, die *wolniza*, geliebt. Wenn sie Lust dazu hatten, haben sie schon vor der Hochzeit miteinander geschlafen. Es war völlig natürlich, im gleichen Bett zu schlafen, obgleich die jungen Mädchen normalerweise ihre Jungfräulichkeit behielten, bis sie verheiratet waren.«

Trotzdem wird die Zahl der Begriffe für ein illegitimes Kind in kosakischen Dialekten nur von denen für Waffen und verschiedene Fischspezies übertroffen. Wenn die Männer aus dem Krieg zurückkehrten, ließ die ganze Staniza ihre Werkzeuge fallen und lief hinaus, um sie zu begrüßen. Die jungen Frauen fielen vor dem Pferd ihres Mannes auf die Knie und dankten ihm für seine gesunde Heimkehr. Wenn die Frau die Augen dabei nicht zu ihm erhob, war klar, daß sie ihm untreu gewesen war, und wenn sie gar nicht erst herauskam, um ihn willkommen zu heißen, bedeutete es, daß es ihr nicht einmal leid tat. Es gab bestimmte Redensarten, die ihn daran hindern sollten, sie allzusehr zu schlagen: »Grüne Trauben sind nicht süß, mein Herr... Die Jugend hat weder Sinn noch Verstand...«

Die Staniza Beslenejewskja lag an einem Fluß, der Hodz hieß, und war eine schmutzige Ansammlung von Häusern um die ehemaligen Kolchosen-Gebäude. Ilja führte uns durch eine Reihe von Hütten, die mit Hecken säuberlich voneinander abgegrenzt waren. Vor einer Hütte stand ein Tisch. Eine Gruppe von Dorfbewohnern stand, saß oder lagerte um ihn herum im Gras. Irgend jemand spielte Akkordeon, und von einem Ende des Tisches erscholl rauhes Gelächter. Das Hochzeitspaar saß schweigend am anderen Ende, halb verdeckt von Flaschen und Blumen.

»Ilja?« Ein Mann mit blondem Schnurrbart packte Mischas Cousin und küßte ihn auf die Lippen. Ilja schob ihn beiseite und griff nach einer der Flaschen. Mischa fing an, die »folkloristischen Aspekte« der Versammlung zu erläutern.

So verging der Nachmittag mit einem ausgiebigen Gelage. Man aß, man trank, man spielte Akkordeon und schwelgte in Erinnerungen. Die Wolken stiegen von den Berggipfeln herab, lösten sich auf und verschwanden. Jetzt kam die Sonne durch und spielte auf dem mit Perlmuttknöpfen besetzten Kleid der Braut. Sie unterdrückte ein Gähnen. Um vier Uhr warf sie ihrem Ehemann einen Blick zu, und beide standen auf, um sich zu verabschieden. Sie fuhren zurück nach Stawropol. Dort lebten und arbeiteten sie schon seit ein paar Jahren. Während die

Braut sich aus der erstickenden Umarmung ihrer Großmutter befreite, setzte ihr Mann eine dunkle Brille auf und ließ den Wagen an. Er wendete auf der Wiese, öffnete seiner Braut den Schlag, und dann fuhren sie davon, hinab ins Tal, wo sie, in eine Staubwolke gehüllt, hinter den Hügeln verschwanden.

Das Fest ging weiter. Der Abend senkte sich auf den Garten herab, und plötzlich brach um mich herum eine lange unterdrückte Wut auf.

»Die Kosaken waren ohnehin nur noch ein Häuflein Elend, und sie haben uns den Todesstoß versetzt.«

»Haben auf uns rumgetrampelt, als wären wir Dreck.«

»Haben uns unser Brot weggenommen und verhungern lassen.«

Maxim, der mir gegenüber saß, hatte ein von der Sonne verbranntes Gesicht mit vielen Runzeln. Er gluckste leise in sich hinein und hielt dann einen langen Monolog über seine Zeit in den dreißiger Jahren.

»Die Partei schickte uns die Genossen her, aber leider waren nicht alle sehr genossenschaftlich gesinnt. Es waren Provokateure – und ihre Masche ging so: Wenn ihr nicht freiwillig im Kollektiv arbeiten wollt, bitte sehr, dann könnt ihr auch unter der Knute schuften. Es endete mit meinem Vater. Das war am zwölften Februar –«

»In welchem Jahr, Maxim?« unterbrach ich ihn.

»Jahr?« Er nahm einen Zug von seiner Zigarette. »Wie soll ich wissen, welches Jahr das war? Es war der zwölfte Februar, das reicht. Na, jedenfalls hatten sie Befehl, meinen Vater zu verhaften, und das haben sie auch getan. Nach zwei Wochen kamen sie wieder, um auch uns Jungen abzuholen. Wir waren noch klein, und trotzdem steckten sie uns in Waggons, zusammen mit vielen anderen Kindern. In Pjatigorsk fuhren wir in einem Zug, auf den sie in großen Buchstaben FREIWILLIGE AUSWANDERER gepinselt hatten. Und für den Fall, daß diese freiwilligen Auswanderer auf die Idee kommen sollten, wegzulaufen, gaben sie uns bewaffnete Wächter mit.

Schließlich traf ich meinen Vater und viele andere freiwillige Auswanderer wieder, und wir kamen alle zusammen zum Oblast Perm im Norden des Ural. So haben sie versucht, die Kosaken auszurotten, und so bauten sie ihr neues Rußland auf – indem sie die Leute in Chemiewerke und Kraftwerke schickten und sie Stollen bauen ließen, und das alles für ein Stück Brot und ein Paar Holzstiefel.«

Ich fragte ihn, was er von Perm in Erinnerung behalten hätte.

»Oh, wir haben uns irgendwie durchgeschlagen, wir hatten ein paar Kühe, ein Holzhaus, und wir Kinder zogen immer los und spielten in einer Kirche. Da gab es eine große Glocke, die war so groß wie eine Küche. Wir kletterten zu fünft oder sechst hinauf und setzten sie in Bewegung. Man konnte über eine flache Ebene sehen – sie sagten, es gäbe auch Berge da oben, aber sie haben keine Ahnung, was Berge sind! Wenn wir die Glocke schwangen, machte sie Dong! – Dong! – Dong!, so laut, daß manche Jungs sich nicht auf den Beinen halten konnten. Eines Tages kamen wir wieder zu der Kirche, und ein paar Männer waren dabei, die Glocke zu zerschlagen. Sie sagten, sie bräuchten sie für einen Traktor. Und zu uns sagten sie, wir sollten arbeiten.« Maxim wandte den Blick ab und schüttelte den Kopf. »Ich war zehn, als sie mich hier wegholten, aber zurückgekommen bin ich erst mit dreißig.«

Er hielt wieder inne, und die anderen am Tisch nutzten die Pause, um ihre eigenen Geschichten zum besten zu geben. Nur wenige konnten sich noch direkt an den Bürgerkrieg erinnern, aber alle kannten die Geschichten, wie die Weißen in die Staniza geritten kamen und den Leuten die Köpfe abschlugen, und wie, als die Roten kamen, sie es genauso gemacht hatten und die Grünen danach auch nicht besser gewesen waren. Doch die

Gründung der Kolchose 1933 lag schon näher, und die meisten Leute erinnerten sich, wer sie eingeführt hatte: Typen aus der Stadt mit brutalen Gesichtern, die sich bei Kräften hielten, indem sie Töpfe voller Huhn und gekochten Fisch verschlangen, während andere Hunger litten. Als Kinder hatten die Kosaken diese Männer über ihr Soll diskutieren sehen und nicht verstanden, wer die Kulaken und Hamsterer eigentlich sein sollten, von denen sie sprachen, denn alle Leute, die sie kannten, lebten von Gras und Wasser und waren zu schwach, um auch nur ihre Toten herauszutragen.

»Wir hungerten. Unsere Bäuche schwollen auf. Wir starben.«

Tatjana Michailowna hatte ein blasses Gesicht, das von einem cremefarbenen Kopftuch umhüllt war. Sie sprach leise. Sie hatte sich in einem Baum versteckt, als die ersten kamen, und von dort aus beobachtet, wie sie die Kulaken zusammentrieben. »Natürlich waren das keine richtigen Kulaken. Es waren Leute wie wir.«

Sie stellten sie in einer Reihe auf. Sie zählte achtzehn. Und ein Aktivist ging hinter ihnen entlang und schoß einen nach dem anderen in den Kopf.

Zwei Jahre später kamen sie wieder. »Ich aß gerade zu Mittag, als ich die Glocke hörte.«

Durchs Fenster sah sie Rauch aus der Kirche kommen. »Mama! Mama!« rief sie. »Die Kirche brennt!«

Tatjana hatte mit angesehen, wie der Turm erst geschmolzen und dann umgestürzt war wie eine Kerze. »Sie sagten, es sei der Priester gewesen, und nahmen ihn mit –« Sie blickte mich an. Die Jahrzehnte hatten es nicht vermocht, ihre Verwirrung zu mindern. »Haben sie uns für solche Dummköpfe gehalten? Warum sollte ein Priester seine eigene Kirche in Brand setzen?«

Am anderen Ende des Tisches saß Tatjanas Mann beim Armdrücken. Mit bloßem Oberkörper hockte er im Kreis seiner Kumpel, die zusahen und johlten, als er und ein anderer die

Hände verschränkten. Tatjana beobachtete ihn aus der Ferne und erzählte mir leise, wie eifrig er sich der Kosakenbewegung angeschlossen hatte, als sie vor ein paar Jahren begann, und wie er immer noch jeden Monat mit den anderen zum *krug* ging, während das Leben für sie und ihre Enkelin nur immer schlimmer wurde. Er liebte seine Enkelin abgöttisch, sicher, er würde alles für sie tun – diese schmale Gestalt, die da auf der Türschwelle der Hütte saß. Aber sie mußten irgendwo Geld für die Medizin auftreiben, und wie sollte sie ihrem Mann erzählen, daß es seinem geliebten Mädchen, seiner kleinen Anetschka gar nicht gut ging und daß sie erst letzte Woche zum dritten Mal versucht hatte, sich umzubringen?

Bis spät in die Nacht wurde gesungen. Ich schlief in einer der Hütten auf dem Fußboden und brach am nächsten Morgen in aller Frühe auf. Die Luft war still, und der Rauch stieg wie transparente Kirchtürme aus den Schornsteinen auf. Ganz oben auf dem Kamm ragte ein großer kahler Felsen aus der Seite des Hangs. Ich folgte dem Pfad durch sonnige Eichenwälder und kam zu einer Wiese, die sich um den Fuß des Felsens erstreckte. Auf drei Seiten bestand er aus nacktem Gestein, und von seiner Spitze aus konnte man die Berge im Süden sehen, deren Gipfel vom Schnee porzellanweiß gefärbt waren.

Während der kaukasischen Kriege im neunzehnten Jahrhundert hatte ein berühmter adygischer Reiter sich von diesem Felsen aus in den Tod gestürzt, um nicht den Russen in die Hände zu fallen, die ihn verfolgten. Diese Geschichte hatte man mir in der Staniza mit großem Vergnügen erzählt – nicht etwa, weil es um den Tod eines Feindes ging, sondern weil es eine so stolze Geste war. Im allgemeinen zeigten die Kosaken während der kaukasischen Kriege sehr viel mehr Respekt für ihren Feind als für die russischen Berufssoldaten, die ihnen im Süden zu Hilfe kamen.

Ich stieg den Hang hinab, überquerte einen Fluß und erreichte die nächste Staniza von hinten. Dort stieß ich auf einen Mann namens Igor Wassiljewitsch, der in seinem Garten saß und, die Hände auf die Knie gestützt, zwei Stockrosen betrachtete. Er schleppte einen zweiten Stuhl herbei, und dann saßen wir nebeneinander und betrachteten gemeinsam die Stockrosen.

»Ich erinnere mich, daß wir den letzten echten Ataman hatten, als ich noch ein kleiner Junge war. Er war hundertfünfzehn Jahre alt, konnte aber noch reiten wie ein junger Gott.« Der Ataman hatte in der Privatgarde von Zar Alexander III. gedient. Einmal war er zu Igor gekommen und hatte ihm die Ohren langgezogen, weil er so ein Schlingel war. »Das war typisch für ihn. Wenn er behauptet hätte, er sei der Zar höchstpersönlich, ich hätte es ihm abgenommen.«

Igor schüttelte den Kopf und lächelte bei der Erinnerung, dann sagte er: »Ich wünschte, meine Luscha wäre hier. Sie hätte dir Geschichten erzählen können.«

Seine Luscha war zwei Jahre zuvor gestorben. Sie waren vierzig Jahre verheiratet gewesen, und am Morgen nach der Beerdigung wußte er nicht, was er tun sollte. Er saß in ihrem gemeinsamen Wohnzimmer, stützte die Hände auf die Knie und starrte auf ihr handkoloriertes Hochzeitsfoto. »Nach zwei Tagen habe ich mir gesagt: Igor Wassiljewitsch, du kannst nicht für den Rest deines Lebens am Ofen sitzen!«

Also verließ er die Staniza und zog los. Er ging ziemlich weit, bis er sich an der Küste einer Reisegruppe anschloß, um das Land zu verlassen. Nach viereinhalb Monaten kam er nach Jerusalem. Dort wußte er erst recht nicht, was er tun sollte. Überall Moslems, und niemand sprach Russisch. Doch er fand die Russische Kirche im Garten Getsemane und das Kloster auf dem Ölberg. Er verbrachte lange Zeit in dem Kloster und betete jeden Tag für seine Frau. Als er seine Gebete beendet hatte, verließ er die Heilige Stadt wieder. Nach weiteren fünf Monaten kehrte er in seine Staniza zurück. Die ganze Reise hatte ein Jahr gedauert. Aber es ging ihm besser, nachdem er sie auf sich genommen hatte, viel besser.

»Komm, ich zeig dir was.« Igor stand auf und führte mich ins Haus. Es gab nur zwei Räume und einen großen Ziegelofen, der in die Zwischenwand eingelassen war. Die Fenster, alle Tische und die Kissen auf dem leeren Bett seiner Frau waren mit Handarbeiten aus feinsten Spitzen bedeckt. »Das ist Luschas Werk. Es machte ihr Spaß, diese Spitzen zu klöppeln.«

Schließlich deutete er auf ein Touristenplakat von Jerusalem, das vom Ölberg aus aufgenommen war. Wir standen einen Augenblick davor. Dann tippte er mit dem Finger darauf und sagte: »In dieser Kirche gibt es siebenundsiebzig Glaubensrichtungen, die alle zusammen beten. Nur Christen, keine Moslems. Ist das nicht schön?«

»Sehr schön«, pflichtete ich ihm bei. Doch sein Finger zeigte nicht auf eine Kirche, sondern auf die Moschee neben dem Felsendom. Ich brachte es nicht übers Herz, ihn zu korrigieren.

Sascha war ein junger Landmaschinenbauer, der in der Staniza lebte und nach Stawropol fuhr, um seine Verlobte zu besuchen. Er sagte, er könne mich mitnehmen. Doch als wir losfuhren, war es schon spät. Irgendwo hinter Labinsk rieb sich Sascha das Kinn und erklärte, wir sollten uns besser nach einer Unterkunft für die Nacht umsehen.

»Wir fahren nach Urmikha.«

Urmikha war ein kleines Dorf, wo er als Student seine Sommerferien verbracht hatte. Dort lebte ein Freund von ihm namens Gennadi, den er seit Jahren nicht gesehen hatte. Sie hätten damals allerlei brenzlige Situationen erlebt, sagte er, und als wir ins Dorf kamen und hinter einer Gruppe von Kühen herschlichen, die gemächlich zum Stall zurücktrotteten, erzählte er mir von einer Reise in den Ural, die sie einmal zusammen unternommen hatten.

Sie hatten an einem kleinen Bahnhof auf den Zug nach Perm gewartet, *samogon* getrunken und herumgealbert. Damals galt noch Gorbatschows Alkoholverbot. Zwei Polizisten waren aufgetaucht, noch ehe der Zug da war, hatten Gennadi und Sascha verhaftet und sie in eine Zelle geworfen. Dort waren sie dann von mehreren anderen Polizisten verprügelt und ausgeraubt worden. Im Morgengrauen hatten die Polizisten Mitleid mit Gennadi und Sascha gehabt und erklärt, sie würden sie im Wagen nach Perm bringen. Sie waren eine Weile gefahren, bis die Polizisten auf eine Reihe Lichter in der Ferne deuteten und gesagt hatten: »Perm. Von hier aus geht ihr lieber zu Fuß weiter.«

Sie waren sehr schnell marschiert, denn es war bitterkalt, und sie hatten die meisten ihrer Kleider eingebüßt. Der Stadtrand von Perm kam näher. Doch als sie ihn erreichten, hatten sie feststellen müssen, daß es nicht Perm war, sondern eine geheime Militäranlage, die mit Stacheldraht eingezäunt war. Bewaffnete Wachen hatten gedroht, sie zu verhaften, wenn sie sich nicht aus dem Staub machten. In der ersten Dämmerung waren sie zu einem Dorf gekommen. Dort hatte man ihnen ein Dach über dem Kopf und etwas zu essen und anzuziehen gegeben. Die Dorfbewohner hatten sogar das Geld für ihre Heimfahrt zusammengebracht.

»In unserem Land trifft man immer auf freundliche Leute«, sagte Sascha.

Doch die Zeiten hatten sich verändert in Urmikha. Wir fanden Gennadis Mutter. Sie lebte allein in einem kleinen Gehöft und schloß gerade das Scheunentor für die Nacht ab. Zwei Eimer Milch standen neben ihr.

»Ja, ich erinnere mich an dich, Sascha. Aber das ist eine Ewigkeit her.«

»Zehn Jahre.«

»Zehn Jahre.« Gennadis Mutter schüttelte den Kopf. »Tja, alles ist anders geworden. Als du Gennadi kanntest, hatte er noch ein sonniges Gemüt. Aber jetzt trinkt er. Er kommt mich besuchen, sitzt am Küchentisch und weint die ganze Zeit. Seine Frau ist Zeugin Jehovas. Und er ist kein richtiger Mann mehr.«

Sie gab uns Gennadis neue Adresse, bückte sich nach den Milcheimern und ging quer über den Hof davon.

In der Steppe war es schon dunkel. Die Straße führte durch ausgedehnte Roggenfelder, die im Mondlicht leuchteten. Wir fuhren mehr als eine Stunde. Am Kontrollpunkt auf der Durchgangsstraße wurden wir von einem Polizisten ausgiebig verhört. Es war schon beinahe Mitternacht, als wir vor einem kleinen Mietshaus parkten. Mehrere Männer saßen wegen der Hitze draußen.

»Wohnt hier vielleicht ein gewisser Gennadi?« fragten wir.

»Allerdings.«

»Ist er zu Hause?«

»Ist gerade gekommen, besoffen wie üblich.«

Gennadi saß mit bis zum Bauch aufgeknöpftem Hemd in seiner Küche. Auf seiner Stirn glänzten Schweißperlen. Er freute sich sehr, Sascha wiederzusehen, und umarmte ihn. Bald standen Schüsseln mit Gemüse und Fisch und Wodka auf dem Küchentisch.

Die verlorenen Jahre füllten die Seiten eines mit Blumen geschmückten Fotoalbums. Gennadi blätterte mit der aufgesetzten Fröhlichkeit des Alkoholikers darin. Sascha nickte nur als Reaktion auf die erste Frau, ihr Kind, einen Job in Astrachan, dann die erste Kosaken-Parade, die Versammlungen und die neue Uniform. Einen Augenblick später stand Gennadi auf, um die Uniform aus dem Nebenzimmer zu holen. Er zog sie an – ein schmaler brauner Hut aus Astrachan und eine blaßgrüne *tscherkesska* mit einer Reihe falscher Tressen auf der Brust.

»Sie hat mich einen ganzen Monatslohn gekostet, Sasch – aber sieh dir bloß an, wie gut sie genäht ist!«

Einen Moment lang stand er so vor uns – ein wiedergeborener Kosak der alten Garde, ein tapferer, stolzer Kosak von der kaukasischen Front, ein furchtloser, Grenzen bewachender Kosak. Dann nahm er den Umhang ab. »Das ist alles nichts mehr wert, Sasch. Nichts ist mehr richtig gut.«

Gennadi hatte die Bewegung verlassen, als er herausfand, daß sein Ataman sechzehn Jahre wegen Vergewaltigung gesessen hatte.

Das erste Morgenlicht fiel auf das Durcheinander von Gennadis Wohnung. In der Nähe von Stawropol sah ich Saschas Wagen nach, der sich in den Verkehr einfädelte. Ich erwischte einen Bus und fuhr wieder Richtung Osten. Mein Ziel war die schmale Lücke im Kaukasus, die als georgische Militärstraße bekannt ist.

Doch zuerst erwartete mich am Fuß der Berge eine weitere Manifestation des russischen Glaubens: die Stadt Kislowodsk, die sich dem Gesundheitskult verschrieben hatte.

Eine kurze Geschichte des Wodka

Kislowodsk ist ein Kurort. Er verdankt seine gesamte Existenz einigen Felsspalten im Berg, aus denen kohlensäurehaltiges Wasser mit dem metallischen Geschmack von Blut sprudelt. Ein alter Kosak, den ich dort kennenlernte, lachte, als er mir erzählte, wie sein Ururgroßvater diese Spalten mit Brettern zudeckte, damit sein Vieh nicht hineinfiel. Doch als die Russen die kriegerischen Stämme in der Umgebung befriedet hatten, übernahmen sie ihre Überzeugung, daß die Bläschen im Wasser heilende Kräfte enthielten, die das Leben verlängern und Gonnorhöe lindern können.

Durch seine Gebirgslage wurde der Kurort zu einer unwiderstehlichen Mischung aus Gesundheit und Müßiggang. Die Eisenbahn brachte Industrielle mit finsteren Gesichtern aus den Städten im Norden nach Kislowodsk. Sie kamen in schwarzen Anzügen, ihre Frauen trugen unbequeme Röcke, spannten ihre Sonnenschirme auf und warfen den männlichen Bergbewohnern heimliche Blicke zu. Blasse Töchter wurden spazierengeführt in der Hoffnung, daß sie einem der Offiziere ins Auge stachen, die sich in monatelangen Kämpfen bewiesen hatten und sich hier erholten.

Und die Quellen selbst, um die sich alles in der Stadt drehte, putzten sich immer extravaganter heraus, bis sie aussahen wie osmanische *kiosques,* gotische Galerien und Hindu-Tempel. Damals wie heute begann jeder Tag mit einer Schlange von gebeugten Bittstellern, die mit Bechern und Plastikflaschen vor diesen Gebäuden auf die Ankunft der Oberpriesterinnen warteten: weißbeschürzte, gebieterische Matronen, denen das Klappern von Gefängnisschlüsseln vorauseilte.

Jedermann war krank in Kislowodsk – oder zumindest bildete jedermann sich ein, es könne ihm besser gehen. Obwohl die Sowjets so viel Wert auf Vernunft gelegt hatten, war das Thema Gesundheit in Rußland immer im Bereich blinden Glaubens verankert geblieben, und es gab Zeiten, in denen die Stadt mir wie das Hauptquartier einer radikalen neuen Sekte erschien. Entlang der kopfsteingepflasterten Gassen saßen Verkäufer vor Zeichentischen, die mit allerlei Heilmitteln beladen waren – Kräutertinkturen, Analgetika, Antihistaminen, schleimlösenden Mitteln, Einwegspritzen, Zäpfchen, Kräuterstengeln. Auf jeder Flasche des örtlichen Mineralwassers war eine Liste von Krankheiten verzeichnet, gegen die es wirksam war: chronische Gastritis (mit hoher und normaler Magensäure), Magen- und Zwölffingerdarmgeschwüre, geschwollene Lippen, schlaffe Hoden, Gallensteine, Diabetes. Auf Reklameflächen wurden Comedy-Shows als »Lachkur« verkauft. Plakate warben für ein lärmendes Gefolge von Quacksalbern und Spinnern. Auf Laternenpfähle oder nackte Wände gekleistert grinsten einem Männer entgegen, die für ein paar tausend Rubel Glück versprachen. Einer garantierte perfekte Gesundheit durch vollständige Stille, ein anderer bot »reine Energie« an, wieder ein anderer behauptete, der erste »ganze Mensch des 20. Jahrhunderts« zu sein.

Nach monatelangen Wanderungen durch die Steppe war ich bereit, meine Ungläubigkeit zu vergessen und mich mit der Vorstellung anzufreunden, daß Kislowodsk mich auf die eine oder andere Art wiederherstellen würde. Es war kein Problem, mich dem lässigen Genesungsrhythmus der Stadt anzupassen, durch die blumengeschmückten Promenaden oder die bewaldeten Parks zu schlendern. Ich genoß das Wasser – ich trank es, badete darin, saß in seinem heißen Dampf. Ich ließ mir aus der Hand lesen und meine Bioenergie messen. Ich ging ins Kasino und verlor fünfzig Dollar, ich ging zum Frisör und ließ mich rasieren, aß hauchdünn geschnittenen *basturma* im Intourist Hotel, ging wieder zum Kasino, gewann fünfzig Dollar und achtete die ganze Zeit darauf, die Gipfel hinter der Stadt im Auge zu behalten, damit mich die Freuden des Kurorts nicht allzulange von meinem Zickzackkurs Richtung Süden abhielten.

Ebensostark entwickelt wie die Leidenschaft der Russen für volkstümliche Heilmittel und Mineralwasser ist die, sich mit starken Alkoholika zu kurieren. Natalja Petrowna, eine ältere Frau, bei der ich mich in Kislowodsk eingemietet hatte, sagte immer: »Sie haben Rußland vertrunken, weißt du, es einfach vertrunken!« Außerdem war sie eine Expertin für die örtlichen Buslinien.

Ihr Arbeitsleben hatte sie als Lehrerin für Ideologie verbracht – »Erleuchtung für das Volk« sagte sie dazu. Ihre kleine Pension brachte ihr zehn Dollar im Monat ein, und mit dem Geld, das sie von mir bekam, würde sie ihren Enkeln Eis kaufen, wenn sie im Juli zu Besuch kamen. Es waren gute Kinder, sagte sie, ein bißchen wild vielleicht und manchmal etwas ungezogen, aber Kinder heutzutage – was sollte man machen?

Ich schlief auf dem Balkon zwischen Reihen von Gläsern mit sauren Gürkchen und Zweigen getrockneten Estragons. Am Morgen fiel die Sonne durch den Baldachin junger Walnußblätter und tauchte den ganzen Balkon in Licht. Ich lauschte Natalja Petrowna, die den Hunden Brotstücke in den Hof warf: »Marontschik! Sobatschka!«

Wenn es kein Feiertag war, verbrachte sie den Tag mit der Arbeit auf ihrer *datscha*, einer kleinen Parzelle Land, die sie erreichte, indem sie die Linie 52 bis zum Postamt nahm und dort auf die 10 wartete. Es war sehr heiß in dieser Woche. Jeden Abend kam sie erschöpft zurück und legte kalte Kompressen auf ihre Beine. Jedesmal hatte sie die Taschen voller Radieschen. »Es hat nicht geregnet, deshalb sind sie klein – aber so sind sie kräftiger im Geschmack.«

Natalja Petrowna hatte zwei Söhne, zwei unbekümmerte Jungs, die von einem Schwarzweißfoto an der Küchenwand auf uns herabblickten. Sie standen lässig grinsend nebeneinander, im Hintergrund erhob sich der Elbrus. Sie waren zusammen in Afghanistan gewesen, hatten lange Briefe nach Hause geschrieben und Fotos von sich in Uniform geschickt. Doch dann waren Nataljas Söhne getrennt heimgekommen. Jeder in einem Sarg.

»Sie haben alles vertrunken«, sagte sie. »Diese Generäle haben das Leben der armen Jungs einfach vertrunken.«

Nach mehreren Tagen in Kislowodsk war ich froh, wieder abzureisen.

»Nimm die 38 aus der Stadt. Dann steig um in einen kleinen Bus nach Uzteken, einen dieser buckligen Busse, einen alten Kuban ...«

Natalja Petrowna sah es gar nicht gern, daß ich weiterreiste. Die Berge wimmelten nur so von Banditen, erzählte sie, sie würden herumballern und bei Nacht die Leute entführen. Doch nach der ungesunden Mattigkeit in Kislowodsk fand ich die Bedrohung durch Banditen eher verlockend.

Gleich hinter der Stadt passierten wir die Grenze von Rußland zur Republik der Karatschaier und Tscherkessen. Unweit von Uzteken stieg ich aus und machte mich zu Fuß auf den Weg über eine baumlose Sommerwiese. Das Land fiel allmählich ab. Den ganzen Morgen folgte ich einem Fluß durch ein tiefes Tal. Am klaren Himmel über mir schwebten Bartgeier. Das Gras unter meinen Füßen war feucht und frisch. Der eine Hang war dicht mit Haselnußsträuchern bewachsen, der andere steinig, ausgetrocknet und mit Dornensträuchern übersät. Eine Weile saß ich in großer Höhe und beobachtete ein paar Karatschaier auf Ponys, die hinter einer ausgerissenen jungen Kuh herjagten. Sie schlugen sie mit einem langen Stock, warfen ein Lasso und verfehlten sie. Sie platschten durch den Fluß und wieder zurück, trieben die Ponys die Hügel hinauf und verloren das Tier schließlich im Wald. Erst als es die Nase voll vom Flüchten hatte und neben dem Fluß stehenblieb, um zu grasen, erwischten sie es.

Die heißen Mittagsstunden verbrachte ich unter einer Esche. Ich las und schlief, dann wurde das Licht trüber, und ein warmer Wind trieb aus dem Tal empor. Am späten Nachmittag überquerte ich die Grenze wieder zurück nach Rußland.

Ich kam zu einer verlassenen Pumpstation an einem See. Durch die Bäume führte ein tief eingefurchter Weg, und quer über den Furchen lag eine Gestalt. Ich dachte zuerst, sie sei tot. Dann kam ein Kind und hockte sich neben sie. »Großvater! Großvater!«

Die Gestalt gab nur ein Grunzen von sich.

»Komm nach Hause, Großvater, wir haben dich alle lieb!«

»Niemand hat mich lieb.«

»Wir haben dich alle lieb!«

Als das Kind mich sah, rannte es weg, und der alte Mann spähte in meine Richtung. Er kniff die Augen zusammen und nahm mich ins Visier. »Was für einer bist du denn?«

»Ein Ausländer.«

»Mach dich nicht lustig über mich.« Er lag da und murmelte vor sich hin. »Da haben wir's. Alle treiben ihre Scherze mit mir.« Dann hob er einen Arm zum Himmel und stieß einen langen, gequälten Seufzer aus, der in einen tränenreichen Strom von Beschimpfungen überging. »Was für ein Idiot ich bin! Ein Narr! Ein Holzkopf! Soll der Teufel mich holen –«

Schließlich kam ein Pferdewagen um die Ecke, und der Mann, der auf dem Kutschbock saß, schüttelte mißbilligend den Kopf. »Nicht schon wieder, Michail Stepanowitsch!« Ich half ihm, den Mann auf den Wagen zu hieven. Eins der Beine fiel über die Radachse, wir hoben es wieder auf, und der Wagen fuhr los Richtung Wald.

Ich setzte meinen Weg durch das Tal fort.

Trinken ist das ganze Glück der Russen. Wir können nicht darauf verzichten.

Mit diesen Worten hatte Prinz Wladimir im zehnten Jahrhundert erklärt, warum sein Volk den Islam nie akzeptieren würde und warum daher das Christentum Staatsreligion in Rußland bleiben würde. Er sollte nie erfahren, daß sein Land tausend Jahre später den höchsten Pro-Kopf- Alkoholverbrauch der Welt haben würde und jeder russische Mann im Durchschnitt alle zwei Tage eine Flasche Wodka verputzte.

Doch zur Zeit von Prinz Wladimir gab es noch keinen Wodka. Es gab *syta* (Met), *vino, kwass* und *berosoviza* (Birkensaftwein). Die Kunst der Destillation erreichte Rußland auf demselben Weg wie Schießpulver und Geschlechtskrankheiten – durch Kontakt mit dem Westen.

1386 brachten Gesandte aus Genua ein paar Flakons des sogenannten *aqua vitae* mit nach Moskau. Die farblose Flüssigkeit war derart stark, daß die Russen sie zunächst nur für medizinische Zwecke geeignet hielten. Doch es dauerte nicht lange, bis in einem russischen Wörterbuch der Eintrag eines verballhornten englischen Ausdrucks erschien: *Gimi drenki okowiten.*

Bald lernte die Regierung die glückliche Verbindung zwischen Herrschaft über das Volk und Kontrolle über den Alkohol schätzen. Indem sie sich das Monopol für destillierten Alkohol sicherte, konnte sie die staatlichen Steuereinnahmen erheblich steigern. Je mehr getrunken wurde, desto mehr Steuern nahm der Staat ein. Im neunzehnten Jahrhundert, als an zahlreichen Fronten teure Kriege geführt wurden, machte die Besteuerung von Alkohol vierzig Prozent der öffentlichen Einnahmen aus. Das Staatsmonopol aufzugeben war eine Geste, zu der nur die mächtigsten russischen Führer imstande waren – Peter I., Katharina II. und Nikolaus I. Ebenso war der gelegentliche Versuch zur Prohibition immer charakteristisch für ein Regime, das die Richtung verloren hatte. Nikolaus II. versuchte es 1914. Die Bolschewiken hielten das Verbot während ihrer ersten chaotischen Jahre aufrecht und fühlten sich erst 1926 sicher genug, um die Zügel etwas zu lockern. Doch die verheerendste Prohibition von allen war die unter Gorbatschow.

1985, als die Weinberge vernichtet und die Wodkaproduktion auf ein Minimum reduziert wurde, griffen sowjetische Trinker auf ihre hochentwickelte Gewohnheit der Improvisation zurück. Lacke, Klebemittel, Fensterreiniger und Bremsflüssigkeiten kamen zum Einsatz. Zahnpasta in ausreichender Menge konnte eine ähnliche Wirkung produzieren wie Wodka, nur wegen der darin enthaltenen Toxine. Der Kauf von Eau de Cologne – auch »Intellektuellendrink« genannt – vor zwei Uhr nachmittags war verboten und im übrigen auf zwei Flaschen pro Person beschränkt. Gleichgültig sahen Geschäftsleute mit an, wie verzweifelte Kunden noch am Tresen Flaschen mit Haartonikum hinunterstürzten.

Die Wurzeln dieser innovativen Form des Trinkens lagen in den siebziger Jahren, als der Inhalt von Medizinschränkchen und Besenkammern unerwartete Funde zutage förderte. Der beste Chronist dieses leichtsinnigen Kults war Wenedikt Jerofejew, der fest davon überzeugt war, daß Trinken für einen Sowjetmenschen die einzig wahre Methode des Ausdrucks seiner Persönlichkeit ist, der einzig ehrliche Akt in einer unehrlichen Welt. In seinem Buch *Moskwa-Petuschki (Die Reise nach Petuschki)* findet sich eine fachkundig zusammengestellte Liste von Cocktails mit Namen wie »Jordanwellen« oder »Lenins Lady«. Für den »Kanaanbalsam« empfahl er Brennspiritus, dunkles Bier und gereinigte Politur. »Schweinegekröse« (»ein Getränk, das jedes andere in den Schatten stellt«) war eine Mischung aus Shiguli-Bier, Haarshampoo »Nacht auf dem kahlen Berge«, Anti-Schuppenmittel, 13-F-Kleber und Bremsflüssigkeit; »Komsomolzenträne« ein Verschnitt verschiedener flüssiger Kosmetika (darunter Lavendelwasser und Nagellack), dessen Wirkung von der akkuraten Art des Umrührens abhing. Dazu durfte nämlich nur ein Zweig Jelängerjelieber benutzt werden: »Ich platze vor Lachen, wenn ich sehe, wie andere mit Hexenzwirn in der ›Träne‹ herumrühren statt mit Jelängerjelieber.«

In einem entsprechenden Führer stieß ich auf mehrere Rezepte zur Erzeugung eines Rauschs, die entwickelt worden waren, um Gorbatschows Alkoholverbot zu begegnen:

1. Man streiche schwarzes Bohnerwachs auf eine Scheibe Brot. Am nächsten Morgen entferne man das überschüssige Wachs. Wohl bekomm's!
2. Man vermische Klebemittel oder Zahncreme mit Wasser, filtere die Flüssigkeit und trinke sie.
3. Man weiche Weißbrot in Eau de Cologne ein.
4. Man koche ein hölzernes Tischbein mit Zucker und Wasser und atme die Dämpfe ein. Schmeckt wie Wodka.
5. Man rasiere eine münzgroße Stelle des Schädels und bestreiche sie mit schwarzer Schuhcreme. Dann bedecke man den ganzen Kopf bis auf die rasierte Stelle und mache einen Spaziergang in der Sonne.

Im zweiten Jahr unter Gorbatschows Alkoholverbot starben elftausend Sowjetbürger bei derartigen abenteuerlichen Experimenten, fast so viele wie im gesamten Krieg gegen Afghanistan.

Schatten krochen über die Hänge des Tals. Gelbes Abendlicht senkte sich über die offene Ebene. Etwas später erreichte ich eine Quelle, wo ich einem weiteren alten Mann begegnete. Mit dem weißen Bart und dem zerknitterten *mushik*-Kittel sah er aus wie Tolstoi in seiner Bauernphase. Auf einem Felsen neben ihm lag ein Rucksack aus Segeltuch.

»Ein Gefährte«, sagte er. Im Gleichschritt ging es weiter.

»Bist du auch Sammler?« fragte er.

»Nur Wanderer. Und du?«

»Ich habe Gräser gesammelt.«

Er zog ein Bündel Haselnußzweige aus dem Rucksack, die er mit Grashalmen zusammengebunden hatte. Sein Rucksack war voll von solchen Bündeln – Zweige, Blumen und Gräser –, alle sorgfältig verschnürt. Er zog ein paar aufs Geratewohl heraus und hielt sie sich unter die Nase: »Lunge … und hier, Magen … Schüttelfrost … Wunden.«

Sein Gesicht war dunkel, zerfurcht und voller Einschnitte, wie die Karte von einer Gebirgslandschaft. Er bewegte sich auf dem schmalen Grat zwischen einem Weisen und einem Scharlatan, und während wir so nebeneinander hergingen, änderte sich meine Meinung darüber, wem er nun zuzurechnen sei, von Minute zu Minute.

»Ich kenne dreihundert verschiedene Gräserarten. Die Leute kommen zu mir, ich sehe sie mir an und entscheide dann, welchen Tee ich ihnen empfehle.«

»Nur vom Ansehen?«

»Nur vom Ansehen. Das habe ich von meinem Großvater in Weißrußland gelernt, und der wiederum von seinem eigenen Großvater.«

»Kannst du etwas sehen, was mit mir nicht stimmt?«

Er blieb stehen und fuhr mit der flachen Hand über meinen Oberkörper und Magen.

»Nichts.«

»Nichts?«

»Ein bißchen an der Leber, hier, vielleicht ...«

Wir gingen weiter, und nach ein paar Minuten sagte er plötzlich: »Aber dein Land erwartet ein böses Schicksal, weißt du.«

»Ach ja?«

»Es hat ein schwaches Herz und wird daran sterben.«

»Und was ist mit Rußland?«

»Rußland? Rußland hat sich schon selbst vergiftet. Es wird fallen. Und wenn Rußland fällt, wird es viele mit sich reißen.«

Ich kehrte noch am gleichen Abend nach Kislowodsk zurück. Ich hatte gehofft, ein bestimmtes Dorf in den Bergen zu erreichen, aber im Süden kamen die Abende schnell, und so nahmen mich die Annehmlichkeiten von Kislowodsk für eine letzte Nacht gefangen.

Nur Mißgestalten brauchen Kleider

Es war ein Kosak aus dem Terek-*woisko*, der mir zum ersten Mal davon erzählte. Er hatte im Dachzimmer einer alten, am Hang gelegenen Villa von Kislowodsk gewohnt. Er saß in vollem Wichs auf einem Stuhl, der mitten auf dem bloßen Holzfußboden stand, und erzählte von den akrobatischen Kunststücken, die er auf seinem Pferd vollführt hatte. Sein Pferd hieß Larissa (›nach meiner Mutter‹) und stammte aus Hasaut.

»Hasaut?«

»Das ist ein Dorf. In den Bergen. Dort leben Abbas. Das sind sehr hitzköpfige Leute und Teufelskerle.« (Die Abbas waren Nachkommen der Abchas, die vor etwa fünfhundert Jahren vom Schwarzen Meer aus nach Osten gezogen waren.)

»Es ist ein magischer Ort«, fuhr der Kosak fort, »und zwar wegen einer Energieader. Sie nennen sie *schambola*.« Genau so eine Ader war auch im Himalaja gefunden worden, wo sie angeblich durch ein Dorf verlief. Im Himalaja wurde auf dieser Ader der Yeti entdeckt; der Kosak behauptete, daß Hasaut ebenfalls seine Bestie habe.

Da er ein Terek-Kosak vom alten Schlag war, wäre die Erwähnung solcher Dinge normalerweise unter seiner Würde gewesen – Märchen aus den Bergen, Legenden heidnischer Stammesbrüder. Doch Hasaut hatte seinen Respekt aus einem bestimmten Grund verdient, nur einem einzigen: Seine Einwohner hatten schon immer die besten Pferde weit und breit gezüchtet.

Es war gar nicht leicht, diesen Ort zu erreichen. »Fahr nach Kitschi-Balyk«, sagte er. »Dort findest du vielleicht jemand, der dich nach Hasaut mitnehmen kann. Vielleicht aber auch nicht.«

Kitschi-Balyk war ein kleines Dorf hoch über Kislowodsk, am äußersten Ende der Busstrecke. Es machte nicht viel her. Doch in einem Hof hinter dem alten Kolchosegebäude fand ich einen Kamaz-Lastwagen, der mit Schafscherern beladen war, und sie fuhren zum Scheren hinauf nach Hasaut.

Es war ein schöner Morgen. Die Schafscherer standen mit mir auf der Ladefläche und hielten sich an den Seitenplanken fest. Es waren schweigsame, wettergegerbte Männer, die sich die Fahrt damit vertrieben, ein Stück Käse herumgehen zu lassen. Der Dunst der Nacht hing noch über den Tälern. Dann ging die Sonne über den Bergen auf, und die Schatten auf den Hängen setzten sich in Bewegung. Noch weiter oben wichen die Bäume ein paar buckligen Hügeln, und dahinter erhob sich eine endlose Reihe von blaugrünen Berggipfeln.

Die Straße erreichte ihren höchsten Punkt. In der Ferne ragte die schneebedeckte Spitze des Elbrus auf. Dann fiel das Land wieder ab, und der Laster holperte unerwartet abwärts. Die Schafscherer fielen durcheinander, wobei einer das Stück Käse verlor. Hier war der Felsen gesprengt worden und hatte ein paar schmalen Serpentinen Platz gemacht. Die Reifen des Kamaz rutschten in den Kurven und spritzten Kieselsteine über den Straßenrand. Schließlich erreichten wir eine Anhöhe, und die Straße wurde wieder flach. Unter uns breitete sich die abgeschiedene Welt eines Tals aus. An ihrem Ende lag das Dorf Hasaut. Die Wände seiner Gebäude erschienen wie ein symmetrisches Muster in dem Durcheinander der Felsvorsprünge. Über dem Dorf sah ich ein V-förmiges Stück Land, wo zwei Bäche zusammenflossen. Sonst gab es keine Häuser in dem Tal. Doch erst als wir näher kamen, zeigte Hasaut sein wahres Gesicht: Es war eine Geisterstadt. Das hatte ich nicht erwartet.

Seine Häuser standen ohne Dächer da. Die holprigen Straßen waren von zerfallenen Mauern gesäumt. Nur hie und da gab es ein bewohntes Haus. Das ganze erinnerte an ein in die Berge versetztes Pompeji.

Die Schafscherer gingen ans Werk, und ich machte mich durch kniehohe Reste zerfallener Mauern auf die Suche nach einer Frau namens Tamara. Sie war damit beschäftigt, einem gackernden Hühnerschwarm Körner hinzustreuen. Über die Zaunpfähle hatte sie leere Marmeladengläser gestülpt. Ihre Begrüßung war gleichgültig. Sie lebte allein.

»Die warmen Tage sind jetzt nicht mehr weit.« Sie bückte sich, um eine Schüssel mit *smetana* auf den Tisch zu stellen. Wir saßen auf Holzklötzen vor ihrer Tür. Ich fragte sie nach den verfallenen Häusern.

»Früher gab es hier achthundert Familien.«

»Und jetzt?«

»Ungefähr sechzehn.« Sie verteilte die *smetana* auf zwei Teller. »In den zwanziger Jahren sind sie in die Türkei oder in die Städte gegangen. Dann ins Gefängnis oder in den Norden. Im Krieg sind sie mit den Deutschen gegangen.«

Die Menschen, die Hasaut verlassen hatten, kamen nicht wieder. Auf den Türschwellen ihrer Häuser wucherte das Unkraut. Im zweiten oder vielleicht auch dritten Winter stellte sich heraus, daß der nicht weggeräumte Schnee zu schwer für das Dach war, so daß es einstürzte. Die Dorfbewohner, die noch geblieben waren, schleppten die Steine weg und besserten damit ihre eigenen vier Wände aus oder bauten Stallungen für ihr Vieh.

»Und dann kamen die Deportationen.«

Die Deportationen. 1943 hatte Stalin in der für Tyrannen typischen Not – diesem Teufelskreis aus Angst vor Aufstand und Vergeltung – die Säuberung sämtlicher südlichen Provinzen in seinem Reich angeordnet. Tschetschenen, Karatschaier, Balkaren, Inguschen und Tataren hatten den Deutschen nicht so heftigen Widerstand entgegengesetzt, wie es seiner Meinung nach angebracht gewesen wäre. Mit seiner schwungvollen Unterschrift als Parteivorsitzender setzte Stalin so die gewaltsame Verschleppung von mehr als zwei Millionen Menschen in Gang. Gerade als der Krieg sich zu seinen Gunsten entschied, beschloß er, Tausende von Soldaten und Hunderte von Zügen für diese Deportationsmaßnahmen einzusetzen. Er hatte recht, als er die Loyalität dieser Leute in Frage stellte – seine eigene Politik hatte ihn eingeholt.

»Es war wie in einem Alptraum. Ohne jede Vorwarnung kamen sie mit Lastwagen und nahmen alle Leute mit. Ich kenne niemand, der verschont wurde. Meine Großmutter konnte sich nicht mehr bewegen, und wir sagten zu den Soldaten: ›Seht doch, sie kann sich nicht mehr bewegen. Sie ist 110 Jahre alt.‹ Aber sie ließen sich nicht erweichen. Eine andere Frau war 116 Jahre alt, auch sie mußte mit. Sechs Tage in einem Eisenbahnwaggon. Als wir ankamen, lag Schnee. Wir pflanzten Rote Bete und litten all die Jahre Hunger. Meine Großmutter starb. Ich hatte sechs Schwestern – alle sind tot. Ich darf gar nicht dran denken.«

Tamara stand auf. Die Hühner flüchteten vor ihr. Sie trat in ihre Hütte und kam mit einem Schwarzweißfoto wieder. »So sah es früher hier aus.«

Das Foto zeigte den Blick aufs Tal – dieselben kahlen Hänge, dieselben flachen Gipfel, dieselben Dornbüsche. Im Vordergrund stand eine Gruppe von Männern. Sie trugen weite Mäntel aus Schafwolle, die in der Taille zusammengeschnürt waren, und zottelige Hüte aus Schaffell. Hinter ihnen sah man ein niedriges Minarett und einen Teil eines größeren Gebäudes, dessen Zwiebeltürme mit dem Halbmond geschmückt waren. Das, so erklärte Tamara, sei das Haus ihres Großvaters gewesen. Heute gibt es keine Spur mehr davon; nur die äußeren Mauern der Moschee haben überdauert.

Ich drehte das Foto um und suchte nach dem Datum. 1929. Das Jahr, als die Flitterwochen mit Stalin endeten und er begann, die Vielfalt der ländlichen Gemeinden im alten Reich zu zerstören. Das Foto war ergreifender als Worte.

Auf der Rückseite klebte außerdem ein Zettel mit folgender Aufschrift:

Prudence Cuming Associates Ltd.
28-29 Dover St.
London WIX 3PA

»Wo hast du das her?« fragte ich.

»Was?«

»Das Foto – wo kommt es her?«

»Ach, das hat vor Jahren jemand mitgebracht. Sein Vater hatte es aufgenommen.«

Natürlich: Daniel Farson. Er hatte die Reiseroute zurückverfolgt, die sein Vater, Negley Farson, 1929 genommen hatte. Ich erinnerte mich, daß von einem kaukasischen Dorf die Rede gewesen war, aber nicht, daß es Hasaut hieß.

Sie lächelte. »Ich glaube, du findest das Foto interessant, wie?«

»Ja, stimmt.«

Negley Farson hatte ein Jahr in der Sowjetunion verbracht, von September 1928 bis September 1929. Erst 1951 wurde sein Reisebericht unter dem Titel *Caucasian Journey* veröffentlicht. Damals waren ihm die zwanziger Jahre zweifelsohne als »Höhepunkt der Russischen Revolution« erschienen.

»Nie wieder schien der Traum von 1917, der Traum der alten Bolschewiken, seiner Erfüllung so nah. Die Russen waren noch menschlich (und werden es eines Tages wieder sein).

Man konnte überall in Rußland herumreisen und mit Fremden sprechen, ohne Angst zu haben.«

Es war eine aufregende Zeit, besonders in Moskau, einer jener kurzen Augenblicke in der Geschichte, in denen Ideen und Taten in vollkommener Übereinstimmung zu sein scheinen. So berichtet Farson von einer Gruppe »atemberaubend schöner junger Mädchen«, die eine Straßenbahn bestiegen und nichts weiter als eine Schleife um die Taille trugen mit der Aufschrift: NUR MISSGESTALTEN BRAUCHEN KLEIDER.

Für Reisende waren die Zwanziger wie auch für Farson gute Jahre. Die Unruhen der Revolution und des Bürgerkriegs hatten sich gelegt. Wohlstand war nur noch einen Staudamm, ein weiteres Stahlwerk entfernt. Dann kam der erste Fünfjahresplan, die Konsolidierung Stalins als Führer, die Kampagne gegen die Kulaken, Kollektivierung, Säuberungen, und dann war der schöne Traum von Lenin und den »alten Bolschewiken« ausgeträumt.

Heute sieht das alles ein wenig anders aus. Im Rückblick waren die zwanziger Jahre nicht so sehr eine Zeit der Hoffnung, sondern bloß eine Atempause. Als die unerschrockenen Vorkämpfer der Avantgarde nackt in der Straßenbahn fuhren, Reisende hoffnungsfroh das Land erforschten, Bauern ihre Herden vergrößerten und ihre frisch verteilten Parzellen Land bebauten, warteten die Bluthunde des tatsächlichen Leninismus nur darauf, von der Leine gelassen zu werden. Postsowjetische Revisionisten haben den Mythos des guten Lenin entlarvt. Aus dem Archivmaterial geht hervor, daß er während seiner kurzen Amtszeit Stalin in bezug auf Rücksichtslosigkeit in nichts nachstand. Stalin hat Lenins hochfliegende Ideale nicht korrumpiert. Er war nur schlicht imstande, sie umzusetzen.

Gleich unterhalb von Tamaras Haus gab es ein kleines Stück Erde, das mit schmiedeeisernen Gittern abgezäunt und an allen vier Ecken mit kunstvollen Blätterknäufen verziert war. Darin erhoben sich fünf mit Zink beschriftete Grabsteine.

Eines Morgens, im Sommer 1937, waren fünf Partei-Aktivisten in das Dorf gekommen. Jedermann wußte, warum sie da waren. Die Bezirks-Komitees hatten Quoten erhalten: soundsoviele in die Lager, soundsoviele, die eliminiert werden sollten. Die Rebellen von Hasaut flüchteten in die Berge. In einer Neumondnacht kehrte eine kleine Gruppe ins Dorf zurück und drang in die Häuser der Aktivisten ein. Die Männer schleppten sie zum Rand des Dorfes und erschossen sie, bevor sie in die Berge zurück flüchteten.

Eine Einheit der Roten Armee wurde entsandt, um diesen Verbrechern den Garaus zu machen. Sie gerieten in einen Hinterhalt, wurden angegriffen und zurückgeschlagen, richteten aber einen schrecklichen Vergeltungsschlag gegen das Dorf Hasaut selbst. Kein Wunder, daß die Ankunft der Wehrmacht fünf Jahre später mit Erleichterung aufgenommen worden war.

Ich lehnte mich an den Zaun und betrachtete den Flecken Erde. Die Sonne war hinter den Bergen verschwunden, allmählich wurde es kalt. Irgendwie war es seltsam, daß in einem halbverfallenen Dorf ausgerechnet diese Gräber so gut gepflegt waren – die schmiedeeisernen Gitter waren intakt und frisch gestrichen. Merkwürdig auch, daß man ausgerechnet den Leichen der Erzfeinde des Dorfes solche Aufmerksamkeit widmete. Doch nach all den Jahrzehnten sowjetischer Herrschaft – mit Unterdrückung und Flucht, schweigendem Widerstand und Massendeportationen – war dieses abgezäunte Stück Bergwiese nicht mehr als ein Grab, und Gräber sind Gräber und sollen weder von Mensch noch Tier besudelt werden.

Die Schafscherer waren im ehemaligen Schulgebäude untergebracht worden. Am Abend gesellte ich mich zum Schlafen zu ihnen. Ihre Hände waren schwarz von Schaffett. Sie aßen

Schaffleisch und schliefen unter Schafwolldecken. Manche sahen selbst aus wie Schafe. Als wir um das Feuer saßen und ich die *schambola* erwähnte, grunzten sie verächtlich und schwiegen.

Doch dann berichtete einer, wie sein Cousin die Bestie einmal gesehen hatte, und danach hatten auf einmal alle irgendwelche Geschichten zu erzählen, von Lichtern am Himmel, seltsamen Vorfällen und einer finsteren und schlurfenden Gestalt, der es als einziger unter den Bergbewohnern gelungen war, den Deportationen zu entkommen.

Am Morgen erhob sich zögernd die Sonne über den Bergen. Ich ging hinunter zum Fluß und wusch mich in den eisigen Fluten. Die Schafscherer nahmen mich mit bis zum nächsten Dorf, wo ich mich von ihnen verabschiedete. Ich wollte nach Westen, zum Oberlauf des Kuban.

Puppen für den Frieden

In der Stadt Karachajewsk hatte es gerade geregnet. Graue Dunstschwaden hingen am Berghang; die Straßen waren vom Wasser überflutet. An der Haltestelle des Busses standen drei triefnasse Kühe auf dem Straßenpflaster, und der Schaschlikverkäufer lag unter einer Plane und schlief. Das schwache Tosen in der Ferne stammte vom Oberlauf des Kuban.

Zwei Dinge hatten mich nach Karachajewsk geführt, und anfänglich hatte ich mit beiden Pech. Ich schlenderte durch die schlammigen Gassen, hatte nur Augen für die Berge und übersah die Alanen-Kirche, die sich über der Stadt erhob. Dafür gelang es einer Frau, die mit einem Einkaufsnetz »für alle Fälle« ausgerüstet war, mir bei meiner zweiten Suche behilflich zu sein. Sie zeigte auf ein vom Regen gepeitschtes Mietshaus.

Ashod Balayan öffnete die Tür zu seiner Wohnung im zehnten Stock. Sein Bart war dichter als früher und ein wenig weißer. Sein Lächeln war dasselbe.

»Oh, was für eine Freude!« Er griff mit beiden Händen nach der meinen.

Zwei Jahre zuvor hatte ich Ashod und eine Gruppe von anderen Malern in der verdunkelten und belagerten Stadt Jerewan kennengelernt. Dort war sein Idealismus so auffallend gewesen, daß ich mir am Ende ziemliche Sorgen um ihn gemacht hatte. Hier in Karachajewsk sah ich, daß sich daran nicht viel geändert hatte. Er verbrachte den Sommer in der Stadt, malte und arbeitete zusammen mit anderen an einem Dutzend verschiedener Projekte.

Die Wohnung hatte zwei Zimmer. Eins benutzte er als Atelier für seine Ölgemälde; das andere, in dem er auch schlief, war für die anderen Arbeiten reserviert. Er hatte eine wunderschöne, ganz einfache Geschichte für Kinder geschrieben. Neben seinem Bett lag die russische Übersetzung von *Kontiki* und ein Flugblatt mit der Überschrift: »Was wir nicht wissen.« Auf einem großen Regalbrett waren die Modelle für eine bevorstehende Puppen-Show in Paris mit dem Titel PUPPEN FÜR DEN FRIEDEN! aufgereiht.

Ashod sprang von einer Sache zur nächsten, zeigte auf etwas, erklärte etwas anderes – die Markierungen auf einer Weltkarte, die Bedeutung eines Abakus, der über seinem Bett hing, eine getrocknete Blume, alles Teile eines großen Planes, für dessen Ausarbeitung er im Moment keine Zeit hatte. Er liebte seine Arbeit, und diese Liebe ließ sie so überzeugend wirken.

Ich deutete auf ein Diagramm von konzentrischen, unterbrochenen Kreisen, die über und über mit Notizen bekritzelt waren.

»Das ist Ratan-600.«

Ashods Onkel war einer der besten sowjetischen Astronomen gewesen. Im Lauf seiner Karriere hatte er insgesamt eintausendfünfhundert Galaxien entdeckt. Das hatte ihm Ratan-600, ein riesiges Radioteleskop unweit von Karachajewsk, ermöglicht. Mit zwanzig war Ashod hinauf in die Berge gekommen, um seinen Onkel zu besuchen, der ihn zu einer Konferenz von Astrophysikern mitschleppte.

»Ich verstand kein Wort von dem, was sie sagten. Aber ich betrachtete dieses Diagramm – es gehörte zu einer Dia-Show –, und plötzlich begriff ich es. Angeblich stellt es die jeweiligen Eigenschaften eines Atoms, einer Galaxie und eines Sonnensystems dar. Aber als ich es betrachtete, sah ich mein eigenes Leben! Unser aller Leben! Verstehst du?«

»Nein.«

»Nun, wir fangen alle hier an, im Zentrum, und versuchen, den äußeren Rand zu erreichen – das bedeutet Verstehen. Hier schwimmt der Wissenschaftler, weil er ständig alles analysiert. Doch der Künstler springt – ja, er muß einen richtigen Satz machen! Wenn der Künstler versucht, zu analysieren, stürzt er ab, und wenn der Wissenschaftler springt, wird er ertrinken. Verstehst du?«

»Ich glaube ja.«

Ashod legte die Fingerspitzen aneinander. »Sieh es so. Der Sprung des Künstlers ist vergleichbar mit Humor, mit Lachen – ein plötzlicher Sprung, und die Bedeutung wird klar. Die Analyse dagegen tötet den Witz. Und wenn ein Künstler nicht lachen kann, taugt er nichts.«

Eines vor allem dominierte Ashods Arbeit. Vor mehreren Jahren hatte er in seinem Atelier in Jerewan plötzlich die Präsenz eines seltsamen und mächtigen Phänomens erlebt. Es war die Zahl zwölf. Seitdem hatte er nur noch Zwölfen malen können – Gruppen von zwölf Menschen, die zwölf Apostel, die Ziffer Zwölf selbst. Später hatte er seinem Repertoire die ersten vier Buchstaben des armenischen Alphabets hinzugefügt, und auch diese schmückten jetzt seine Leinwände. Doch die Zwölf war und blieb für ihn die Manifestation des Lebens an sich.

»Warum ausgerechnet zwölf, Ashod?«

Er zuckte die Achseln. »Wirklich, ich kann es dir nicht erklären. Und ich will es auch gar nicht. Wenn Menschen glauben, sie hätten eine Antwort, gehen sie unweigerlich hin und versuchen, die Welt zu verbessern. Aber sieh dir an, was das für dieses Land bedeutet hat. Nein, für mich ist die Welt eine Frage, über die wir unser ganzes Leben lang nachdenken. Eine dicke, fette, wunderbare Frage! Und es gibt eigentlich nur eine wirkliche Antwort darauf – das ist der Tod.«

Ich verließ Ashod am frühen Nachmittag. Auf der Straße

wandte ich mich noch einmal um und sah ihn auf seinem Balkon stehen. Mit einer Hand hielt er sich am Geländer fest, mit der anderen winkte er. Ich hatte den Eindruck, daß er sich, wenn er den Griff lockerte, über die Dächer von Karachajewsk erheben, über den Kaukasus davonschweben und irgendwo über seinem Heimatland Armenien ins Blaue entschwinden würde.

Ashod kannte die Alanen-Kirche und zeigte ins Tal hinunter auf das Dorf Kosta Hetagurowo. Über diesem Dorf, so sagte er, wirst du die Kirche sehen. Die Regenwolken waren weitergezogen, und der Nachmittag war warm. Reißende Bäche durchfurchten den gelben Lehmboden des Berges. Ein Viehpfad führte vom Dorf auf einen tiefergelegenen Kamm, und da war die Kirche, ein hübsches kleines Gebäude, das direkt auf einen Felsen gebaut worden war. Bis auf einen am Himmel kreisenden Adler war die Gegend völlig verlassen. Ein Schild trug folgende russische Inschrift: ›*Erbaut von griechischen Meistern für die Alanen im neunten und zehnten Jahrhundert. Zerstört von der Sowjetmacht in den zwanziger Jahren. Renoviert von der Jugend von Kosta Hetagurowo 1994.*‹

Die Alanen. Jeder hier unten hatte seine eigenen Vorstellungen über die Alanen. Irgendwo unter all den Theorien und Fakten, der Sprachwissenschaft, Archäologie und den schriftlichen Berichten verbarg sich das Fleisch und Blut eines der zahllosen verschwundenen Steppenvölker. Die Alanen waren eine Untergruppe der kriegerischen Sarmaten. Es gab nichts Verwerflicheres für sie als den Anblick eines alten Mannes, der nicht in der Schlacht gestorben war. Sie tranken Stutenmilch und aßen Pferdefleisch, und manche Stämme wickelten ihre Kinder von Kopf bis Fuß so fest ein, daß der Schädel die Form eines Eis annahm. Andere schnitten ihren Töchtern die rechte Brust ab, damit sie in der Schlacht den Bogen führen konnten. Jungfrauen mußten getötet haben, bevor sie heiraten durften. Die ersten

Alanen verehrten das Bild eines Schwertes, das in die blanke Erde gestoßen war. Es war ein Kult, der durchaus als Quelle für Excalibur in der Arthur-Sage hätte dienen können.

Ptolemäus assoziierte sie mit den Skythen – ›Alani-Skythen‹ nannte er sie. Seiner Ansicht nach waren sie aus Zentralasien gekommen, um sich westlich des Don anzusiedeln. Als in frühchristlichen Zeiten die Alanen durch die Invasion der Hunnen zerstreut wurden, zeigten sie eine erstaunliche Gabe dafür, an weit entfernten Orten wieder aufzutauchen.

Beispielsweise in der Schlacht bei Hastings. Auf einer der normannischen Flanken sah sich eine Gruppe von Kavalleristen plötzlich einer großen Zahl englischer Truppen gegenüber, wandte die Pferde und floh. Die Engländer durchbrachen ihre Linien und jagten ihnen hinterher – worauf die normannische Kavallerie erneut kehrtmachte und ihre Gegner niedermetzelte. Es war ein entscheidender Moment in der Schlacht. Der vorgetäuschte Rückzug war ein Lieblingstrick der Alanen wie auch der Skythen. Die Kavallerie bei Hastings wurde von einem gewissen Count Alan befehligt, und in der Normandie wurde der Begriff *allain* lange für besonders hitzköpfige Kerle benutzt.

Um die Zeit von Hastings waren die Alanen bereits seit tausend Jahren in Europa ansässig. Der römische Kaiser Hadrian hatte ein Gedicht zu Ehren eines alanischen Pferdes verfaßt: »Borysthenes, der Alane, war Cäsars Pferd… auf der Jagd tropfte sein Speichel vom Maul bis zum Ende des Schweifs.« Fünfeinhalbtausend alanische Reiter wurden von Marcus Aurelius zum Dienst an Hadrians Wall entsandt. Sowohl alanische Zuchtpferde als auch alanische Zuchthunde waren in ganz Europa berühmt. Im Wappen der spanischen Stadt Alano erscheinen zwei alanische Jagdhunde. Chaucer berichtete von dem wilden alanischen Wolfshund.

Und diese Gruppe von Steppenkriegern hat ihre Spuren nicht

nur in alten Chroniken hinterlassen, sondern in jedem Mann, der Alan oder Alain heißt, und in jeder Familie, die den Nachnamen Allen trägt. In Norditalien gibt es alte alanische Siedlungen: Alagna, Allegno oder Alano di Piave, in Frankreich noch Dutzende mehr: Alançon, Alaincourt (insgesamt fünf), Courtalain, Alaniers, Allainville … In Osteuropa stammen die Namen Serbien und Kroatien nicht von slawischen Wurzeln ab, sondern gehen auf alanische Stämme zurück. Selbst Rus stammt angeblich von einem alanischen Namen ab. In Polen behauptete die gesamte adlige Klasse, die *szlachta,* von den Alanen abzustammen, wie lose diese Verbindung auch sein mag, und ihre Wappen sind übersät mit Symbolen, die aus sarmatischen und alanischen Funden der Archäologen bekannt sind.

Doch die Alanen verbreiteten sich auch im Osten. Wilhelm von Rubruck entdeckte sie auf dem Weg in die Mongolei im Ural. Dreißigtausend Alanen waren 1318 entlang der chinesischen Küste registriert. Zur gleichen Zeit wies De Marignolli auf ihre Bedeutung im mongolischen Reich hin und nannte sie »die größte und edelste Nation der Welt, mit tapferen und gerechten Männern«. Ihnen verdankte Dschingis Khan Marignollis Ansicht nach einen Großteil seiner Erfolge in der Schlacht. In einem Schreiben an den Papst bezeichnete der Große Khan die Alanen als »unsere Diener und Eure christlichen Söhne«.

Viele Jahrhunderte lang hieß der Hauptteil des Nordkaukasus Alania. Die Alanen heirateten in die georgische Königsfamilie und in die große mazedonische Dynastie von Byzanz hinein, doch nach der mongolischen Invasion verschwanden sie. Alania und die Alanen sind bei ihren Nachfahren in den überfüllten chinesischen Küstenstädten, den saftigen grünen Tälern von Lancashire, den schmalen Buchten von Britannien und den burgenreichen Dörfern von Spanien längst vergessen.

Das Innere der Kirche war kühl und dunkel, der Fußboden

mit feiner Erde bedeckt. Durch die leeren Fensterhöhlen hörte man das Tosen des Windes. Sie bildeten den Rahmen für einen Teil des fernen Berghangs, Felsgestein, Wald und ein Stück Himmel. Ich stellte mir vor, daß hier seit Wochen niemand mehr gewesen war.

Ein scharrendes Geräusch ließ mich herumfahren. In den Schatten erkannte ich eine Reihe von winzigen Lichtern. Sie blitzten und tanzten. Sie flackerten und flimmerten. Dann blökten sie. Eine Masse von grauen, wolligen Gestalten hatte sich da zusammengedrängt, und alle kämpften darum, weiter in die Apsis vorzudringen.

Also keine Alanen! Nur in einem Teil des Kaukasus hat sich eine Spur von ihnen erhalten, da, wo man einen Dialekt der alten sarmatischen Sprache spricht und auf moderne Art mehr über die jahrhundertelang verdrängten und vergessenen alanischen Wurzeln gesprochen wird als über alle Angriffe in der Sowjetzeit. Diese Menschen sind gewissermaßen die einzigen wahren Erben der alten Steppenbewohner – mit Sicherheit legitimere Erben als die Kosaken. Es waren die Osseten, die heute auf ein paar Bergrepubliken zweihundert Meilen weiter östlich auf dem Kamm des Kaukasus beschränkt sind.

Im Bus schüttelten die Leute den Kopf und zeigten auf die Ebene: »Seht nur, wie ausgetrocknet das Land ist!«

Es war Juni, und die Felder waren schon erntegelb. Am Himmel war kein Wölkchen zu sehen, nur ein blasses, fernes Blau, und in der Hitze flimmerte der Horizont wie gekräuseltes Wasser auf einem See.

»Unten hat es schon drei Wochen nicht mehr geregnet, und selbst dann waren es nur ein paar Tropfen«, erzählten die Leute.

In Wladikawkas, Hauptstadt der autonomen Republik der Nord-Osseten, sah die Sache anders aus. Die Berge ragten geradewegs aus der Stadt empor. Wolken stiegen geradewegs aus den Bergen auf. Am Nachmittag ballten sie sich zu einer gewittrigen Masse zusammen. Auf der Suche nach dem Institut für Ossetische Studien beobachtete ich, wie die ersten münzgroßen Flecken auf dem Pflaster erschienen. Dann ging es richtig los. Frauen hielten sich ihre Handtaschen über den Kopf und suchten in Hauseingängen Zuflucht. Hunde rannten mit patschnassem Fell durch das Wasser. Der Terek, den ich häufiger als notwendig gekreuzt hatte, schwoll an. Die Straßen überfluteten. Bald waren die beiden kaum noch zu unterscheiden.

Das Institut erhob sich am Ende einer Marmortreppe. In den Büros war nicht viel los – man saß herum, man rauchte, man warf verstohlene Blicke auf meine Schuhe. Ich stand in der Tür, und das Wasser tropfte von meinen Kleidern auf den Boden.

»*Don.*« Eine der Frauen deutete auf die kleine Pfütze, die sich zu meinen Füßen gebildet hatte.

»Ja, es tut mir leid.«

»Nein – der alanische Ausdruck für Wasser ist *don.*«

Na, wenigstens war ich am richtigen Ort, was die Alanen betraf.

»Gibt es nördlich von deinem Land nicht einen Fluß Don?« fuhr sie fort.

»Ja.«

»Nach den alanischen Soldaten an Hadrians Wall.«

»Und der russische Don?«

»Ist ein alanischer Begriff.« Sie hob vielsagend den Zeigefinger. »Stimmt es nicht, daß es bei euch einen Ort namens Croydon gibt?«

»Eine alanische Stadt?«

»Sie bedeutet ›Mühle am Wasser‹.«

»Und Lon-don«, mischte sich ein anderer ein. »Es heißt ›schmutziges Wasser‹.«

Ein wenig später tauchte ein Mann auf, den sie mir als internationale Koryphäe auf dem Gebiet der Alanen vorstellten. Dabei war Professor Kusnezow selbst kein Ossete, sondern Russe. Er bat mich in sein Büro und riet mir, die Begeisterung seiner Kollegen für Ortsnamenkunde nicht zu ernst zu nehmen.

Einmal im Monat kam der Professor mit dem Zug von Mineralnyje Wody nach Wladikawkas. Er trug sein Haar glatt nach hinten gekämmt und hatte helle, offene Augen. Er erklärte mir den Ursprung des Namens »Ossete« – aus der georgischen Bezeichnung für die Alanen, *owsni,* und von da zum russischen *Osetiny*. Als er mir lächelnd die Bedeutung des Hirsches in der ossetischen Wappenkunde erläuterte, erinnerten seine weit auseinanderstehenden Zähne an ausgestreckte Finger. Sein Büro war sehr klein; es gab kaum Platz für die Bücherregale, den Schreibtisch und die beiden Stühle. Doch in einer Ecke stand ein schmales Bett, wo der Professor in asketischer Hingabe an seinen Beruf jeden Monat eine Woche übernachtete.

Wie von Kusnezow empfohlen nahm ich den Bus in die ossetischen Berge. Einige Täler waren so schmal, daß man sich vorkam wie in einer Höhle. In anderen waren die Berghänge weit nach hinten versetzt und erhoben sich in gewaltigen Sprüngen bis zu den Gipfeln. Es regnete ununterbrochen. Das Wasser floß in kleinen Rinnsalen von hervorstehenden Felswänden. Die Flüsse schwollen an, und in den Bergen hing Dunst.

Wohin man auch blickte, überall gab es steinerne Türme in diesen Tälern. Sie beherrschten die Bergkämme und standen in Grüppchen um die Siedlungen. Sie waren die Zuflucht der letzten Alanen gewesen. Nachdem die Mongolen sie in die Berge vertrieben hatten, waren die einst so furchtlosen Alanen gezwungen gewesen, sich zu ihrer Verteidigung solche Türme zu bauen. Wenn Fremde in die Täler vorstießen, wurden Leuchtfeuer auf den Wachttürmen entzündet, die wiederum von anderen gesehen werden konnten, und so wußte bald jeder im Tal Bescheid über die Eindringlinge. Dann hatten sich die Dorfbewohner in ihre Türme zurückgezogen, die Leitern eingeholt und sich von ihren Vorräten ernährt. Die Angreifer kampierten draußen. Sieger war der mit den besseren Reserven.

Die Türme waren bemerkenswerte Konstruktionen. Einige der Basaltblöcke waren so groß wie ein Kalb, und trotzdem waren die Seiten, die nach oben spitz zuliefen, vollkommen glatt. Hoch über dem Haupttal kam ich in ein verlassenes Dorf, das ausschließlich aus solchen Türmen bestand. Große Felsbrocken lagen zu Füßen der zerfallenen Ruinen. Nur eines dieser Gebäude war bewohnt. Ein Mann mit Pelzmütze stand auf dem Stück gewachsenen Fels, der seinen Hof bildete. Er sah durch ein Militärfernglas ins Tal hinab.

»Ich beobachte gern das Leben dort unten. Manchmal sieht man, wie sich etwas bewegt.«

Seine Frau humpelte die Veranda entlang und stützte sich auf das Geländer. Ihr Gesicht war von einem chronischen Schmerz verzerrt.

»Sie leidet unter Allergien«, erklärte er.

Zwei Jahre zuvor waren sie aus dem Ardon-Tal hier heraufgezogen. Sie war dort unten schon krank gewesen, und die Bergluft tat ihr gut. Doch auch hier wurde sie nicht ganz gesund, und noch höher ging es nicht.

Der Regen nahm zu. Der Mann ließ das Fernglas sinken und runzelte die Stirn beim Anblick der grauen Wolkenbank. Die Flüsse stiegen an; er mußte sein Vieh von der Weide holen. Als ich das Dorf verließ, sah ich, wie er über die herabgefallenen Steinblöcke sprang, an den merkwürdigen bienenkorbähnlichen Hütten der Toten vorbei, und im Nebel verschwand. Seine Frau stand reglos auf der Veranda.

Unten im Tal kam ich an einem Kriegerdenkmal vorbei, auf

dem hundert Namen verzeichnet waren. Ein älterer Dorfbewohner stand davor und stocherte in den Zähnen. Daß ein kleines Dorf so viele Männer an einen Vaterlandskrieg verloren hatte, erstaunte mich weniger als die Stalinbüste, die das Kriegerdenkmal zierte.

»Sie haben versucht, ihn abzureißen«, sagte der alte Mann. »Aber wir haben ihn einfach wieder hingestellt. Er war einer von uns.«

Stalins Mutter war Georgierin und verheiratet mit einem Mann namens Dshugaschwili. Das ist eine georgifizierte Form von Dshugajew, während der Name Dshugajew selbst die russifizierte Fassung eines alten ossetischen Clans war.

Schon wieder die Alanen. Serbien, Kroatien, Croydon – jetzt konnten sie sogar Stalin als einen ihrer Söhne hochhalten.

Und wenn schon. Die Lehre von ethnischen Zugehörigkeiten ist eine willkürliche Wissenschaft. Der Chauvinismus dieser Grenzgebiete unterstreicht nur, wie unzutreffend sie sein kann. Man gehe vier oder fünf Jahrhunderte zurück, und die Zahl der Vorfahren aller heute lebenden Individuen steigt drastisch an. Gleichzeitig nimmt die Gesamtbevölkerung der Welt ab. Die beiden Zahlen konvergieren etwa im Mittelalter. Selbst wenn man von einer großen Verdoppelungsrate ausgeht, ist es sehr gut möglich, daß viele von uns zur Zeit der mongolischen Invasion, als die Alanen aus den zeitgenössischen Berichten verschwinden, über irgendwelche Ecken mit Stalin verwandt gewesen wären.

Zurück in Wladikawkas bereitete ich mich darauf vor, die Grenze nach Georgien zu überschreiten. Mittlerweile hatten russische Truppen das Hotel, in dem ich früher abgestiegen war, beschlagnahmt. Einer von der Militärpolizei saß mit den Füßen auf dem Schreibtisch an der Rezeption; überall wimmelte es von Tornistern, Gewehren und Soldaten.

»Versuch es bei Juri«, sagte die Rezeptionistin über den Kasernenlärm hinweg. »Juri vermietet Zimmer.«

Sie kritzelte die Adresse auf einen Zettel. Als ich das Hotel verließ, feuerte eine Gruppe von Berufssoldaten, die gerade nichts zu tun hatte, eine Leuchtrakete vom Balkon ab. Ich drehte mich um und sah, wie das Hotel in einer Wolke von blutrotem Rauch verschwand.

Juri wohnte auf der anderen Seite des Flusses. Es war fast ein Jahr her, seit der Rest seiner Familie diese unfreundliche Gegend verlassen hatte und nach Norden gezogen war. Er war zurückgeblieben, um das Haus zu verkaufen, egal, zu welchem Preis. Ich hatte jedoch den Eindruck, daß es Juri ganz gut gefiel, ein Unikum zu sein, das allein zurückgeblieben war, um in seiner mit Balkonen geschmückten Villa am Ufer des Terek herumzupusseln und Zimmer an das ethnische Treibgut des Kaukasus zu vermieten. Obendrein waren die Gäste im Gegensatz zu seinen eigenen Leuten bereit, wenigstens für eine Weile seinen endlosen Geschichten über die Handelsmarine zu lauschen.

Die meiste Zeit saß er allein in einer von Wein überwucherten Laube im Hof, wo die Sonne kleine Kringel auf seine untersetzte Gestalt malte. »Willkommen in mein Haus«, sagte er, als ich ankam. »Ich bin Englischsprachler.«

Das war er tatsächlich. Er sprach ein exzentrisches Englisch, durchsetzt von Aphorismen, die er in »großen englischen Werken« gefunden hatte. Allerdings fand ich in seinen Bücherregalen bloß einige leicht schlüpfrige Romane aus den Fünfzigern mit Titeln wie *Tennis-Party Passion, Teenage Tearaway* oder *Sports Car Cowboy*. Er war stolz auf seine Sammlung von Souvenirs aus Europa – »die schönsten kulturellen Andenken« –, griechische Statuen aus Gips, die Abbildung eines Autos, das aus lauter Uhrenteilen bestand, oder eine mit Muscheln besetzte Lampe aus Dieppe.

Er zeigte mir ein Zimmer. »Es ist sauber, sauber – alles blitzendblank! Dickens sagte, ›sauber wie nach einer Beerdigung‹. Bist du zufrieden?«

»Ja, Juri. Vielen Dank.«

»Gut.« Er zögerte auf der Türschwelle, als suchte er nach dem *mot juste*. »Hier wirst du es ruhig haben, du wirst glücklich sein – an der See.«

Einer von Juris Mietern war ein Student – ein Ossete – namens Omar. Omar hatte leuchtend rotes Haar. Auf seinen Unterarmen sprossen die Härchen wie kleine Safranfäden. Er hatte sein Dorf verlassen und war zum Studieren nach Wladikawkas gekommen, doch da hatte er etwas entdeckt, das noch unwiderstehlicher war als das Studium des Tiefbaus – den Islam.

»Nächstes Jahr werde ich die Pilgerreise machen. Zuerst fahre ich nach Jerusalem – da ist Mohammed in den Himmel aufgefahren. Als er wiederkam, erzählte er, daß er zwischen Moses und Christus gesessen und gebetet habe. Die Leute fragten, wie Christus denn so wäre, und er sagte, er sei der schönste Mann, den er je gesehen hätte.«

»Dein Familienname ist christlich?«

»Natürlich. Ich bin mit der Bibel aufgewachsen. Hast du die orthodoxen Kirchen gesehen? Sie sind wunderschön mit ihren Ikonen und all dem Messingzeug. Bloß ergibt das alles keinen Sinn, überhaupt keinen Sinn.«

Die Wände in seinem Zimmer waren mit meterlangen Korantexten bedeckt. Mittendrin prangte ein Plakat, auf dem Schritt für Schritt erklärt wurde, wie man korrekt betet. Es erinnerte mich an die Erste-Hilfe-Anweisungen in öffentlichen Schwimmbädern. Am nächsten Morgen verließ Omar Juris Haus, um einen berühmten Mullah aus Dagestan zu treffen.

Am gleichen Morgen schlenderte Juri in den Hof und band sich dabei eine Krawatte mit auffallenden grünen Streifen um. Er wollte seinen Freund Maxim lwanowitsch besuchen. »Ja, er hat heute Geburtstag. Jedes Jahr an diesem Tag massakriert er ein Hähnchen, und wir machen ein – wie heißt das noch bei euch? – ein Erntefest. Du wirst mich begleiten, wenn du es wünschst.«

Maxim war nicht zu Hause, deshalb gingen wir zum Haus eines anderen Freundes von Juri. Er hieß Igor.

»Wo ist Maxim Iwanytsch, Igor? Bei ihm gibt's Hähnchen.«

»Keine Ahnung.«

Weiter ging es zu Gennadis Haus. Gennadi war ebenfalls Russe. Er saß mit gebügelter Hose und einem Hut aus Plastikstroh in seinem Hof. Juri setzte sich auch. »Wie geht es deiner Mutter?«

»Ich wollte gerade los«, fiel Gennadi ihm ins Wort.

»Wohin?«

»Beerdigung.«

»Weißt du, wo Maxim Iwanytsch ist?«

»Nein.«

Also verließen wir Gennadi und gingen zum örtlichen Regierungsbüro. Draußen wehte eine kommunistische Flagge. Drinnen saßen drei Frauen und tranken Tee. »Wo ist Maxim?« fragte er. »Maxim Iwanytsch?«

Maxim sei nach Moskau gezogen, sagten sie.

»Oh.«

Draußen auf der Straße hörten wir von Süden das Echo eines Gewitters. »Na gut«, seufzte Juri. »Wer dem lieben Gott in die Tasche greift, muß sehn, wo er bleibt. Das ist ein altes englisches Sprichwort.«

Wir versuchten es noch bei einem dritten Freund, aber der war krank.

»Mal sehen, ob Waleri zu Hause ist!«

Aber ich hatte keine Zeit mehr. Ich mußte zum Institut für Ossetische Studien.

»Na schön. Dann geh du zu deinerArbeit.«Er stand am

Straßenrand, und die Berge türmten sich als schwarze Masse über ihm auf. »Ich werde mir die Zeit schon vertreiben. Ich renne nicht, ich tanze nicht, ich gehe *piano*. Ja, ja … aber du, du mußt dich beeilen. Flitz los wie ein Eichhörnchen!«

In der letzten Nacht bei Juri wachte ich um drei Uhr auf. Vor dem Fenster konnte ich das Gewirr der Pappelzweige sehen und dahinter ein orangefarbenes Licht. Ich dachte an Tbilissi und die georgische Militärstraße und Grenzkontrollen, als ich ein Geräusch hörte – einen einzelnen scharfen Knall wie die Fehlzündung eines Wagens oder einen Schuß. Dann Stille. Ich spitzte die Ohren, aber da war nichts mehr. Dann passierte es wieder. Es war ein Schuß. Ich ging zum Fenster und betrachtete die Lichtkegel unter den Straßenlaternen. Alles war still. Die Stille russischer Nächte hat mich immer erstaunt; gelegentlich kam ich mir vor wie der letzte Überlebende auf der Welt. Da fiel erneut ein Schuß. Diesmal kam Geschrei dazu – wildes Geschrei, nicht von jemandem, der verletzt war, sondern der Angst hatte, der Schrei eines Angreifers. Es kam vom Hof gegenüber, ich konnte jedoch nichts sehen. Dann fielen rasch hintereinander zwei weitere Schüsse, und schließlich rasten drei Wagen davon – ein Niva, ein Mercedes und ein BMW. Ihre Bremslichter blitzten kurz auf, als sie das Tempo drosselten, um von der Straße abzubiegen, ehe sie Richtung Brücke verschwanden, die über den Terek führte. Wieder war alles still. Nichts rührte sich. Erst nach ein paar Minuten nahm ich das schwache Rascheln des Mittsommerlaubs im Wind wahr. Es fing an zu regnen.

Am Morgen wußte man von nichts. Die Sonne schien auf die hohen Fassaden der Mietshäuser. Frauen beugten sich aus den Fenstern und brachten ihre Leinen zum Wäschetrocknen an.

Der Bus nach Tbilissi war voller Menschen. Der Gang war voller Säcke, und die Säcke waren voller Schweineschmalz. Auf einem der Säcke lag eine nagelneue Satellitenschüssel. Es war so eng, daß man sich kaum rühren konnte. Ich hockte neben einem Mann, der seine kleine Tochter auf mein Knie setzte und deren Zwillingsschwester auf sein eigenes. »Ich spreche fünf Sprachen«, sagte er. »Russisch, georgisch, armenisch, aserbaidschanisch – und unsere.«

»Was ist denn eure?«

»Assyrisch.«

Der Bus verließ Wladikawkas Richtung Süden und begann den Aufstieg. Der nächtliche Regen hatte große Tümpel gebildet und schimmerte auf den Wiesen. Vor uns erstreckte sich die Straße bis zu einer Lücke zwischen den Felsen, von wo der Terek herabsprudelte. Das war die georgische Militärstraße, die Schwelle zu den Skythischen Toren, die von den Persern Dar-y-Al genannt wurde, Alanentor. Seit langer Zeit hatte ich diese Reise machen wollen. Vor vier Jahren hatte ich bereits einmal aufgeben müssen. Damals war ich nicht mal bis in seine Nähe gekommen – ich hatte weder Papiere noch Kontakte gehabt, in Abchasien hatte es ein Erdbeben gegeben, und in Süd-Ossetien herrschte Krieg. Mir war nichts anderes übriggeblieben als an der Küste des Schwarzen Meeres entlangzufahren und den Kaukasus zu umgehen.

Der Assyrer stieß mich in die Rippen und sagte: »Du mußt dich umschauen. Die Straße ist kaputt, aber die Landschaft ist schön.«

Wir kamen durch Dörfer, die im Krieg mit Inguschetien verwüstet worden waren; wir passierten Kontrollposten, verrostete Lastwagenwracks, Haselsträucher und Rotbuchen, die es irgendwie geschafft hatten, sich in den kahlen Felsen zu verwurzeln. Die Berge rückten immer enger aneinander. Die Straße wurde steiler. Die militärischen Befestigungen an den

Kontrollpunkten nahmen zu, und dann trugen die Wachen plötzlich Helme, saßen neben ihren in der Erde verschanzten Geschützen oder starrten aus Bunkern heraus. Die Schlucht selbst war jetzt nur noch eine finstere Gasse.

An der russischen Grenze stiegen Wachtposten ein und inspizierten die Pässe. Als er meinen sah, machte der Soldat eine knappe Kopfbewegung.

»Raus!«

»Was?«

»RAUS!«

Ich gab dem Assyrer seine Tochter zurück und stieg aus. Der Bus fuhr weiter. Ich ging quer über eine riesige Betonfläche zu dem Grenzposten. Die Luft war kühl. Die Sonne hatte sich hinter dem üblichen Wolkenmantel versteckt. Aaskrähen hüpften über den kahlen Boden.

Der Offizier erklärte mir, daß die Grenze für Ausländer geschlossen sei. Ich hielt ihm meine höchst offiziell aussehenden Briefe unter die Nase, und er sagte, er würde seinen Vorgesetzten in Moskau anrufen. Ich hockte mich irgendwo hin und wartete. Aus schierer Not hatte ich mir Autoritäten gegenüber eine schmierige Freundlichkeit angewöhnt, und damit versuchte ich es auch jetzt bei den Wachtposten.

Einer von ihnen war ein Terek-Kosak, der ziemliche Zahnschmerzen hatte. Ich schenkte ihm ein paar Schmerztabletten. Er nahm alle auf einmal. Innerhalb von zehn Minuten lächelte er wieder. Nach einer Viertelstunde flüsterte er mir ins Ohr: »Wenn ich dir ein Zeichen gebe, rennst du über die Grenze. Okay? Ich verspreche dir, daß ich nicht schieße.« Dann lachte er. Und dann schlief er ein.

Einer seiner Kollegen hockte neben mir an der Wand. Als er sich eine Zigarette anzündete, erzählte er, daß sein Großvater aus Palermo stammte, nach Athen ausgewandert war, eine Griechin geheiratet und eine Tochter bekommen hatte, die wiederum nach Georgien gegangen war, dort einen Russen geheiratet und einen Sohn bekommen hatte. »Da bin ich also«, sagte er stolz. »Vom Scheitel bis zur Sohle international.«

Doch keiner von ihnen konnte mir helfen. Moskau sagte nein. Wenn ich unbedingt nach Georgien wollte, so gäbe es sehr gute Flüge von Moskau aus dorthin. Den Teufel würde ich tun und nach Moskau zurückkehren! Die einzige andere Route über den Kaukasus war die viel kleinere ossetische Militärstraße – und die führte nicht eigentlich nach Georgien, sondern in die zum Krieg verurteilte Enklave Süd-Ossetien. Allerdings hatte ich nicht die geringste Ahnung, ob es möglich sein würde, dort die Frontlinien zu durchqueren.

Puschkin und die Alten

In Wladikawkas hatte eine Konferenz stattgefunden, und jetzt waren sie auf dem Heimweg. Sie fuhren in einem Bus, der schon alt gewesen sein muß, als Stalin starb, über die Berge zurück nach Süd-Ossetien. Archäologen, Ethnographen, Demographen diskutierten quer über die kaputten Sitze hinweg über ungelöste Fragen um einen frühen Halsring mit Greifmotiv oder das Überleben eines ungewöhnlichen Phonems im modernen Ossetisch und entwarfen Pläne zur Wiederbelebung der Via Alanica, der Westroute der Alanen, die von den Ausläufern des Kaukasus über die Ukraine, Ungarn, Österreich, Schweiz, Frankreich und Spanien nach Nordafrika führte. Hinsichtlich der Dimensionen einer kobanischen Grabkammer, die man vor kurzem entdeckt hatte, herrschte Uneinigkeit, aber das hieß, daß die Debatte noch länger andauern konnte. Natürlich wußten die ossetischen Akademiker nur zu gut, daß eine wirklich befriedigende wissenschaftliche Debatte sich nicht an ihren Ergebnissen, sondern an ihrer Länge messen lassen muß.

»Hundertfünfzehn«, sagte ein Philosoph. »Vielleicht sogar noch mehr.«

Irgendwer pfiff vor sich hin.

Der Philosoph war der Leiter des süd-ossetischen Komitees für Gerichtsbarkeit und Menschenrechte. Er erzählte mir von seinem Großvater. »Er selbst hatte natürlich keine Ahnung, wie alt er war, und es war ihm auch völlig egal.«

»Aber du glaubst, er war hundertfünfzehn?«

»Das haben alle gesagt.«

Jahre zuvor, während meines Examens in der vagen Disziplin der Anthropologie, war ich auf einen ethnographischen Bericht über alte Menschen im Kaukasus gestoßen. Ich erinnere mich an das Bild einer Frau, die rauchend vor einer Parade herschlenderte (110 Jahre alt), einen Mann, der hochaufgerichtet auf einem Pferd saß (120 Jahre alt), die 119jährigen Zwillinge und einer Menge anderer, die schon weit über hundert Jahre alt waren. Meine erste Reaktion war: alles Unsinn, Angeberei, Übertreibung. Und dann: worin besteht bloß ihr Geheimnis?

Wenn man dem Ethnographen glauben wollte, ist die Altersbestimmung einfacher, als man meint. Er hatte die »Langlebigen« und andere Mitglieder einer Gemeinde nach ihrem Alter bei bestimmten Ereignissen – Geburtstagen, Hochzeiten, Naturkatastrophen oder einem Krieg – befragt und eine Matrix von chronologischen Zahlen aufgestellt, die sich doppelt und dreifach gegeneinander abgleichen ließen. Auf diese Weise kam er zu einer Zahl, bei der er sich, so seine Behauptung, höchstens um ein, zwei Jahre verhauen konnte.

Warum sie so lange lebten, wußte jedoch auch er nicht zu sagen. So wie keine Modeerscheinung im gesundheitlichen Bereich derart deterministisch ist, wie ihre Anhänger gern glauben, so scheint in dieser Langlebigkeitsstudie das Geheimnis darin zu bestehen, daß es gar kein Geheimnis gibt. Das einzige kennzeichnende Merkmal dieser sehr lange lebenden Dorfbewohner, das ich ausmachen konnte, war nicht etwa ihre Ernährungsweise, das Wasser oder irgendein ausgefallenes Bewegungsprinzip, sondern die Tatsache, daß sie seit Tausenden von Jahren am selben Ort wohnten. Die Ethnographie war ein Grund, warum ich versucht hatte, das Gerontologische Institut in Suchuni aufzusuchen, doch dann brach dort der Krieg aus, und soweit ich wußte hatte das Institut dasselbe Schicksal erlitten wie die Bibliothek von Abchasien: Es wurde von fliehenden Georgiern in Brand gesetzt.

Ich fragte den Philosophen, wie sein Großvater es seiner Meinung nach geschafft hatte, so alt zu werden, und er antwortete: »Er hat sich sein ganzes Leben lang keine Sorgen gemacht.«

Doch da war noch mehr an diesem über Hundertjährigen und den Reisen, die er nach Aussage seines Enkels zur Erntezeit hinunter nach Gori unternommen hatte, mit seinem Karren voller Getreide und Obst. Gewohnt hatte er bei seinem Cousin, einem Schuhmacher, dessen Sohn »ein echter Lausebengel« gewesen war, der sich nur mit reichlich verteilten Kopfnüssen hatte bändigen lassen. Dieser Sohn des Schuhmachers hieß »Soso«, eine Abkürzung des ossetischen »Suslan« oder Joseph. Wie auch immer, der Philosoph neben mir war ein Cousin des jungen Raufbolds Soso Dschugaschwili, Sohn eines ossetischen Handwerkers, der in späteren Jahren auch unter einer Reihe von Decknamen wie Rjaboi (»der Pockennarbige«), Melykiants, Nisharadse oder Schlächter des Kremls, Onkel Joe und Stalin bekannt war.

Die Straße nach Süd-Ossetien war eigentlich überhaupt keine Straße. Sie verlief ungeschottert zwischen den vom Regen ausgewaschenen Felswänden dahin. So tanzte der Bus im Takt ihrer Schlaglöcher voran. Einmal verschwand die Straße sogar gänzlich unter den Trümmern eines kürzlich erfolgten Steinschlags. Einen Moment lang verstummte die Diskussion, und die Akademiker klammerten sich an ihren Sitzen fest, während der Bus an einem erlenbewachsenen Abhang über den Straßenrand schlidderte und über einen sandigen Uferstreifen in den Fluß rutschte. Dort holperten und glitschten die Reifen über ein paar kreisrunde Felsblöcke. Im Bus blieb es totenstill, bis sie am gegenüberliegenden Ufer wieder Halt im Sand fanden.

»Der Regen hat die Straße entführt«, bemerkte ein Historiker.

Doch für die Süd-Osseten war diese Straße eine Lebenslinie und die einzige wirkliche Verbindung zur Außenwelt. Der Krieg gegen die Georgier steckte in einer Sackgasse. Die Kämpfe waren vorbei. Wie immer bei den jüngsten Konflikten waren die Minderheiten in Gebiete geflüchtet, in denen sie Mehrheiten sein konnten – Georgier nach Georgien, Osseten nach Ossetien. Als sie sich auf drei Seiten von feindlichen Georgiern und auf der vierten von dreieinhalbtausend Meter hohen Bergen umgeben sahen, taten die Süd-Osseten das einzige, was sie tun konnten: Sie bohrten ein Loch durch den Kaukasus.

Die russischen Grenzposten am Tunnel waren schläfrig. Sie hatten nicht viel zu tun. Mich verwechselten sie mit einem ossetischen Delegierten und winkten uns alle durch. Auf der russischen Seite war es schön und sonnig gewesen, doch jenseits des Tunnels in Süd-Ossetien empfingen uns dichte Wolken. Eine Gruppe von ossetischen Soldaten hielt den Bus an und stieg zu. Ihre Drillich-Uniformen waren vom Regen durchnäßt. Das Wasser rann aus den Läufen ihrer Gewehre und tropfte auf die Akademiker. Süd-Ossetien war ein düsteres, vom Krieg zerstörtes Gebiet. Dennoch konnte ich ein Grinsen und das überwältigende Gefühl von Erleichterung nicht verbergen. Ich hatte Rußland verlassen.

Nicht weit hinter dem Tunnel griff einer der Archäologen in seinen Beutel und holte ein teilweise glasiertes Tongefäß heraus. Es sei eine alanische Lampe, erklärte er. Er hatte sie letzten Sommer zusammen mit Puschkin gefunden.

»Puschkin?«

»Das ist der Doktor dort. Ein großartiger Mann! Du solltest dich mit ihm unterhalten.«

»Wie finde ich ihn?«
»Frag einfach die Leute.«
Im nächsten Dorf stieg ich aus.

Puschkin! Wenn ich heute an die tiefen ossetischen Täler denke, ist es deine Stimme, die ich über den kahlen Gipfeln höre, deine Wut und dein Lachen. Ich sehe dein wirres graues Haar vor mir, deine blauen Augen und den langsamen, gleichmäßigen Schritt, mit dem du die Bergpfade entlangmarschiert bist. Ich denke an deine Familie und die Tiere und das eiserne Bettgestell auf dem Balkon, wo du geschlafen hast, wo du jetzt noch schläfst, vom letzten Frost des einen Winters bis zum ersten des nächsten, wo du jeden Morgen aufstehst, den Staub aus dem Haar schüttelst und den Bergen dein Gebrüll darbringst.

Deine Haustür war mit einem roten Kreuz geschmückt. Wenn Patienten kamen, hast du die Hühner hinausgescheucht, die Leute in den Holzschuppen gesetzt und sie mit dem behandelt, was dir von deinen Arzneivorräten noch geblieben war. Das sei dein härtester Kampf, hast du gesagt: Man müsse schon ein Mafiaboß sein, um sich in diesen Zeiten Medikamente beschaffen zu können.

Ich denke an jenen ersten Nachmittag in der Feldküche, wo die Hühner über die Schwelle hüpften und auf dem Fußboden herumpickten, an das Illustriertenfoto von Breschnew an der Wand und an den Regen, der draußen ins Ofenrohr fiel. Wir warteten, daß es aufklarte, damit wir die weiter entfernten Dörfer erreichen konnten. Ich war ungeduldig und stand auf, um aus dem Fenster zu sehen.

»Setz dich«, fauchtest du. »Der Regen hat um Mitternacht begonnen, und er wird um Mitternacht enden.«

Natalja knetete Teig am Herd. Dein Sohn und die Töchter mit der Balalaika sangen ein Klagelied auf die verschwundene Kolchose.

Und was für eine Kolchose war das gewesen! Die schönste im ganzen Land! Vierhundert Rinder, viertausend Schafe! Yaks mit Fellen, die bis zur Erde reichten. Im Oktober wanderten die Schafe das Tal hinauf bis zum Paß, und ihr alle seid herausgekommen, um sie zu verabschieden. Aus anderen Kolchosen in anderen Tälern kamen immer mehr Herden dazu und verschmolzen mit den ersten, bis es deinen Worten zufolge siebenundfünfzigtausend waren, die den Paß überquerten und zum Terek hinabdrängten, die Dörfer der Inguschen, der Tschetschenen, Russen und Lamaistischen Kalmücken passierten, bis sie die sumpfigen Wiesen am Kaspischen Meer erreichten. Fünfeinhalb Monate habt ihr hier oben gewartet. Ihr habt gewartet, während sich der Schnee vor euren Haustüren auftürmte und die Bäche zu Eis wurden, ihr habt gewartet, während die Steine aneinander festfroren und die Raben von den Bäumen herabkamen und im Boden hackten. Ihr habt auf den Tag gewartet, an dem das Tal von den Schafen wie von einer großen weißen Welle überschwemmt würde.

Natalja hob die mehlbestäubte Hand und schwenkte sie hin und her. »Sie haben sie einfach geöffnet und alles verkauft. Heute taugt die Kolchose bloß noch für die Vögel, die darin nisten.«

Und du, Puschkin, hast dagesessen, mit der Katze auf dem Schoß, mit einem wutverzerrten Gesicht und deinem lichten Haar, das sich partout nicht in Form bringen lassen wollte. Nie konntest du deinen Zorn über das Geschehene verbergen, über die gestohlenen Herden und die Kämpfe, über die Wunden, die du mit Stoffstreifen aus den Hemden deiner Kinder verbinden mußtest, über die wochenlangen Schlangen von Flüchtlingen, die zum Tunnel flohen. Aber du wolltest ihn auch nicht ewig mit dir herumschleppen. Du hast deine Wut abgeschüttelt wie ein Hund das Wasser aus seinem Fell. Und dein Lachen kam genauso unvermutet wie dein Ärger. Manchmal hast du losgekichert, als könntest du dich einfach nicht beherrschen. So lachen Menschen, die ihr Leben weitab von der übrigen Welt verbringen und so erfüllt sind von der Schönheit ringsum, daß sie irgendeine Art von Ventil brauchen.

Du hast dich zu mir umgedreht, während der Regen draußen auf den Schlamm prasselte, und gesagt: »Ich kann mir keinen vernünftigen Grund vorstellen, warum wir uns nicht einen Drink genehmigen sollten.«

Und das ist die zweite Erinnerung an jene Tage in den Bergen – das ausgehöhlte Kuhhorn mit dem übelriechenden *arak*, und selbst heute noch durchfährt mich ein Stich, wenn ich daran denke, Puschkin.

Puschkin hatte recht. Gegen Mitternacht ließ der Regen nach. Am nächsten Morgen würden wir aufbrechen. Im ersten Dämmerlicht machte er in seinem orangefarbenen Hemd einen Arztbesuch bei einer kranken Frau. Ich ging durch das Tal, kletterte den gegenüberliegenden Hang hinauf und setzte mich an den Fuß eines zerfallenen Turms.

Auf der einen Seite hatte der Fluß sich tief in den Berghang eingegraben. Kleine Nebelfetzen hingen über den Gipfeln. Darüber war der Himmel blau. Die Sonne war noch nicht über die Berge geklettert, doch ihre Strahlen tasteten sich bereits über den Kamm, und dort, wo sie jeden Moment erscheinen würde, glühte schon der Himmel.

Die höchsten Gipfel erreichten sie zuerst, tauchten ihre felsigen Zinnen in silbernes Licht. Dann glitten sie durch die hohen Schächte über die Schneegletscher und die oberen Hänge hinab, die ohne Bäume knochig und alt wirkten. Das Licht erreichte ein paar Pinienhaine unterhalb, dann die Felsvorsprünge, eine Herde von gescheckten Kühen, die Ruinen verlassener Häuser und erfüllte schließlich das ganze Tal.

Aus der Schlucht erklang das Tosen des Flusses. Die Sonne

hatte einen Hauch von Wärme mitgebracht. Und weit oben im Tal kam ein orangefarbener Fleck aus einem der Häuser, brüllte etwas zum Abschied, das nur schwach zu hören war, und begann den Abstieg zu mir.

»Es wird schon einen Lastwagen oder so was geben.«

Puschkin war zuversichtlich, daß uns jemand mitnehmen würde, doch wir begegneten den ganzen Vormittag über keiner Menschenseele, bis in der Ferne ein Schafhirte auftauchte.

»Alexander Sergejewitsch«, stieß er atemlos hervor. »Die Brücke ist eingestürzt.«

Das erklärte zweierlei: erstens, warum wir keinen Autos begegnet waren, und zweitens, warum Puschkin Puschkin genannt wurde – er hatte dieselben Vor- und Vaternamen wie der Dichter.

Puschkin war der einzige Arzt weit und breit und versuchte deshalb, mindestens alle vierzehn Tage die hochgelegenen Dörfer aufzusuchen. Er nahm keine Medikamente mit – eigentlich nahm er überhaupt nichts mit, nicht mal eine Tasche. Gelegentlich bückte er sich unterwegs und pflückte eine Pflanze oder eine Blüte. »Die kann ich für den Magen benutzen«, erklärte er dann, oder: »Das hier ist gut für Wunden, die sich entzündet haben …«

Einmal zeigte er auf eine Stelle weit über uns, auf ein ziemlich heruntergekommenes Anwesen, und wir stiegen hinauf zu einem Mann mit zerknittertem, schmerzverzerrtem Gesicht. Er hielt sich die Seite und sah zu Puschkin auf. Es gab nichts, was man hätte tun können. Puschkin bewegte sich mit gespielter Zuversicht in dem abgedunkelten Raum, obwohl er kaum mehr als seine Gegenwart und seine priesterlich dröhnende Stimme anzubieten hatte: Trink diesen Tee, meide die Kälte. Er kitzelte den Hund des Mannes am Ohr, erkundigte sich nach seiner Tochter und verabschiedete sich mit einem aufmunternden Schulterklopfen. Als wir wieder draußen in der Sonne standen, sagte er: »Wenn ich das nächste Mal komme, ist er tot.«

Den größten Teil dieses Tages verbrachten wir auf den Beinen. Anfangs folgte der Pfad dem Flußlauf, dann führte er durch einen Wald zu einem hohen Gebirgspaß. Von dort warfen wir einen Blick zurück und sahen unter uns die schimmernden Dächer des Dorfes, die Windungen des Flusses und im Westen die Umrisse der schneebedeckten Gipfel.

Puschkin war unermüdlich. Er hatte es nicht eilig, aber er ging, ohne sich eigentlich bewußt zu sein, was er tat. Gelegentlich versank er tief in Gedanken, und ich konnte sehen, wie sich die Stirn runzelte und die schwarzen Augenbrauen eng zusammenzogen. Dann sank der Kopf noch tiefer, und die Brauen zuckten – bis er plötzlich heftig den Kopf schüttelte, sich aufrichtete und rief: »Wie geht's den Beinen? Alles in Ordnung?«

»Alles in Ordnung.«

»Denk an die Höhe.«

Die Höhe war eine von Puschkins Lieblingsdiagnosen. Es war seine pauschale Erklärung für sämtliche Zipperlein derer, die nicht aus den Bergen stammten. Wenn ich müde war, dann lag es an der Höhe. Wenn ich nicht gleich begriff, was er meinte – die Höhe. Wenn er uns beide abends in irgendeiner schummrigen Bleibe so zum Lachen gebracht hatte, daß wir uns die Bäuche hielten, sah er mich an und stammelte: »Mach dir keine Sorgen ... das ist bloß ... die Höhe.«

Am zweiten Tag hörten wir unweit des Dorfes Edica Schüsse. Dann teilten sich die Blätter, und es tauchte ein Mann mit einer Kalaschnikow vor uns auf. Puschkin blieb stehen. Plötzlich brüllte er:

»Batras!«

Sie umarmten sich. Der Mann trug einen schwarzen Hut

und hatte dunkle, sonnenverbrannte Haut. Er war auf der Jagd gewesen und offensichtlich vernarrt in sein Gewehr. Während wir nebeneinander hergingen, feuerte er hin und wieder ein paarmal in die Luft, drehte sich zu uns um und grinste. Nach einer Weile kehrte er in den Wald zurück. Eine Zeitlang begleitete uns noch das unregelmäßige Knattern seines Gewehrs.

Puschkin zuckte jedesmal zusammen. »Was zum Teufel soll diese Ballerei?« murmelte er vor sich hin, und sein Schritt wurde schneller. Dann fing er an, mir eine Geschichte zu erzählen, und dabei entspannte er sich wieder.

Es war im Winter 1973. In den höherliegenden Tälern lag der Schnee zwei Meter hoch. Eines Nachts hatte er unten in Roka über dem Pfeifen des Windes ein Klopfen gehört. Er war aus dem Bett gesprungen und hatte die Tür aufgerissen. Draußen stand ein Schafhirte, bis zum Bauch im Schnee versunken. (Puschkins Geschichten waren immer sehr dramatisch.)

»Da ist eine Frau in Ermani, Puschkin«, keuchte der Hirte. »Sie kann ihr Baby nicht kriegen.«

Es dauerte fast die ganze Nacht, bis sie das Dorf erreichten. Als sie ankamen, hatten sich bereits Hunderte von Leuten im Haus eingefunden. Puschkin sagte zu ihnen: »Raus mit euch! Alles raus!« Dann sah er sich die Frau an. »Warum habt ihr mich gerufen? Diese Frau ist tot!« Doch im gleichen Augenblick bewegte sie sich. Er griff nach ihrem Handgelenk und fühlte einen schwachen Puls. Erneut rief er den anderen zu: »Macht, daß ihr rauskommt!« Der Urgroßvater der Frau – er war hundertfünfunddreißig Jahre alt – trat zu ihm und sagte: »Tu, was du kannst, Puschkin. Ich würde mein Leben für sie hergeben!« Nun ja, Puschkin beförderte ihn mit einem Tritt nach draußen. Dann machte er sich an die Arbeit. Mutter und Kind überlebten.

»Und das war das Kind? Der Kerl mit der Knarre?«

»Genau.«

Wir redeten noch eine Weile darüber. Puschkins Stirn war gerunzelt, und seine Brauen zogen sich zusammen. »Aber wenn so was heute passieren würde, hätte ich keine Chance, sie zu retten.«

Am folgenden Tag kamen wir zu einem Dorf. Ein schlammiger Pfad schlängelte sich zwischen eng beieinanderstehenden Häusern entlang. Puschkin kannte dort eine Familie, die in einem einstöckigen Haus lebte – unten der Stall, oben drei Räume. Söhne und Enkelinnen saßen um den Tisch. Die Großmutter lag den ganzen Abend auf einem Bett in der Ecke und starrte an die Decke. An der Wand hing eine Collage mit fünf Gesichtern.

»Onkel und Tanten«, erklärten sie. »Der hier ist hundertzwanzig, die hundertfünfzehn, die hier hundertdreiundzwanzig …«

»Und deine Großmutter?«

»Ach, die ist erst fünfundneunzig.«

Am Morgen sagte eine der Frauen: »Ich will euch den Grabstein zeigen.« Sie führte uns zu einem kleinen Hügel vor dem Dorf. Der Stein war von Flechten überwuchert und arg verwittert. »Das sind meine ältesten Verwandten, Onkel und Tante.« Der Wind blies ihr das Haar ins Gesicht. Auf einer Seite des Steins stand geschrieben: »…165 Jahre … ihr Mann … gestorben im Alter von 173«.

Als wir das Dorf verließen, fragte ich Puschkin: »Glaubst du, daß die Zahlen stimmen?«

»Natürlich. So alt wurden sie damals.«

»Aber warum gibt es das heute nicht mehr?«

»Weil wir Hefe essen.«

»Ist das alles?«

»Heute ist eben alles anders.«

Für Puschkin war ein solch hohes Alter nur einer von vielen

verschwundenen Schätzen aus der sowjetischen Vergangenheit, so was Ähnliches wie ein voller Medizinschrank, die Schafe der Kolchose oder Frieden zwischen den Völkern der ehemaligen Sowjetunion.

Doch Behauptungen über ungewöhnlich alte Menschen beschränken sich nicht auf den Kaukasus. Ciceros Frau starb mit hundertdrei Jahren. 1635 wurde Thomas Parr angeblich im Alter von hundertvierundfünfzig Jahren König Charles I. von England vorgestellt. Er hatte mit circa hundertzwanzig einen Sohn gezeugt, der hundertdreiundzwanzig Jahre alt wurde. Hundertvierundfünfzig war auch eine Frau in Moskau, die sich in den fünfziger Jahren daran erinnern konnte, sowohl Puschkin als auch Nekrassow kennengelernt zu haben. Im Jahr 1958 starb in Bogotá ein Veteran des kolumbianischen Unabhängigkeitskrieges im Alter von hundertneunundsechzig Jahren.

Die Anden im Süden von Ecuador sind bekannt für die Langlebigkeit ihrer Bewohner, wie auch das Hznza-Hochland von Kaschmir. Doch nirgends, so scheint es, werden die Menschen älter als im Kaukasus und im Transkaukasus. Sowjetische Statistiker errechneten, daß in der Sowjetunion insgesamt die Zahl der über Hundertjährigen pro zehntausend Einwohner bei acht lag; in Armenien stieg sie auf fünfundzwanzig, in Georgien auf achtunddreißig, in Aserbaidschan auf neunundvierzig – und in der Enklave Karabach waren es sogar neunundsechzig. Sowjetische Wissenschaftler interessierten sich brennend für das Phänomen, denn sie glaubten, daß ein langes Leben wie alles andere auch nur eine Frage der richtigen Politik sei. Man hielt Symposien für Gerontologen ab. Ganze Institute widmeten sich allein diesem Thema und seiner Erforschung. 1967, am fünfzigsten Jahrestag der Oktoberrevolution, konnte Breschnew stolz verkünden, daß Sowjetbürger mittlerweile einer durchschnittlichen Lebenserwartung von siebzig Jahren entgegensehen könnten. Unter dem Zaren hatte Rußland die geringste Lebenserwartung in ganz Europa gehabt – mehr als zweiunddreißig Jahre konnte ein Russe 1897 nicht erwarten. Seit dem Ende der Sowjetunion ist diese Zahl wieder auf siebenundfünfzigeinhalb Jahre zurückgegangen.

In Moskau hatte ich ein Buch mit dem verwirrenden Titel *Auch du kannst 200 werden!* entdeckt. Es enthielt unter anderem einen Abriß der Arbeit von Professor Manuel Alijewitsch Ibrahimow vom Institut für Fortgeschrittene Medizinische Studien in Baku. Ibrahimow hatte mehrere Jahre lang Menschen in sehr hohem Alter untersucht. Zwar hütete er sich erwartungsgemäß, das Phänomen der ungewöhnlich alten Menschen auf eine bestimmte Ursache zurückzuführen, machte jedoch auf ein paar allgemeine Kennzeichen ihrer Lebensweise aufmerksam.

Ernährung: Normalerweise 2500 bis 3000 Kalorien pro Tag. Wenig Alkohol. Große Mengen Tee, kein Kaffee. Viele Granatäpfel, kaum Brot, viele Milchprodukte und gekochtes, mageres Fleisch. Viele Walnüsse. Die von ihm befragten alten Menschen neigten dazu, das Gewicht, das sie mit dreißig erreicht hatten, zu halten.

Arbeit: Wichtig ist Regelmäßigkeit. Die meisten gingen jeden Tag mindestens fünf Kilometer zu Fuß und arbeiteten bis zum Lebensende.

Lebenseinstellung: Negative Gedanken oder übermäßig starke Emotionen galten als schädlich. Ein Hundertfünfundfünfzigjähriger schrieb sein hohes Alter der Tatsache zu, daß er in seinem ganzen Leben nie jemanden beneidet hatte und Menschen, die ihn ärgerten, aus dem Weg gegangen war. Sie waren anpassungsfähig und gesellig.

Sex: Regelmäßig bis ins hohe Alter. Viele über Hundertjährige waren noch Väter geworden und schrieben ihre Potenz einer Kombination aus Walnüssen und Honig zu.

Puschkin sagte, er erinnere sich an viele alte Menschen. Als

Junge hatte er einen Mann gekannt, der mit siebzig Koch von General Jermolow geworden war, dem Eroberer des Kaukasus. Doch der älteste Mensch, den er gesehen hatte, war eine Frau, die im Alter von hundertvierundneunzig Jahren noch einen Faden durch ein Nadelöhr führen konnte. Sie starb auch nicht an einer Krankheit, sondern wurde auf dem Weg zu einer Freundin von einer Lawine in den Tod gerissen. Und wenn die Lawine nicht gewesen wäre – wer weiß? Dann lebte sie vielleicht heute noch.

Der Abend dämmerte, als Puschkin plötzlich stehenblieb und sich duckte. Etwas vor uns stieg Rauch von einem Feuer auf. Wir blieben eine Weile reglos hocken, dann schlugen wir uns seitwärts in die Büsche und kehrten nach einem großen Bogen wieder zum Pfad zurück.

»Tschetschenen«, flüsterte er.

Im Dunkeln ging es weiter Richtung Ermani. Glühwürmchen tanzten in der stillen Luft. Puschkin war nervös. Beim kleinsten Geräusch blieben wir stehen.

Das Dorf Ermani lag höher als alle anderen. Puschkin behauptete, es sei das höchstgelegene in der ganzen ehemaligen Sowjetunion. Dahinter gab es nur noch Berge und die zerfaserte Grenze der selbstproklamierten ossetischen Republik. Hier oben hatten sie die alanische Lampe gefunden. Wir übernachteten bei einer Familie in einem Haus, das nur aus einem einzigen großen Raum bestand. Die Betten standen Kopfende an Fußende entlang der Wände. Sie wußten nichts von alanischen Lampen. Nur das Horn, sagten sie. Das hätten die Alanen erfunden – das Horn als Trinkgefäß. Man setzt es auf dem Tisch ab, ungefähr so, aber es will einfach nicht aufrecht stehen, also muß man trinken. Das haben die Alanen erfunden.

Es gab drei Söhne, die sich um die Schafe kümmerten, seit es die Kolchose nicht mehr gab. Das Dorf war einmal ganz verlassen gewesen, doch in den fünfziger Jahren waren viele Leute wiedergekommen und hatten sich hier niedergelassen. Unter Breschnew war es wohlhabend gewesen. Wir saßen alle zusammen um den Tisch. Die Paraffinlampe warf ein trübes Licht auf ihre verhärteten Gesichter.

Die Mutter zog ein großes rundes Brot aus dem Ofen. »Wir warten nicht mehr auf ein besseres Leben. Wir beten nur um Gesundheit.« Ihre Söhne blätterten in Illustrierten und sprachen über alte Kolchosezeiten. Die Illustrierten enthielten Aufnahmen von Mähdreschern inmitten honigfarbener Weizenfelder. Sie stammten vom April 1967, Oktober 1963 und Juli 1965.

Die Morgensonne erwärmte die steinerne Treppe vor dem Haus. Wieder einer dieser atemberaubenden kaukasischen frühen Morgen. Über dem Dorf schimmerten Schneefelder vor den Bergspitzen. Winzige sahnefarbene Wölkchen zogen über das Tal. Von den Gipfeln fielen die Felsen steil ab zu Hängen, die immer grüner und sanfter wurden, bis sie in Wiesen übergingen. Dort wuchsen so viele Blumen, daß man das Gras kaum sah. Weit oben im Tal erhob sich eine Rauchwolke über dem Lager der ossetischen Grenzposten. Die Sonne war gerade über den Gebirgskamm geklettert.

Kolja, der zwölfjährige flachsblonde Enkel des Hauses, erschien im Hof. Er zog einen Stock durch den Schlamm hinter sich her.

»Onkel Philip?«

»Ja, Kolja.«

»Wo liegt der Chitixaca-See?«

»In Südamerika.«

»Ist das in der Nähe von wo du wohnst?«

»Nein.«

»Und Tokio?«

»Auch nicht.«

»Habt ihr Schlangen?«

»Ein paar.«

»Ich habe letzte Woche eine Schlange getötet.«

»Wirklich?«

»Sie war dicker als mein Bein!«

»Wie hast du sie getötet, Kolja?«

»Ich habe einen speziellen indischen Tee getrunken. Wenn sie mich gebissen hätte, wäre nichts passiert.«

»Ist ja toll!!«

»Gibt es Elefanten bei euch?«

»Nein.«

»Vulkane?«

»Nein.«

»Wir haben Vulkane. Der Berg da drüben ist einer. Da habe ich letzte Nacht mit den Schafen geschlafen.«

»Wie viele Schafe hast du denn?«

»Neununddreißig.«

»Das sind aber viele!«

»Ja. Und einmal war ich Sportsmann und hatte ein Gewehr. Damit habe ich in die Luft geschossen und bin über alle Berge gelaufen und dann bin ich von dem da heruntergesprungen und habe auf Kolchosenart gekämpft. In Wirklichkeit habe ich nur drei Schafe, aber eins ist gestorben. Wenn ich groß bin, will ich Henker werden. Kennst du Bruce Lee? Er kämpft auch auf Kolchosenart –«

In diesem Augenblick entdeckte Kolja ein Lamm, das sich in den Hof verirrt hatte. Er scheuchte es hinaus auf den ausgetrockneten Lehmpfad und durch das Gatter auf die nicht eingezäunte Wiese, wo die Herden im Schein der Bergsonne weideten.

Ein wenig später wanderte ich mit Puschkin zur Schneegrenze hinauf. Bei den Ruinen eines Wachtturms stießen wir auf die ossetischen Grenzposten. Sie hausten in zwei Tarnzelten und hatten die Aufgabe, Georgier oder Tschetschenen am Überschreiten der Grenze zu hindern. Ihr Kommandeur zeigte auf das Gebirge ringsum. Wir konnten die Position seiner Männer gerade noch ausmachen. Dann legte er Puschkin einen Granatwerfer auf die Schulter und zeigte ihm, wie man ein Ziel anvisiert.

Puschkin schnaubte verächtlich, gab ihm die Waffe zurück und erzählte, wie er mal, nur mit einem Stock bewaffnet, eine Gruppe von georgischen Truppen in die Flucht geschlagen hatte. Die Georgier waren mit einem Helikopter gelandet. Er war zu ihnen hingegangen und hatte gesagt: »Macht, daß ihr wegkommt, und zwar sofort!« Sie hatten ihn ausgelacht. Da hatte er ihnen erklärt, daß vier Scharfschützen mit Präzisionsgewehren auf sie angesetzt seien. Wenn er den Stock höbe, würden sie auf der Stelle schießen und dann bliebe von ihnen nichts mehr übrig als ein Häuflein Asche. »Tja, da sind die Georgier in ihren Helikopter zurückgesprungen, als sei der Teufel hinter ihnen her!«

An diesem Abend war Puschkin in Hochform. Es war schon spät, und die Paraffinlampe warf ein gelbes Licht auf die Gesichter der Ermani-Familie. Puschkin füllte sein Horn mit *arak*, hob es und sagte: »Ich kenne einen Witz.«

Dabei gluckste er jetzt schon in sich hinein. »Einmal kamen ein paar Amerikaner her, die sagten: Mal sehen, woraus diese Kaukasier gemacht sind. Also gingen sie rauf zu einem Mann und sagten: Hör mal, Freundchen, hier haben wir einen zweihundertprozentigen Schnaps. Versuch ihn. Mal sehen, was passiert.«

(Puschkin kippt seinen eigenen Drink.)

»Ffffaaaah! Der Mann trinkt das Glas in einem Zug aus, dann geht er zurück auf sein Weizenfeld und furzt – und bei Gott, ich schwöre, er brannte sich ein Loch in die Hose!«

(Puschkin kann kaum an sich halten.)

»Dann kommen zwei Männer zu seinem Feld und sagen: Warum hat deine – es sind dieselben Amerikaner wie vorher, aber er erkennt sie nicht – warum hat deine Hose ein Loch? Und warum hast du dir den Finger in den Arsch gesteckt? Er antwortet: Weil hier ein paar Halunken vorbeigekommen sind und mir ein schreckliches Teufelszeug verabreicht haben, und jetzt will ich nicht, will ich nicht –«

(Puschkin hämmert mit dem Horn auf den Tisch.)

»– will ich nicht noch meine ganze Ernte verlieren!«

Jetzt biegt er sich vor Lachen. Wieder und wieder erzählt er die Pointe, kaum daß er einen Moment Luft schnappen kann. Und ich lache mit. Ich lache über Puschkins Lachen, und er glaubt, es ist wegen der Pointe, und wiederholt sie noch einmal, und ich hoffe bei Gott, daß er endlich aufhört. Aber er denkt gar nicht dran. Muß an der Höhe liegen.

Und da ist er wieder, am nächsten Tag, in einem anderen Dorf, bohrt mit seinem Haselnußstock Löcher in den Schlamm, wenn er vom Gebirgskamm heruntermarschiert, und brüllt allem, was sich bewegt – Hunden, Ochsen, Schweinen, Kindern – »Holla! Holla!« entgegen. Er holt mit seinem Stock aus, als wollte er sie schlagen, schreit und springt auf einen Holzklotz, um sich über den Gartenzaun hinweg mit einer Frau zu unterhalten, die gerade entbunden hat und sich fragt, sich immer wieder fragt, ob der Ausschlag, den ihr armer Kleiner – ihr Würmchen! – entwickelt hat, je wieder verschwinden wird.

Schule Nr. 5

Puschkin hatte mir von drei Russen erzählt, die etwas tiefer im Tal in einer alten Kupfermine lebten. Auf dem Weg nach Chinvali, der Hauptstadt der improvisierten Republik Süd-Ossetien, suchte ich sie auf.

Ein grasbewachsener Weg führte zum Maschinenhaus hinauf. Daneben waren Haufen von rostrotem Stahl aufgestapelt. Das Unkraut aus dem Tal hatte angefangen, das Minengelände wieder zurückzuerobern – Maschinenhaus, Geräte und auch die Spanplatte, wo Waleri und Andrej beim Schachspielen saßen.

»Was führt dich in unsere Ferienanlage?« fragte Waleri.

Ich erzählte ihm, daß ich oben im Tal gewesen war und nach alten Leuten gesucht hatte. »Aber sie waren alle tot.«

»Kein Wunder.«

Ich erzählte ihm auch, daß ich auf dem Weg zu den Duchoborzen am anderen Ende von Georgien war.

»Dann sind wir also nicht die einzigen Russen, die es hierher verschlagen hat?«

Andrej beugte sich vor und klopfte mir auf den Arm. »Wie wär's mit einem Doppelten?«

Das Schachspiel wurde abgeräumt, und Andrej entkorkte die Wodkaflasche. Als es anfing zu dämmern, zündete Waleri ein paar Kerzen an. Wolodja, der Dritte im Bunde, kam herein und zog sich die Stiefel aus.

»Wir sind jetzt schon bei der zweiten Reihe«, verkündete er und stellte eine Schüssel mit Kartoffeln auf den Tisch.

Sechs Monate waren verstrichen, seit dieser Kerntrupp aus Rußland hierhergeschickt worden war, um die Stollen trockenzuhalten und auf bessere Zeiten zu warten. Seit vier Monaten waren sie nicht mehr bezahlt worden, und jetzt hatten sie nicht mal mehr Geld, um nach Hause zurückzukehren.

»Die Osseten sind gut zu uns«, sagte Waleri. Er räumte die Mine leer, verkaufte ein Stück nach dem anderen.

Plötzlich flammte eine nackte Glühbirne auf; der Kühlschrank gab sich einen Ruck und erwachte brummend zum Leben. Waleri blies die Kerzen wieder aus. Andrej nahm eine Schallplatte aus ihrer Hülle, und gleich darauf erklang die schmalzige Stimme von Wladimir Wyssozki.

»Unser Barde», sagte er. »Das ist unser Bob Dylan.«

»Dom Khrustalny«, »Beloye Bezmolviye« – Wyssozki watete durch seine Songs, als könnten sie jeden Moment über ihm zusammenschlagen. Die drei Männer versanken in Schweigen. Jeder starrte auf einen anderen Punkt in der dämmrigen Hütte. Diese gestrandeten Minenarbeiter gehörten einer bestimmten Generation an, der Breschnew-Generation, der Wyssozki-Generation. Als sie volljährig wurden, war die Sowjetunion bereits tot. Breschnew wurde mit Beruhigungsmitteln und Schlaftabletten am Leben erhalten. Wyssozki trank und starb 1980 am Suff; Breschnew überlebte noch zwei Jahre. Jetzt, im neuen Rußland, war kein Platz mehr für die passiven Gemüter, die unter ihnen großgeworden waren.

Draußen war es dunkel. Durch die offene Tür zog es kalt von den Bergen herein. Andrej griff nach der Flasche. »Ich habe nachgedacht.«

Waleri lachte. »Jetzt wird's gefährlich.«

»Diese alten Leute hier – ich glaube, ich weiß, warum sie so lange gelebt haben.«

»Warum denn?«

»Aus Gewohnheit.«

»Blödsinn, Andrej!« schnaubte Waleri verächtlich. »Wie kann man aus Gewohnheit leben?«

»Nein, jetzt hör doch erst mal zu. Die meisten Leute leben, bis sie sechzig oder siebzig werden. Wenn man achtzig oder neunzig wird, sagt jeder, daß sie alt sind, stimmt's?«

»Stimmt.«

»Tja, wenn also alle das sagen, dann wird es nicht lange dauern, bis man es glaubt, oder? Und das ist der Fehler.«

»Was ist der Fehler?«

»Zu glauben, man sei alt. Wenn man sich für alt hält, stirbt man auch. Aber wenn man es schafft, hundert zu werden, kräht kein Hahn mehr danach. Es wird einfach langweilig. Deshalb leben die alten Leute immer weiter.«

Waleri schüttelte den Kopf.

»Das ist wahr, Waleri.«

»Das ist Quatsch.«

Wolodja, der dritte, seufzte, nahm die Kartoffeln und ging über den Hof zur Kantine. Als wir etwas später folgten, duftete es im Speisesaal nach Essen. Er hatte die Ecke eines Tisches gedeckt. Die anderen waren mit Zeitschriften, Müll, alten Schachbrettern, Maschinenwerkzeugen und Staub bedeckt. Neben der Durchreiche zur Küche hing ein rotes Filzbrett mit der Aufschrift: MENÜ. Darauf hatte Wolodja einen Zettel mit dem Datum und dem heutigen Speiseplan gepinnt:

Suppe

Bratkartoffeln, Kolbasa, Käse

Tee oder Kaffee

Außerdem hatte er sich eine weiße Schürze umgebunden, um das Essen zu servieren. Diese drei vergessenen Gestrandeten – die mit wahrer Engelsgeduld gesegnet waren – wahrten selbst in ihrer Mine immer die Form. Aber vielleicht war auch das bloß Gewohnheit.

Am Morgen verließ ich die Minenhüter und setzte meine Reise nach Süden fort. Die einzige größere Straße der Republik führte von den Bergen hinab in die Hauptstadt. Chinvali war eine belagerte Stadt. Die Front der Georgier war so nahe, daß sie problemlos Lenins bronzene Brust mit einer Granate hätten treffen können. Seine Statue stand unweit der verlassenen Eisenbahnstation; Tageslicht fiel durch die Wunde im Rücken. Aus Mangel an besseren Alternativen hatte die Verwaltung ihren Lenin stehenlassen und war seinem in Mißkredit geratenen *apparat* treu geblieben.

In Chinvah gab es nur ein einziges Hotel, das geöffnet hatte, und dieses hatte nur ein einziges Angebot – die ParteiSuite, eine bizarre Ansammlung von vier Räumen: Schlafzimmer, Bad, Küche und einen Salon mit drei Sofas. Ein langer Tisch stand in der Mitte des Salons. Es gab weder Strom noch Wasser.

Als ich in dieser Nacht auf der Suche nach etwas Eßbarem durch die dunklen Straßen irrte, entdeckte ich das verlockende Licht der Stadtbäckerei. Drei Frauen waren über den unterirdischen Ofen gebeugt und legten abwechselnd Reisig nach oder klatschten ovalförmige Teigklumpen gegen die Ofenwände. Ein Mann mit Rollkragenpullover wartete mit mir auf das nächste frische Brot. »Ich habe nicht viel zu Hause, aber komm trotzdem mit«, sagte er.

Wie sich herausstellte, war er der stellvertretende Präsident der Republik. In seiner Wohnung saß ein Journalist aus Rostow, ein Donkosak. Ich erzählte ihm, daß ich vor ein paar Monaten dort gewesen war, und er grinste. »Bei uns heißt es immer, wenn Odessa die Mutter des Verbrechens ist, dann ist Rostow der Vater.«

Der stellvertretende Präsident stellte einen Krug Wein auf den Tisch. »Als du das letztemal hier warst, brach der Krieg aus. Weißt du noch?«

Der Journalist nickte.

»Wir mußten ohne Schweinwerfer durch die Straßen fahren.«

»Und überall schlugen Granaten ein.«

»Und dann hast du einen Artikel geschrieben und mich als Mörder beschimpft.«

»Wirklich?«

»Ich habe ihn aufgehoben.«

Der stellvertretende Präsident beobachtete genüßlich das Unbehagen seines Gastes. Man konnte sich gut vorstellen, daß ein Körnchen Wahrheit in dem enthalten war, was der Journalist geschrieben hatte.

Der Ausbruch des Bürgerkriegs 1991 hatte nicht nur die übliche verwirrende Barbarei zur Folge, sondern auch eine Reihe von seltsamen Erscheinungen. Viele Menschen hatten das Raumschiff gesehen, das eines Morgens am Himmel über Chinvali aufgetaucht war – fünfzig Meter lang und mattschwarz. Es schwebte mehrere Minuten lang völlig lautlos über der Stadt. Irgendwer hatte mir heute schon eine Zeichnung davon angefertigt:

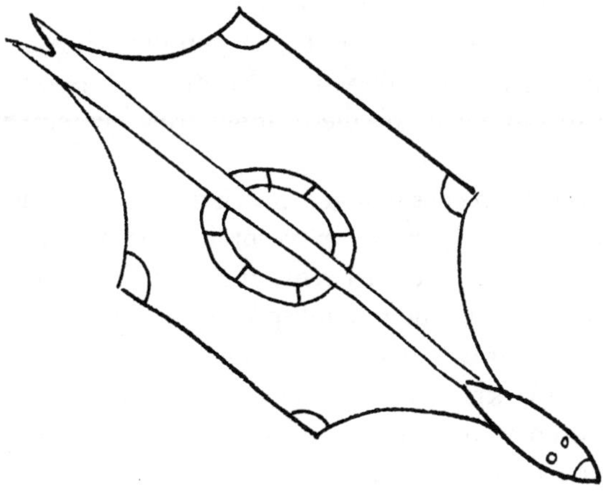

Der stellvertretende Präsident erklärte, er besitze ein Video davon. Als ich fragte, ob ich es sehen dürfe, lächelte er vielsagend und machte mich darauf aufmerksam, daß es keinen Strom gab.

Der heilige Georg war ebenfalls häufiger Gast in jenen Tagen gewesen. Im nord-ossetischen Digora war eines Winterabends seine schimmernde Gestalt hoch zu Ross erschienen. Er hatte ein paar Frauen ermahnt, ihre Männer am Trinken zu hindern; schwere Zeiten stünden bevor. Eine der Frauen hatte behauptet, der Heilige habe sie um ein Glas Milch gebeten. Am nächsten Morgen hatte die ganze Stadt die Spuren seines Pferdes im Schnee gesehen.

Doch in Ossetien wie auch anderswo verbirgt sich hinter dem heiligen Georg ein viel älterer Heldenkult. In diesen Bergen ist sein Name mit einem hausgemachten Heiligen namens Uastardji sozusagen austauschbar. (Hausgemacht mag er sein, dennoch hat sein Name große Ähnlichkeit mit *wasta*, dem arabischen Ausdruck für »Fürsprecher«, in seiner säkularen Bedeutung, wohingegen – *dji* ein türkisches Suffix ist.) Viele Heiligenstätten am Straßenrand sind ihm gewidmet. Für ihn sparte sich Puschkin, der Doktor, seine besten Vorstellungen auf. Feierlich hob er sein mit *arak* gefülltes Horn zum Himmel und rief mit dröhnender Stimme: »Uas-tar-dji!« Ich wußte nie so genau, ob diese Show ernst gemeint war oder nicht.

Die Verehrung des heiligen Georg und Uastardji ist bedeutsamer und sicherlich weiter verbreitet als das angeblich im Land vorherrschende Christentum. Sämtliche ossetischen Feste beginnen mit einem Trinkspruch auf Gott und Uastardji und enden mit einem auf Uastardji allein. Besonders mächtig ist er zwei Wochen lang im November. Ehen, die in dieser Zeit geschlossen werden, halten garantiert ein Leben lang. Wenn man ein ossetisches Haus betritt, entdeckt man rechts von der

Tür unweigerlich eine Nische, die für Uastardji reserviert ist. Häufig wird er als Reiter auf einem geflügelten Pferd dargestellt. In den pferdebesessenen Kulturen der Skythen, Sarmaten und Alanen galt das geflügelte Pferd als Darstellung der Sonne, während der Mond durch dieselbe Figur, diesmal auf dem Rücken liegend, symbolisiert wurde.

In Georgien ist Tetri Georgi – »weißer Georg« – die Bezeichnung nicht nur des Mondgottes, sondern auch der Name einer Gruppe von hitzköpfigen georgischen Nationalisten. Der heilige Georg ist der Schutzheilige der Georgier. Im dreizehnten Jahrhundert beschrieb der romanische Patriarch Jacques de Vitry ihre Ankunft in Jerusalem folgendermaßen:

> Diese Männer werden Georgier genannt, weil sie den heiligen Georg, den sie über alle anderen Schutzpatrone stellen und im Kampf gegen die Ungläubigen zu ihrem Bannerträger gemacht haben, besonders innig verehren.

Daß die Georgier den heiligen Georg hoch schätzen, ist sicherlich wahr – doch nicht der Grund, warum sie Georgier heißen. Diese Bezeichnung wurde von *Gurj* abgeleitet, dem Namen, den Araber und Perser schon seit alters her für dieses alte kaukasische Volk benutzt haben.

Im ossetischen Pantheon hat die Gestalt des heiligen Georg/Uastardji nur einen ernstzunehmenden Rivalen, und das ist die Zahl drei. Drei ist das Zeichen der heiligen Ordnung, des obersten Bundes, und jedes weltliche Unterfangen, das ihm nacheifert, steht automatisch unter göttlichem Schutz. Ossetische Frauen backen drei Kuchen als Gebet, Männer sprechen drei (oder dreimal drei) Trinksprüche aus; frisch Verheiratete müssen dreimal um den Herd ihres neuen Heims gehen. Der Mensch wird geboren, lebt und stirbt; drei Generationen machen ein Jahrhundert; Mutter, Vater und Kind bilden die ewige Gleichung des Lebens. Der Schmied, dieser heidnische Priester, hat drei Werkzeuge: Hammer, Amboß und Zange.

Und so geht die Liste weiter. In Ossetien dauert es nicht lange, bis man das Gefühl einer schleichenden Infektion bekommt. Plötzlich entdeckt man überall die Dreien – dreibeinige Hocker, drei kreisende Adler über dem Berggipfel, drei Donnerschläge. Uastardji selbst macht keine Ausnahme in dieser zwanghaften Dreierfixierung – sein prächtiges, geflügeltes Ross hat nur drei Beine.

Als ich am nächsten Morgen den stellvertretenden Präsidenten besuchte, war ich nicht überrascht, in ihm einen Experten des Uastardji-Kults zu finden. Er hatte seine Magisterarbeit über dieses Thema geschrieben und ließ sich viel lieber über die »Bedeutung von Uastardji in Krisenzeiten« aus als über Regierungsangelegenheiten. Die Strenge seines Schreibtischs, an den sich ein meterlanger Konferenztisch anschloß, unterbrachen nur die drei Telefone: ein gelbes, ein graues und ein rotes. Wenn das graue klingelte, war seine Sekretärin dran; das gelbe benutzte seine Frau. Das rote blieb stumm. Ich konnte mir nichts anderes vorstellen, als daß es für Uastardji persönlich reserviert war.

Das Zimmer war ein Schrein. Zwei Betten mit Eisengestellen, weiße Tagesdecken, Linoleumboden, ein Teppich vor der unverputzten Wand. Dort saßen wir stumm zu dritt nebeneinander, der Vater auf einer Seite, eine der Witwen auf der anderen. Zwischen den Betten stand ein Tisch mit einem gestärkten Deckchen, einer Flasche Mandarinenwodka, einem Tannenzapfen und Fotos der beiden Jungen. Sie waren vor genau drei Jahren umgekommen, und heute war der Tag ihres Gedenkfestes.

Der jüngere war von einem Heckenschützen getroffen worden. Er fiel, als er das offene Feld neben dem Stadion überquerte. Zwei Tage später war sein Bruder bei einem Verkehrsunfall getötet worden. Seine Witwe, die neben mir saß, hatte mit im Wagen gesessen. Einen Monat lang hatte sie im Koma gelegen, ohne zu wissen, was passiert war. Dann, als sie zum Grab ihres Schwagers ging, hatte man ihr gesagt: »Dein Mann liegt auch hier.«

Wir aßen unten, alles in allem zehn Personen. Die Tür stand offen. Ich konnte die Sonne im Hof draußen sehen und dahinter ausgebrannte Häuser und noch weiter hinten einen niedrigen Hügel – das war Georgien.

Der Vater der Jungen erhob sich und hielt eine Ansprache. In seinen Augen standen Tränen. »Mein Vater war Bäcker. Als ich zehn war, wurde er eingezogen, und ich sah ihn nie wieder. Der Krieg hat mir auch meine Söhne genommen; jetzt kenne ich ihren Schatten besser als mein eigenes Leben.«

Zum ersten Mal seit drei Jahren trank er Alkohol. Dann setzte er sich mit feuchten Augen wieder hin und sagte nichts mehr. Alle um ihn herum aßen und redeten und machten Witze, doch er schwieg, bis die Mahlzeit beendet war. Dann stand er auf. »Ich möchte mich bei euch allen bedanken, daß ihr heute gekommen seid. Doch nun bitte ich euch, mit mir zur Schule Nr. 5 zu kommen.«

Die Schule Nr. 5 befand sich im Westen der Stadt, in einer Gegend mit ausgebrannten Wagen und beschädigten Gebäuden. Vor dem Eingang lag das rostige Dach eines Busses. Die Schule war keine Schule mehr, sondern ein Friedhof. Den alten hatten sie schon ganz zu Anfang der Kämpfe an die Georgier verloren, und irgendwie hatte sich die Idee festgesetzt, daß der einzige Ort, wo man die Gefallenen beerdigen konnte, der Schulhof war, den viele von ihnen erst vor kurzem verlassen hatten. Wir standen vor den Gräbern der Jungen. Ihr Vater schenkte sich ein Glas Brandy ein, trank es halb aus und kippte den Rest auf die Gräber. Dann reichte er jedem von uns nacheinander das Glas, und wir taten dasselbe.

Schließlich fuhr er sich mit der Hand über den glatten Schädel und sah hinaus auf die Ebene. »Wenn ich jetzt jemanden georgisch reden hörte, wüßte ich nicht, ob ich ihn nicht aus Rache für meine beiden Söhne umbringen würde.«

Am Ende bestand das Problem gar nicht darin, die Front zu überqueren. Man mußte eine ganze Reihe von kleineren Fronten passieren, um in eine winzige Enklave von Georgiern zu gelangen, dann einen Bus nehmen, der durch dieselben Fronten zurückfuhr, quer durch ossetisches Territorium raste und erst jenseits der Hauptgrenzkontrolle anhielt, im eigentlichen Georgien. In der Nähe der Front nahm die Zahl der zerstörten Gebäude zu. Die russischen Friedenswächter hockten auf ihren Panzern und dösten.

Dann fuhr der Bus durch maisgelbe Felder weiter nach Gori, einer in der Ebene gelegenen Stadt mit ungewohnt drückender Hitze.

Im Zentrum von Gori liegt ein Museumskomplex – zwei klassische Gebäude und ein Eisenbahnwaggon. Eines der Gebäude ist über dem Dach einer alten braunen Hütte errichtet worden. In dieser Hütte wurde Stalin geboren, hier ist er aufgewachsen. In diesem Eisenbahnwaggon ist er gereist. In einem der oberen Räume im dritten Gebäude befindet sich seine Totenmaske. Da ich mich mittlerweile an die üblichen aufgeblasenen Darstellungen gewöhnt hatte, war das einzige, was mich an Stalins lebensgroßer Totenmaske erstaunte, wie winzig sie war.

Eine Frau scheuchte mich aus dem Museum, doch das war gar nicht nötig. Es war schon später Nachmittag, und ich wollte unbedingt noch vor Einbruch der Dämmerung Tbilissi erreichen.

Der Hase Samvel und die Jesiden

Der Bus hatte drei Stunden Verspätung. In Tbilissi würde es dunkel sein, wenn ich ankam, und Tbilissi war damals kein Ort, an dem man sich nachts allein herumtreiben sollte.

»Man wird dich mitten auf der Straße abknallen.«

Samvel ahmte mit seinem ausgestreckten Arm ein Gewehr nach. Er war halb Armenier und halb Georgier und mehr als nur halb betrunken. Jetzt stand er schwankend im Gang zwischen den Sitzreihen und redete ziemlich laut. »Komm mit zu mir. Ich schlachte meinen Hasen.«

»Ich komme, aber den Hasen kannst du am Leben lassen.«

»Ich schlachte den Hasen! Wir machen *schaschlyk*!«

»Nein, Samvel.«

Samvel runzelte die Stirn. Die Nachmittagssonne hinter ihm tauchte das Kura-Tal in warmes Licht. In der Ferne erkannte man die blaue Erhebung des Kaukasus.

»Okay, mein Freund. Der Hase soll weiterhüpfen. Ich schlachte einen anderen. Ich habe viele Hasen. Du kannst einen nach England mitnehmen.«

»Er wird ein Visum brauchen.«

»Ich besorg ihm eins!«

»Hat er einen georgischen Paß?«

»Nein. Es ist ein sowjetischer Hase.«

»Dann werden sie ihn für einen Spion halten.«

»Deshalb müssen wir ihn schlachten und *schaschlyk* aus ihm machen. Was meinst du?«

Samvel lehnte sich gegen den Sitz. Sein Gesicht leuchtete vor Aufregung. Er griff nach seinem Mantel und zog einen Brief von seiner Freundin aus der Tasche, den er an diesem Morgen erhalten hatte. Sie schrieb, er müsse sofort nach Tbilissi kommen, sie könne ohne ihn nicht leben. Er müsse ihr ganz genau sagen, wie er für sie empfände, offen und ehrlich. Sie sei nicht sicher, was passieren würde, wenn er nicht auf der Stelle käme und ihr offen und ehrlich sagte, was er fühlte.

Samvels Familie lebte in der Altstadt von Tbilissi, in zwei behelfsmäßigen Baracken am Ufer des Kura. Zwischen den beiden Baracken lag der Hof mit dem festgestampften Lehmboden, und mittendrin stand ein geduckter Granatapfelbaum, der seine Äste über einen kleinen Holztisch breitete. Der Boden unter dem Tisch war uneben. Als Samvels Mutter einen Krug auf den Tisch stellte, bildete das Kirsch*kompot* einen merkwürdigen Winkel zum Rand des Kruges. Samvels Hasen hausten in einem Stall neben dem Tisch.

Die Stunden dieses Abends zogen an mir vorbei wie das sprudelnde Wasser des Kura. Über den Hügeln ging der Mond auf und verfing sich in den Zweigen des Granatapfelbaums. Um Mitternacht befreite er sich und beschrieb einen gemächlichen Halbkreis über den klaren Himmel. Und die ganze Zeit blieben wir am Tisch sitzen, im Mondschein. Der fröhliche Samvel hatte seinen Arm um Tamaras Schultern gelegt; neben ihm saß seine Schwester Jujuna und neben ihr die Mutter, eine Tante, ein Onkel. Alle plapperten armenisch, georgisch und russisch durcheinander, und aus den anderen Gärten und Häusern drang das eintönige Murmeln einer Tbilisser Sommernacht.

Über allerlei Lehmpfade kam der Jeside. Leichtfüßig schritt er auf seinen reifendicken Gummisohlen dahin. Sein gewundener Weg führte über viele Pfade, die sich dunkel und geradezu biblisch alt herabschlängelten. Dann schlüpfte er in den

Hof, ließ das Tor hinter sich zufallen und zog eine Flasche *arak* aus dem gebauschten Hemd. Die stellte er auf den Tisch. Jujuna sah zärtlich zu ihm auf.

»Trunkenbold«, sagte sie.

»Nicht ein Tropfen hat bis jetzt meine Kehle benetzt.«

Er nahm die Flasche, goß drei Gläser voll und schob sie über den Tisch. »Scheich – Pir – Murid. Das sind die Kasten der Jesiden.«

»Und zu welcher gehörst du?« erkundigte ich mich.

Er hob das erste Glas. Der Mond brach sich in seiner Wölbung. »Scheich.«

»Ein Jesiden-Prinz«, seufzte Jujuna.

Samvel stand auf und griff in den Stall nach einem Hasen. Er hielt ihn an den Löffeln fest, während seine Hinterläufe verzweifelt zuckten. »Mama – das Messer!«

Der Jeside beugte sich vor und versuchte den Hasen zu packen, erwischte aber nur einen seiner Läufe. Das Tier plumpste auf den Tisch, zappelte, bis es sich befreit hatte, machte einen Satz und rannte durch den Hof davon. Samvel setzte ihm in der Dunkelheit nach.

Jujuna erzählte von der Reise, die sie letzten Monat gemacht hatte. Bulgarien hatte ihr gefallen, aber Rumänien war voller Zigeuner. Sie war nach Istanbul gefahren und hatte im Basar einen mit Glitzerkram besetzten Ledergürtel gefunden – aber unten am Fluß, der Dreck, mein Gott, der Dreck und der Gestank, und die schmutzigen Kinder. Ihr habt Neger in eurem Land, sagte sie an mich gewandt, du weißt, wie diese Schwarzen stinken. Aber Tschechien, also das konnte sich sehen lassen! Sauber, westlich und keine Spur von Zigeunern.

»Hier in Tbilissi waren wir immer sehr tolerant. Als Breschnew kam, hat er eine Rede der Freundschaft gehalten.« Jujuna malte die Zahl 102 auf den Tisch. »Einhundertzwei verschiedene Volksgruppen lebten in Tbilissi, und alles war friedlich. So lebten wir damals. Und jetzt, hör doch nur –« Zwischen bellenden Hunden und schreienden Kindern erklangen hin und wieder Schüsse in der Ferne. »Was für ein Dreck. Wir brauchen Stalin wieder, um hier aufzuräumen.«

Samvel kehrte mit dem Hasen zurück, ging in die Küche und holte ein Messer. Der Hase schaukelte an den Löffeln hin und her. »Und jetzt ein anständiges Mahl für unsere Gäste!«

Jujuna stand auf und gab Samvel einen Klaps. Sie nahm den Hasen und steckte ihn wieder in den Stall. Samvel starrte auf das Messer und setzte sich dann neben Tamara, doch sie wandte sich von ihm ab. Schließlich rückte er zur Seite und ließ den Kopf auf die Arme sinken. Während er schlief, erzählte der Jeside die Geschichte von dem Mann, der von einem Berg gefallen war, und Jujuna hing hingebungsvoll und gläubig an seinen Lippen.

So nahm er seinen Lauf unter dem Mond, dieser erste Abend in der zeitlosen, von Jahrhunderten glattgeschliffenen Altstadt von Tbilissi, während eine vollendete kleine Granatapfelblüte nach der anderen geräuschlos auf den Tisch fiel. Sie landeten auf unseren Köpfen, auf den Armen und auf dem schlafenden Samvel. Sie fielen in unsere Gläser und auf den Hasenstall, und von den Bäumen am Ufer des Kura fielen sie herab, drehten sich in seinen grauen Strudeln und wurden fortgeschwemmt, hinunter nach Rustavi und weiter bis zum Strand des Kaspischen Meeres, wo es der Legende zufolge so viel Öl gab, daß es an den Schuhsohlen festklebte, wenn man dort spazierenging, und es gab nichts, was man dagegen tun konnte.

»Ich bin leicht zu finden«, hatte der Jesiden-Scheich gesagt. »Ich habe einen Eiswagen an der Ecke des Prospekt Tsereteli.«

Doch Tbilissis überwältigender Zauber lockte mich in ein Labyrinth von kleinen Gassen. In baufälligen Holzhäusern vertat ich ganze Nachmittage mit dem Versuch, den geistreichen vielsprachigen Laz zu finden, jenen blinden Assyrer, der Visionen von der Apokalypse, dem Orden der Kreuzritter, Gurdjieffs Cousin und den russischen Prygunen oder »Springern« hatte. Wie sich herausstellte, war alles ein großer Schwindel. Sie existierten gar nicht. Also entspannte ich mich, vergaß sie und paßte mich dem natürlichen Schlendrian der Stadt an.

In einem Zimmer am Rand der Altstadt stapelte ich meine von der Reise etwas mitgenommenen Notizbücher auf die Steinplatte des Schreibtischs und vertrödelte dort jeden Morgen. Ich war wunschlos glücklich, las ein wenig und verfolgte dabei das Kommen und Gehen und den Stillstand auf der Straße unter meinem Fenster.

Die Vermieterin war eine Frau mit Schlafzimmerblick, deren Mann als Oberst in einer Spezialtruppe der georgischen Armee diente. Zwei Tage später kam er im Anschluß an eine heikle Mission auf Urlaub nach Hause. Er hatte unten im Süden eine Gruppe von Banditen unschädlich gemacht. Und obwohl ich es ihm nicht erzählte, war er in Null Komma nichts darüber im Bilde, daß ich in Süd-Ossetien gewesen war. Nur ein sinnloses Besäufnis zu zweit bewahrte mich davor, aus seinem Haus verstoßen zu werden. Anschließend schlief er zwei Tage durch und kehrte dann an die Front zurück.

Genau gegenüber, auf der anderen Straßenseite, lag das öffentliche Bad der Altstadt. Von der Straße aus sah man nicht mehr als ein paar farblose Kuppeln. Doch am Fuß der Treppe existierte eine andere Welt aus unterirdischen, dampfgeschwängerten Höhlen, wo heiße Schwefelquellen aus dem nackten Felsgestein entsprangen. Da das Wasser in der Stadt zu dieser Zeit rationiert wurde, stieg ich zweimal am Tag diese Treppe hinab, ließ mich vom Dampf aufweichen und kippte das Wasser über meinen Kopf. Nachher trank ich im dazugehörigen Café aus tulpenförmigen Gläsern Tee, und die Sonne fiel durch die kleinen Löcher in der Decke.

Das Café gehörte einer Armenierin mit schrillem, zahnlosem Lachen. »Alle kommen sie zu mir. Der da ist Georgier, der Aseri, dieser Grieche, der hier Russe und der da drüben Armenier. Wenn sie herkommen, um meinen Tee zu trinken, sind sie alle Freunde.«

Zigarettenrauch schwebte durch die Sonnenbalken. Das Stimmengewirr schwoll an. Manchmal öffnete sich die Tür zum Frauenbad, und das Schlapp-schlapp ihrer Schuhe drang aus der dampfenden Gruft nach draußen.

Ich hielt ihn für etwa zwanzig, aber vielleicht war er jünger. Eines Morgens saß er mir gegenüber und erzählte, wie sie ihn unweit des Bads geschnappt hatten, als 1991 die Kämpfe begonnen hatten. Er war weggelaufen und hatte sich in panischer Angst in einem der oberen Räume versteckt. Vier von ihnen waren in das Zimmer gekommen, um zu warten, und als sie ihre Magazine wechselten, hatten sie eine Medizinpackung aufgebrochen und mit Einwegspritzen das Morphium aus einem Fläschchen aufgezogen. »Das nimmt einem die Angst«, sagten sie. »Versuch es mal.« Er hatte abgelehnt und aus dem Fenster hinter ihnen hergespäht, als sie gingen. Sie rannten geduckt über die Straße. Am Kiosk war einer von ihnen gefallen, und der Junge war so nah gewesen, daß er den verdutzten Ausdruck im Gesicht des Mannes hatte erkennen können.

Aus dem Dach der armenischen Kirche Sourp Nishan wuchsen Bäume. Eine alte Frau saß draußen in einem der zugemauerten Fensterbögen. Ihre Füße reichten nicht ganz bis zum Boden. Neben ihr stand ein alter Lederkoffer. Sie trug einen schwarzen Schal und ein schwarzes Kleid. In ihren großen blauen Augen schimmerten Tränen. Sie hieß Mara und war gerade aus Jerewan gekommen.

Mach dir keine Sorgen, sagte sie, es ist schon jemand unterwegs, um Hilfe zu holen. Irgendwelche Leute, die sie kennengelernt hatte. Sie würden ihr ein Zimmer besorgen. Alles wäre sofort wieder gut, wenn sie ein Zimmer hätte. Ihr Kopf war von der Reise wie benebelt, aber wenn sie sich ausruhen könnte, wäre sie im Nu wiederhergestellt.

Der armenische Priester von Tbilissi hatte ihr gesagt, darum müsse sie sich schon selbst kümmern. Sie war aus Jerewan gekommen, um ihren Sohn zu begraben. Es war einige Jahre her, daß sie ihn zuletzt gesehen hatte. Die anderen hatten ihn immer Apollo genannt, weil er so groß wie eine Statue war. Es war ihr einziger Sohn gewesen; jetzt hatte sie niemanden mehr. Er war immer ein guter Junge gewesen, doch als er hergezogen war, hatte er angefangen, mit Messern herumzuspielen, und wenn einer anfängt, mit Messern zu spielen, kommt meistens nichts Gutes dabei heraus. Aber mach dir keine Sorgen, sagte sie, mir wird es gleich besser gehen, wenn nur meine Freunde da sind.

Mehrere Tage später sah ich Mara zufällig wieder. Es war auf einem U-Bahnhof, wo sie mit ein paar Rubeln in der Hand gebückt durch die Menge schlich. Sie bettelte. Ihre Freunde waren gekommen, erzählte sie mir, die zwei, die sie auf der Reise kennengelernt hatte. Sie hatten ein Zimmer für sie aufgetrieben. Der Mann nahm ihren Koffer, und so gingen sie zu dritt los, die Straße hinunter. Es war heiß gewesen, und sie waren ziemlich schnell gegangen. Mara mußte sich anstrengen, um Schritt zu halten. Es dauerte nicht lange, bis andere Leute sich zwischen sie gedrängt hatten, und ihre Augen waren ohnehin nicht die besten. Dann wurden es immer mehr, und sie kam zu einem großen Platz voller Menschen. Sie sah sich um und konnte ihre Freunde nirgendwo entdecken.

Als nächstes hatte Mara versucht, sich die Papiere für die Wohnung ihres Sohnes zu beschaffen. Im Wohnungs-Komitee sagte man, sie solle am nächsten Tag wiederkommen, und am nächsten Tag hörte sie dasselbe. Nach einer Woche hieß es: Die

Wohnung ist verkauft. Also ging sie zur Polizei und meldete, daß man ihre Wohnung gestohlen habe. Was die Polizei für sie tun könne? Der Polizist antwortete: Hör zu, Großmütterchen, jetzt geh und mach uns keine Scherereien.

So konnte sie ihren Sohn nicht beerdigen, hatte kein Geld, um nach Jerewan zurückzufahren, und ihr einziger Besitz war das schwarze Kleid, das sie am Leib trug. Als ich ihr etwas Geld gab, sagte sie, kein Geld zu haben beunruhige sie weniger als kein Kleid zum Wechseln zu haben. Und als ich sie mehrere Wochen später in Jerewan anrief, um zu hören, ob sie wieder zurück war, sagte sie: Ja natürlich bin ich gut angekommen. Ich hatte eine sehr angenehme Reise im Bus. Ich habe eine Frau aus Spitak kennengelernt, die im Krieg ihren Sohn verloren hat. Wir haben bei ihr zu Hause in Spitak Lieder gesungen, und stell dir vor, dann ging sie zu ihrem Schrank – sie hatte eine ganze Reihe von schwarzen Kleidern, und zwei davon hat sie mir geschenkt!

Also bitte, schloß Mara, du brauchst dir wirklich keine Sorgen zu machen!

Eines Nachts gab es ein Gewitter. Ich war gerade zu Besuch bei einem Mann im Westen der Stadt, der vor kurzem die »Gesellschaft heidnischer Philosophen« gegründet hatte. Das war das jüngste in einer Reihe post-sowjetischer Projekte, mit denen er 1991 begonnen hatte. Damals, als sich jede wie auch immer zusammengeschusterte Gruppe als Nation bezeichnete, hatte er sein Apartment zur unabhängigen Republik erklärt, eine Verfassung und ein Grundgesetz entworfen und das Badezimmer zum Nationalpark umfunktioniert. Wenn Journalisten kamen, um ihn zu interviewen, inspizierte er ihre Pässe an der Grenze, also an der Wohnungstür. Soweit er wußte, war das Apartment heute noch unabhängig, doch nach den Kämpfen 1991 hatte er das Interesse an der Politik verloren und die Republik einem amerikanischen Geschäftsmann vermietet.

Wir verbrachten den Abend damit, georgischen Wein zu trinken. Punkt Mitternacht stieß ein so heftiger Windzug aus den Bergen durchs offene Fenster, daß eine Glastür zufiel und dabei zu Bruch ging. Der heidnische Philosoph hockte in seinem Ohrensessel und rührte sich nicht. Zweifellos hätten Geister die Hand im Spiel, erklärte er, und sein Vermieter habe verdient, was immer sie ihm schickten.

Ich hatte gehört, daß der heidnische Philosoph etwas über die Duchoborzen in Georgien wisse und wie man Kontakt zu ihnen aufnehmen könne. Doch nein, sagte er, jetzt, da sein Kopf so erfüllt sei von Ideen, interessiere er sich kaum noch für die Außenwelt. Er hatte seit zwei Jahren keinen Fuß mehr aus Tbilissi gesetzt.

»Komm morgen wieder!« rief er mir durch den glaslosen Rahmen seiner Tür nach.

»Ich kann nicht. Ich bin mit einem Jesiden verabredet!«

Ich schlug den Kragen hoch und trat hinaus in den zunehmenden Sturm. Die Straße stand bereits unter Wasser und ähnelte einem reißenden Strom. Es schwappte mir bis zu den Knöcheln. Der Lärm war furchteinflößend. Dann sah ich durch den Regen die Lichtkegel zweier Scheinwerfer. Im Innern des Wagens saß ein Mann tief über sein Lenkrad gebeugt. »Steig ein!« schrie er. Offenbar fand er das Gewitter sehr aufregend. Kein Wunder, daß er, als wir einen Hügel hinunterschlitterten, die Kontrolle über den Wagen verlor, der sich um 180 Grad drehte, gegen den Bordstein prallte und schließlich in einem halben Meter tiefen See steckenblieb. Was wir auch anstellten, wir bekamen ihn nicht mehr in Gang. Ich riß die Tür auf, watete zurück zur Straße und winkte dem nächstbesten Wagen, der vorbeikam. Zufällig war es eine Polizeistreife. Für sie war der Regen ein großer Spaß. Daß die Fenster nicht schlossen, war ebenfalls ein Spaß. Je nasser sie wurden, desto heftiger lachten sie.

Acht Menschen starben in der Flut. Am nächsten Morgen waren die Straßen mit Steinen übersät, und am Himmel schwebten hohe, harmlose Wölkchen.

Es war später Nachmittag. Die Menschenmengen von Tbilissi drängten sich auf ihre Art in den Straßen – spindeldürre Frauen, die ihre Einkaufstaschen über den Kopf hielten, um sich gegen die Sonne zu schützen; Männer, die wie Pfauen in blumengemusterten Hemden auf und ab flanierten; schwergewichtige Gangster mit Sonnenbrille; großspurige Betrüger mit Pistolen, Schwarzhändler, Marktschreier und Kriegsversehrte.

Der Jesiden-Scheich war auch da, mit seinem Eiswagen. Er machte Feierabend, und wir gingen zu Fuß durch die deltaförmigen Straßen zu einem von hohen Mauern umschlossenen Hof. Dort stiegen wir eine Außentreppe hinauf, schlüpften unter ein paar Wäscheleinen her und kamen zu einem Raum mit einfachen Holzdielen, wo drei Frauen in einer Ecke saßen.

Als Puschkin 1829 in diese Gegend gekommen war, hatte er ein Exemplar von Maurizio Garzonis Werk *Notice sur les Yezidis* im Gepäck. Puschkin hatte großen Wert darauf gelegt, die Jesiden-Truppen an der russischen Front zu besuchen. Sein Bericht war, auch für mich, die erste Begegnung mit dieser geheimnisvollen Sekte gewesen. Die zweite folgte, als ich Gurdjieffs *Meetings with Remarkable Men* las. Gurdjieff erinnerte sich, als Kind gehört zu haben, daß ein Jeside nicht entkommen kann, wenn man um seinen Körper einen Kreis in den Staub zieht. Er selbst hatte einmal versucht, eine »schwache Frau« aus einem solchen Kreis herauszuzerren, ohne Erfolg. Wenn ein Jeside ausbrechen wollte, so behauptete er, fiel er in eine Art Starrkrampf, der entweder dreizehn oder dreiundzwanzig Stunden anhielt.

Während des Golfkriegs stolperte ich erneut über die Jesiden, diesmal in einer Stadt nordöstlich von Syrien. Ein Englischlehrer zeigte mit dem Finger auf zwei Frauen, die neben einer Quelle saßen. *They are Yezidis. They believe in sitting.* (Das sind Jesiden. Sie glauben ans Sitzen.) Ich antwortete, ich sei sicher, daß sie genauso hart arbeiteten wie jedermann sonst, doch was er eigentlich gemeint hatte, war: *They believe in Satan.* (Sie glauben an Satan.) Damit wiederholte er bloß ein uraltes Vorurteil. Generationen von europäischen Reisenden hatten die Jesiden gleichfalls als »Teufelsanbeter« etikettiert, während sie bei ihren Nachbarn als »Lichtputzer«, »Steifkragen«, »haarige Kurden« oder »Hüter des achtfachen Bartes« bekannt waren, je nachdem.

In Wirklichkeit glauben die Jesiden nur insofern an den Satan, als die zentrale Gestalt in ihrem Glauben ein gefallener Engel ist. Doch sie nennen ihn Melek Taus und würden den Namen Satan nicht in den Mund nehmen. Ähnlich klingende Namen sind genauso tabu. Als sie jedoch während der Verfolgungen von osmanischen Truppen gezwungen wurden, »ihrem Gott Satan« abzuschwören, hatten sie statt »Satan« wenigstens »Sultan« gemurmelt.

Die Jesiden verehren den Teufel nicht. Doch sie akzeptieren auf eine Art, die sie von allen anderen Glaubensrichtungen in dieser von Glauben getränkten Gegend unterscheidet, daß das Böse ein bedeutender Teil der Schöpfung ist. Unser Universum ist von Natur aus besudelt, sagen sie, und diese Tatsache zu leugnen, heißt, eine elementare Wahrheit nicht zu begreifen. Ich fand diese Vorstellung einfach unwiderstehlich. Es war die Antwort auf alle Träumer – von Christen bis hin zu Kommunisten –, die sich den Kopf damit verstopfen, wie die Dinge sein sollten, und dabei übersehen, wie sie sind. Sie verlieren sich in der Betrachtung ihrer eigenen glitzernden Visionen und versäumen darüber, die Schönheit im Auf und Ab der wirklichen Welt zu erkennen.

Die Jesiden behaupten, aus dem Samen Adams abzustammen, während sie für den Rest der Menschheit (und alles Ungeziefer) Eva verantwortlich machen. Sie bilden eine geschlossene Gesellschaft und sind streng endogam. Obgleich ihre Riten und Überzeugungen Spuren sämtlicher benachbarter Glaubensrichtungen widerspiegeln – ob zarathustrisch, christlich, manichäisch, jüdisch, nestorianisch, moslemisch oder sufirafidisch –, enthält ihre eigene Religion Elemente, die all diesen anderen abhanden gekommen ist.

Das Zentrum des jesidischen Glaubens liegt im nördlichen Irak, im Schrein von Lalish, wo die sterblichen Überreste ihres Propheten aus dem zwölften Jahrhundert ruhen. Scheich Adi wurde im Bekaa-Tal geboren, kurz bevor die Seldschuken-Türken diese Region besetzten, und studierte in Bagdad bei mehreren Sufi-Lehrern. Schließlich zog er sich in ein abgelegenes Tal unweit von Mosul zurück, wo sich sein Ruhm als besonders strenggläubiger Lehrer rasch verbreitete. Jede Nacht rezitierte er den gesamten Koran – zweimal. Er ernährte sich von den Früchten seines Feldes und trug nur selbstgesponnene Baumwolle. Gegen Ende seines Lebens war er vom Fasten dermaßen geschwächt, daß seine Schüler berichteten, wenn er sich bücke, um zu beten, klappere das Hirn in seinem Schädel »wie ein Kieselstein in einer Kalebasse«.

Der Eis-Scheich saß mit untergeschlagenen Beinen da und brütete vor sich hin. Die Sonne fiel über die blanken Holzdielen. Er war nicht besonders gesprächig. Die Jesiden waren ethnisch gesehen Kurden, das stand für mich bereits fest (obwohl er dem später widersprach). Er hatte mir erzählt, daß die Jesiden jeden Morgen einen Krümel Erde von Scheich Adis Grab essen müssen. Er erwähnte heilige Gewänder, doch als ich ihn fragte, wie sich der jesidische Glaube zum Beispiel von dem der Zoroaster unterschied, ließ er sich nichts entlocken.

»Wirklich, ich bin nicht befugt, über diese Dinge zu sprechen. Du mußt nach Armenien gehen. Dort gibt es mehr Jesiden.« Ich breitete eine Karte aus. Wenn ich nach Armenien fuhr, um die Jesiden zu suchen, könnte ich mich den Duchoborzen von Süden her nähern – was um einiges ungefährlicher war als die abgelegenen und immer noch riskanten georgischen Straßen.

Ein hoher Paß diente als Grenze zwischen Georgien und Armenien. Der Wind blies von den kahlen Bergen herab. Schweigend durchsuchten die Grenzposten den Bus. Hinter der Grenze fuhren wir zwischen steinübersäten Hängen weiter – die immer gleichen von Felsbrocken bedeckten Hänge Armeniens –, und dann begann der lange Abstieg ins Ararat-Tal.

Von Perlen und Pfauen

Aziz Tamoyan, der politische Repräsentant der armenischen Jesiden, residierte im Hinterzimmer eines größeren Konzerns. Vor dem Gebäude standen zwei seiner Anhänger und warteten – breitschultrige Kerle mit bleistiftdünnen Schnurrbärten. Sie traten ihre Zigarettenstummel aus, und ich folgte ihnen stumm einen langen, unbeleuchteten Gang entlang auf einen winzigen Lichtstreifen zu. Die Tür öffnete sich in einen unerwartet kleinen Raum. Darin standen zwei Schreibtische. An einem saß eine Frau vor einer Schreibmaschine, am anderen Tamoyan.

»Willkommen«, sagte er und drückte mir die Hand wie jemand, der sich seiner Macht bewußt ist (Ellbogen eng an die Rippen gepreßt, Unterarm herabhängend). Er war auf levantinische Art stolz und mißtrauisch zugleich. Seine Sätze unterschieden sich in nichts von den blutleeren Fakten in der Rede eines Politikers. Er las mir Auszüge aus seiner eigenen Zeitung vor – *Stimme der Jesiden* –, untermauerte die Stellung der Jesiden als Armeniens größte Minderheit mit Daten aus statistischen Erhebungen und wies mich darauf hin, daß vierundzwanzig seiner Leute kürzlich im Kampf gegen »den Türken« in Karabach gefallen waren. Ich nickte, machte mir Notizen und stellte Fragen, die mich nicht interessierten. Dabei war ich die ganze Zeit durch das einzige im Raum abgelenkt, das so etwas wie Farbe ausstrahlte, nämlich die Flagge hinter Tamoyans Schulter: zwei horizontale Streifen in rot und weiß und in der linken oberen Ecke ein goldenes Wappen, das einen von Sonnenstrahlen umgebenen Pfau zeigte.

Als Tamoyan kurz das Zimmer verließ, stand ich auf und trat ans Fenster. Im gleichen Augenblick kam aus dem Hof ein durchdringendes Kreischen. Es klang wie ein weinendes Kind. Ein paar Moschusenten segelten über ein abgezäuntes Stück Wiese. Das Kreischen stammte von einem Pfau.

»Gehört er euch?« fragte ich die Frau an der Schreibmaschine.

»Was?«

»Der Pfau. Ist das ein jesidischer Pfau?«

Sie lächelte. »Nein. Er gehört jemand anders.«

1911 hatte Queen Mary in einem Geschäft am Kashmir Gate in Delhi die stählerne Nachbildung eines Pfaus entdeckt. Mr. Schwaiger, der Inhaber des Geschäfts, hatte ihr erklärt, dies sei »das Symbol der Jesiden aus Mesopotamien«. Das in seinem Schweif versteckte Gesicht sei das ihres Propheten Scheich Adi. Mr. Schwaiger erklärte der Kaiserin von Indien, erst vor kurzem seien ihm zweitausend Pfund für den Vogel angeboten worden, zu Ehren des Besuchs Ihrer Majestät werde er sich jedoch erlauben, ihn dem Britischen Museum zu schenken. Dort wurde er dann ausgestellt, und die Londoner standen Schlange, um diesen Artefakt der »Luzifer-Anbeter« zu bestaunen. Einer der Besucher war ein Jesiden-Experte, der den »unverschämten Vogel« als wertlosen Firlefanz identifizierte, wie es ihn überall in Persien zu Tausenden gibt. Er sei bestenfalls zehn Pfund wert. Daraufhin wurde das Stück diskret aus den heiligen Hallen des Museums entfernt.

Pfauen spielten auch in den seltsamen Gedankenflügen von George III. vorübergehend eine Rolle. Als er einmal eine Rede einübte, beschloß er, jeden Satz mit dem Wort »Pfau« zu beenden. Eine gute Idee, meinte der zuständige Minister, aber nicht gerade ein Ausdruck, den die Leute aus dem Mund ihres Königs hören sollten. Die Pausen, in denen der König dann leise »Pfau« vor sich hinmurmelte, verliehen seiner Rede ein außerordentliches Gewicht.

Könige und Pfauen können auf eine lange gemeinsame Geschichte zurückblicken. Wenn im alten Persien ein König starb, erhob sich angeblich ein weißer Pfau aus seinem Kopf und flog zu jemand anderem. Damit wählte er den Nachfolger aus. Und es war ein weißer Pfau, der sich auf den Kopf des Propheten Zarathustra setzte. In der Mythologie anderer indoeuropäischer Kulturen – etwa in Indien und Griechenland – werden der Vogel und sein Schweif mit dem Himmel gleichgesetzt.

Doch für die Jesiden ist der Pfau gleichbedeutend mit Melek Taus, dem gefallenen Engel oder auch Pfauenengel, der siebentausend Jahre weinte und so die Flammen der Hölle löschte. Darstellungen des Pfauenengels wurden von den Jesiden*kocaks,* einer Kaste von Tänzern, von Dorf zu Dorf getragen. Dann wirbelten sie in ekstatischer Trance um den Pfau und schüttelten das lange Haar, bis ihre Schweißperlen in die Menge flogen. Manchmal war es kein Pfau, sondern ein Hahn; darin ist Jesiden und Skythen das Symbol der Obersten aller Gottheiten, der Sonne, gemeinsam.

Als Tamoyan zurückkehrte, fragte ich ihn nach der Flagge.

»Der Pfau, ja, er repräsentiert unseren Gott.«

»Und die Sonne?«

»Die Sonne ist das Herz allen Seins. Wer von uns kann schon sagen, er habe Moses oder Mohammed gesehen? Doch jeden Morgen, wenn die Sonne aufgeht, erleben wir das größte Wunder auf Erden.«

Aziz Tamoyan hatte mir von ein paar Jesiden erzählt, die in einem Dorf namens Zavouni lebten.

An einem warmen Vormittag, als die schneebedeckte Kuppel des Ararat vor dem südlichen Himmel schwebte, ging ich zum Stadtrand von Jerewan. Vulkanisches Gestein bedeckte die Hänge. Reihen von Telegrafenmasten liefen in einer Nebenstelle des Elektrizitätswerks zusammen. Ein paar Lehmhäuser drängten sich auf der einen Seite aneinander, und dort stieß ich auf eine Gruppe von Frauen.

»Ist das Zavouni?« fragte ich.

»Das ist Zavouni.«

»Und seid ihr Jesiden?«

»Wir sind Kurden.«

Sie musterten mich verstohlen mit halbgesenkten Köpfen. Der Wind spielte in ihren Röcken.

»Wir sind keine Kurden«, sagte eine andere. »Wir sind Jesiden.«

»Ich bin Kurdin.«

»Bist du nicht. Du bist Jesidin.«

»Wir sind einfach Kurden.«

»Ich bin Jesidin, und ich werde Jesidin bleiben, bis ich sterbe.«

Diese Frau fragte ich, wo ich den Anführer der Gemeinde finden könne.

Das Innere von Pir Miras Namoy Khoudoyans Haus war dunkel und hatte einen Lehmfußboden. Seine Frau warf ein Wollknäuel hoch, das sich beim Fallen in der Luft drehte. Seine Tochter marschierte im Raum auf und ab und bearbeitete die Kurbel der Kaffeemühle, als handelte es sich um eine schwierige Herzensangelegenheit. Khoudoyan selbst stützte die Ellbogen auf den Tisch und richtete seinen müden Blick auf mich. »Ich bin ein Pir. Wir Pirs und Scheichs bewahren den Geist für die Menschen. Sie glauben, daß wir bestimmte Kräfte besitzen.«

»Und tut ihr das?«

»Ich weiß es nicht. Aber es passieren Dinge.«

»Dinge?«

»Ein Mann träumte, daß ich ihm einen Kinnhaken verpaßt hätte. Das war erst letzte Woche. Am nächsten Morgen hatte er schreckliche Schmerzen. Er kam zu mir und sagte: ›Pir, irgendwas hat mir heute nacht den Kopf verdreht.‹ Also massierte ich ihm das Kinn, bis es besser war, und der Mann schenkte mir ein Schaf. So ist das bei uns.«

»Verstehe.«

Die Tochter des Mannes stellte Obst und Kaffee auf den Tisch. Seine Frau zeigte auf einen Automotor vor dem Haus, aus dem Öl in die Erde sickerte. »Was hast du damit vor?«

»Ich werde ihn später reparieren.«

Er wandte sich wieder zu mir und fing an, von den Hymnen zu sprechen. Als er die Gebete und Hymnen der Jesiden komponierte, hatte Scheich Adi seine Anhänger immer wieder vor dem geschriebenen Wort gewarnt. Auf diese Art stellte er die Erhaltung einer großartigen mündlichen Überlieferung sicher. Dennoch ließ er auch die Möglichkeit regionaler Unterschiede und eines poetischen Gärungsprozesses zu, der abbricht, sobald man einen heiligen Text niederschreibt (und der auf der Stelle durch langweilige Streitereien über den Text selbst ersetzt wird). Die Geschichten der Jesiden werden durch Dynastien von Pirs und Scheichs gewahrt; hier wurden sie jahrhundertelang ausgebrütet und verfeinert.

»Ja, das ist wahr. Wir allein sind im Besitz der Geschichten. Für gewöhnliche Leute sind die Geschichten nicht bestimmt. Man darf sie hören, aber nicht weitererzählen.«

»Ist es dir erlaubt, mir eine Geschichte zu erzählen?«

Er sah mich an. Seine Augen waren wäßrig vom Alter. »Wenn du willst, werde ich dir die erste Geschichte erzählen.«

Und dann erzählte er seine Version des jesidischen Schöpfungsmythos. Sein Blick ruhte unverwandt auf mir. Über seinem Kopf baumelte eine nackte Glühbirne.

Gott erschuf zuerst eine Perle und dann eine weiße Taube. Er legte die Perle auf den Rücken der Taube, und so flogen Vogel und Perle vierzigtausend Jahre lang zusammen durch die Welt.

Dann erschuf Gott Adam und schickte ihn ins Paradies. Zu Anfang brauchte er weder zu essen noch zu trinken. Doch dann kam Melek Taus, der gefallene Engel, und gab ihm Getreide. Adam aß das Getreide, und weil er es nicht ausscheiden konnte, schwoll er an und wurde dick und immer dicker (der Pir deutet die Schwellung mit den Händen an). Schließlich lockte Melek Taus Adam aus dem Paradies und setzte ihn auf einen Obstbaum. In diesem Moment erlangte Adam seine jetzige körperliche Gestalt und schied das Getreide aus (der Pir deutet an, wie Adam sich entleert). Da sagte der Baum zu Melek Taus: »Warum hast du das getan? Jetzt bin ich beschmutzt!«

Melek Taus antwortete: »Hör auf zu weinen, Baum. Aus deinem Holz will ich ein Kissen machen. Es werden Leute kommen, die des Nachts den Kopf auf dich legen und am Morgen zum Gebet ihre Stirn auf dich pressen, und diese Leute werden Moslems sein.«

Eva wurde aus Adams Achselhöhle geschaffen. Zusammen hatten sie vierzig Söhne und vierzig Töchter, doch als Gott sah, wie sie sich stritten, schickte er sie fort und gab ihnen verschiedene Sprachen. Das war der Anfang der Welt.

In einer anderen Version brachen die Perlen auf und gaben die Engel und das Wasser des Meeres frei; in noch einer anderen versetzt Gott der Perle einen Tritt und erschafft auf diese Art die Berge, den Himmel und alle Makel und Unvollkommenheiten unserer unzulänglichen Welt.

Ich fragte den Pir nach der Perle – dem ersten Ding, aus dem dann die ganze Schöpfung entstand. Doch er sagte nur: »Die Perle bestand aus Licht.«

Licht – immer Licht. Licht der Sonne, Licht am Anfang, Licht als Essenz, Licht, das allen Glaubensrichtungen in dieser Region gemeinsam ist, den Zoroastern und den Manichäern, den drei monotheistischen Religionen aus der Heiligen Schrift und den dogmatischen Gläubigen, die ich im Norden getroffen hatte – der goldene Glanz, der von molokanischen Statuen der Heiligen Jungfrau Maria ausgeht, das Gold, das die Ikonen der Altgläubigen heiligte, der strahlende Funke in uns allen, der die Duchoborzen zu ihrer jahrhundertelangen, bilderstürmerischen Odyssee inspirierte.

Der Pir stützte sich mit den Händen auf den Tisch und stand auf. Er öffnete den Schrank und nahm einen Anzug heraus, der mit sechzehn Orden geschmückt war. Im Vaterländischen Krieg war er Major gewesen, mit dem Stern von Stalingrad ausgezeichnet worden und bei der Rückeroberung von Minsk beteiligt gewesen. Eines Morgens war er in irgendeiner deutschen Stadt einem amerikanischen Offizier begegnet. Beide waren Vorposten ihrer jeweiligen Truppe und kamen aus verschiedenen Richtungen aufeinander zu. Der Amerikaner war ein Oberst aus New Orleans. Sie hatten unter einem Uhrturm voreinander salutiert. Ich versuchte mir auszumalen, wie sich diese im Sieg vereinten Männer, die es beide aus dem Süden verschlagen hatte, gefühlt haben müssen, als sie sich auf einem deutschen Marktplatz gegenüberstanden.

Er hatte den Anzug auch getragen, als er nach Moskau gefahren war. Das war 1989 gewesen. Der Krieg in Karabach wurde heftiger, und die Armenier vertrieben die Aseri aus ihren Dörfern in Armenien. Sie kamen zu den Jesiden und sagten: »Ihr seid auch Moslems. Ihr müßt gehen.«

»Wir sind keine Moslems«, antworteten sie. »Wir sind Jesiden.«

Die Dorfbewohner baten den Pir, zu sehen, was er ausrichten konnte. Er dachte eine Weile nach und beschloß dann, die Sache an höchster Stelle vorzutragen. Als Veteran hatte er die

Möglichkeit, Gorbatschow selbst zu treffen. Als er sein Büro betrat, klapperten die Orden an seiner Brust. Er zeigte dem Vorsitzenden seinen Paß. »Hier steht Jesiden. Wir sind keine Moslems.« Gorbatschow versprach, seinen Einfluß bei den Armeniern geltend zu machen, und so konnten die Jesiden bleiben.

»Also mochtest du Gorbatschow?«

Er schüttelte den Kopf. »Gorbatschow war ein Fuchs.«

Pir Miras war in einem Dorf am Nordhang von Aragets zur Welt gekommen. Mit sieben Jahren hatte er zum erstenmal den Sommer mit den Schafen in den Bergen verbracht. Er schlief unter den Sternen und lernte, mit den Hunden umzugehen und zu beten – einmal vor Sonnenaufgang, einmal gleich nach Sonnenaufgang, zu Mittag und in der Abenddämmerung. So hatte er gelebt bis zum Krieg. Als er nach dem Krieg nach Hause kam, hatten die Dorfbewohner ihm verboten, wieder im Dorf zu wohnen, und so war er nach Zavouni gekommen.

Wie alle kleinen, streng abgegrenzten Gruppen hatten sich die armenischen Jesiden in Fraktionen aufgesplittert. Sie stritten über Riten, ethnische Zugehörigkeiten und über ihre Haltung zum kurdischen Separatismus, aber hinter all den hochtrabenden Debatten verbargen sich schlichte Claninteressen. In Wahrheit bringt nur das Blut, nicht der Glaube solche Leidenschaften hervor.

Als ich Pir Miras fragte, ob er je in sein Dorf zurückkehren würde, sagte er nur: »Sie würden mich umbringen.«

Nebel hing tief über dem Araxes-Tal. Weiter oben schien die Sonne, doch am Boden war nicht viel zu sehen. Der Arzt, der mich von Jerewan in seinem Wagen mitgenommen hatte, sagte: »Schamiram muß irgendwo hier sein.«

Sein Wagen ließ eine gedämpfte Stille zurück. Von der Hauptstraße zweigte eine kleinere Straße ab, die geradewegs über die Ebene zur türkischen Grenze und zu dem jesidischen Dorf Schamiram führte.

Die Hunde fingen an zu bellen, noch bevor ich das Dorf erreichte. Im Dunst glänzten seine Blechdächer wie Heiligenscheine. Junge Hähne hockten auf den Misthaufen. Mitten im Dorf stand ein nagelneues Monument. Es war ein aus zweifarbigem Kalktuff konstruierter großer Block, der auf allen vier Seiten bearbeitet war. Auf einer Seite sah man eine Kugel, die auf zwei ausgestreckten Armen balancierte. Auf der Seite, die nach Süden zeigte, befand sich eine Darstellung des Schreins von Lalish im Nord-Irak. Auf der dritten Seite erkannte ich die Gestalt eines Mannes mit einer Lanze, der auf der obersten Stufe einer Treppe stand.

Eine Gruppe von Männern hatte sich dort versammelt. »Weißt du, wer das ist?«

»Scheich Adi?«

Alles lachte.

»Das ist Melek Taus«, rief jemand.

»Gar nicht wahr!«

»Unser Gott?«

»Das ist nicht unser Gott. Er ist unsichtbar.«

»Es ist Zarathustra.«

Dann trat ein Mann im schwarzen Anzug hinter der Gruppe hervor und kam nach vorn. »Geh wieder, ich bitte dich«, sagte er. »Es gibt hier nichts für dich zu sehen.«

Ich fragte nach den Scheichs und Pirs, aber sie waren in Moskau, in Jerewan oder krank. Der Mann wiederholte seine Anweisung. Ich verbeugte mich ein wenig übertrieben und ging zurück zur Hauptstraße.

Wieder in Jerewan hatte ich mehr Glück. Ich lernte einen iranischen Akademiker kennen, der sich ein wenig mit den

Jesiden auskannte. »Du solltest den Scheich aller Scheichs aufsuchen.«

Geh nach Abowjan, riet er mir, und frag auf dem Fleischmarkt am Stadtrand. Die Jesiden kontrollieren den Fleischmarkt.

Abowjan ist eine der größeren Städte von Armenien. Auf dem Fleischmarkt saßen stoppelbärtige Männer, die Sonnenblumenkerne kauten und glatt durch mich hindurchsahen, als ich nach dem Scheich aller Scheichs fragte.

»Es gibt Leute, die kommen aus Syrien, um den Scheich aller Scheichs zu sehen.«

»... und aus Ägypten.«

»Ich komme auch von sehr weit her.«

Ein Mann mit einem halben Lamm auf der Schulter kam auf uns zu. Ich trat beiseite, um ihm Platz zu machen. Die anderen kauten weiter ihre Sonnenblumenkerne und spuckten die Schalen aus. Schließlich deutete einer mit dem Kinn die Straße hinauf.

»Du findest den Scheich aller Scheichs im Haus Nr. 6 in der zweiten Straße.«

Hinter einem großen Eisentor lag ein Hof im Schatten eines Walnußbaums. Neben dem Baum stand ein Mann. »Der Scheich aller Scheichs«, wiederholte er. »Er ist in einer Besprechung. In zwei Stunden ist er zurück. Vielleicht aber auch erst in vier.«

Aslan war sein Sohn; eines Tages würde er der Scheich aller Scheichs sein. Er war untersetzt, von der Sonne verbrannt, mit Händen wie ein Boxer. Sein eigener Sohn war mit den Schafen in den Bergen, doch unter dem Baum, umgeben von Schwestern und Tanten, in Tücher gewickelt und verpackt, lag Aslans Enkel, der jüngste in der Scheich-Erbfolge, den sie wegen seines ungewöhnlich niedrigen Geburtsgewichts »Zwei-Kilo« getauft hatten.

Aslan zeigte mir den großen Raum, der als Sanktuarium der Gemeinde diente. An der Wand hing ein Bild von Lalish, darunter stand eine Vase mit Plastikdahlien. Die gegenüberliegende Wand verschwand hinter einem langen Schrank, der mit einem verblichenen Samttuch bedeckt war. »Hier beten wir.« Er berührte das Tuch mit der Stirn.

»Und was ist da drin?«

Er zog das Tuch zur Seite. In dem Schrank befand sich ein großer Vorrat an Decken, Matratzen und Kissen. »Gäste sind ein Geschenk Gottes«, sagte er als Erklärung.

Im obersten Fach dieses Schrankes voll geweihter Bettwäsche befand sich eine in Spitze gehüllte Reliquie. »Das darfst du nicht berühren. Es ist unser Allerheiligstes.«

Vor ein oder zwei Jahren war ein Polizeibeamter mit einem Durchsuchungsbefehl dagewesen. Als er die Reliquie sah, hatte er gefragt: »Was ist da drin?«

»Das weiß nur der Scheich aller Scheichs.«

Der Polizist hatte den Arm ausgestreckt, um nach der Reliquie zu greifen. Doch noch während er das tat, spürte er, daß sein Arm wie gelähmt war. Voller Panik brachte er kein Wort heraus. Er mußte warten, bis der Scheich aller Scheichs kam, um ihn von dem Fluch zu erlösen.

Der Polizist war auf der Suche nach Waffen gewesen, nachdem es am Tag zuvor zu einem Unfall gekommen war. Aslans Kinder hatten mit einem Gewehr gespielt, das plötzlich »lebendig« geworden war. Aslan deutete auf ein Bild an der Wand. »Sie war meine einzige Tochter.«

Am späten Nachmittag erschien endlich der Scheich aller Scheichs. Wir saßen unter dem Baum – Aslan, die Frauen, Zwei-Kilo und ich. Eine der Frauen hatte eine Packung Kekse in ihrem Ausschnitt stecken. Von Zeit zu Zeit zog sie einen Keks heraus und bot ihn den anderen an. Das Tor ging auf, und drei Männer kamen herein. Der Scheich aller Scheichs war unverkennbar der Mann in der Mitte, königlich mit einem schwarzen Hut aus Astrachan.

Er schüttelte mir die Hand, bedeutete seiner Familie, sich wieder hinzusetzen, und nahm Platz neben seinem Sohn. Sie unterhielten sich über das Treffen, an dem er teilgenommen hatte, besprachen ein paar Familienangelegenheiten, und dann begann der Scheich ganz ruhig, ohne daß irgendwer ihn dazu aufgefordert hätte, über die Dinge zu sprechen, die seinen Glauben ausmachten: Seelenwanderung, die Brüder im Jenseits, die Feste im Frühling, das Fasten im Winter, die Perle, Lalish. Und während er sprach, wandte er den Blick nicht von mir ab. Sein Gesicht war ein einziges Gewirr von Sonnenfältchen und Krähenfüßen.

»Warum interessierst du dich für uns?«

Ich erzählte ihm, daß ich gehört hatte, der jesidische Glaube sei einer der ältesten der Welt.

»Das stimmt. Alle anderen Religionen haben sich zu dem einen oder anderen Zeitpunkt verändert. Die Leute wurden zu Anhängern von Zarathustra oder Christen oder Moslems. Nur wir Jesiden haben uns nie verändert.«

Man vermutet, daß am Anfang, etwa um die zweite Jahrtausendwende vor Christus, die Vorfahren der Indo-Europäer aus der eurasischen Steppe hinaus nach Süden vorgestoßen sind. Sechshundert Jahre später fiel eine große Bedrohung – wahrscheinlich wiederholte Übergriffe durch benachbarte Stämme – mit den Visionen des Propheten Zarathustra zusammen. Er sprach von einer Welt, die in Gut und Böse, Licht und Dunkel unterteilt ist, eine Welt, die sich auf den Augenblick zubewegt, an dem alles endet und die Seelen der Verstorbenen wiederauferstehen, um sich dem letzten Gericht zu stellen. Diese Ansicht unterscheidet sich fundamental von der, welche der jesidischen Kosmologie zugrunde liegt: Sie ist kämpferischer, und sie ist vollständig.

In den beiden Schöpfungsmythen spiegeln sich die größten Unterschiede. Sowohl Jesiden als auch Zoroaster stimmen darin überein, daß die Welt aus einem reinen, proto-natürlichen Zustand (der Perle der Jesiden, dem Licht der Zarathustra-Anhänger) erschaffen wurde. Doch während für die Jesiden der Übergang zur jetzigen Welt durch einen heroischen Akt herbeigeführt wurde (der Tötung eines Stiers wie im Kult von Mithra, dem Sonnengott), glauben die Zoroaster, daß sie Folge eines Krieges ist – einer Konfrontation zwischen den Kräften des Lichts und des Dunkels, Satans und Gottes. So war für die Jesiden der Schöpfungsakt gut, weil er das Licht aus seinem Gefängnis befreite; für die Zoroaster hingegen markierte er nur den Beginn einer höchst instabilen Ära. Die Jesiden sehen in ihrer freundlichen Welt die Gesamtheit der Zeit als allgegenwärtig an; Zarathustra dagegen lehrte, daß sie eines Tages zu Ende geht.

Philip Kreyenbroek legt in seiner Studie über die Jesiden die Vermutung nahe, daß das Tabu für das Wort »Satan« – das so lange dafür sorgte, daß die Jesiden als »Teufelsanbeter« verschrien waren – aus der Bedrohung durch den jüngeren zoroastrischen Glauben herrührte. Die Jesiden verbannten das Wort nicht, weil es ihnen heilig war, sondern weil es als deutlichstes Zeichen den neuen Glauben von ihrem eigenen unterschied.

In der zoroastrischen Vision triumphieren die Kräfte des Guten letztlich über das Böse; die Verbündeten der Finsternis werden in einen See aus flüssigem Blei geworfen, während die Gerechten in warmer Milch baden dürfen. Als erste eschatologische Schrift nimmt das Avesta des Zarathustra nicht nur das Buch Daniel und die Offenbarungen vorweg, sondern sämtliche Gruppierungen, die ein Ende der Verderbtheit verheißen – die Altgläubigen und ihr Viertes Rom, die Molokanen und die Bolschewiken. Mit Lenin, ebenfalls ein Sproß der Steppenvölker, erfüllte sich schließlich die Vision des Zarathustra.

Die jesidischen Texte dagegen sprechen von einer Welt, die im Einklang mit ihren Gegensätzen lebt. Es gibt keinen Kampf zwischen Gut und Böse und auch nicht den Versuch, die Welt von der Finsternis zu befreien. Die Jesiden träumen weder von warmer Milch, noch nähren sie die Angst vor flüssigem Blei. Sie trachten einfach danach, das Böse zu meiden, statt es auszurotten. Und damit umgehen sie geschickt eine der großen Paradoxien unserer irdischen Existenz. Denn wie jeder Diktator lernen muß, führt gerade das, was man auszurotten versucht, den eigenen Niedergang herbei. Wer versucht, den Himmel auf Erden zu schaffen, wird mit ziemlicher Sicherheit in der Hölle enden.

Die Sonne stand schon tief. Sie stahl sich durch die Blätter des Walnußbaums, fiel unterschiedslos auf den Tisch und die Schalen mit Obst, auf die Frauen und Aslan, das kleine Zwei-Kilo-Bündel und das Gesicht des Scheichs aller Scheichs.

Ich fragte ihn, wie seine Familie hergekommen war. Er erzählte mir eine blutige Geschichte, die mit Gewehren und seiner toten Enkelin endete und mit Gewehren und seinem Großvater in einem schmutzigen Dorf unweit von Kars begann. Dort hatte seine Familie seit Jahrhunderten gelebt. 1915 wiegelten die Türken alle Gemeinden gegeneinander und gegen die *giaours*, die Nicht-Moslems, in ihrer Mitte auf – Armenier, Assyrer, Griechen und Jesiden. Der Scheich aller Scheichs (Großvater des gegenwärtigen) tötete eine Handvoll Türken mit seinem Gewehr, als sie den Hügel zu seinem Dorf heraufkletterten. Doch sein Munitionsvorrat war bald erschöpft. Die Angreifer zielten und schossen auf ihn, aber keine Kugel traf, obwohl er sich nicht von der Stelle rührte. Dann bewarfen sie ihn mit Steinen und brachen ihm die Knochen. Und immer noch war der Scheich aller Scheichs nicht tot, also schleppten sie ihn fort und verbrannten ihn. In den Flammen verließ seine Seele den Körper und suchte sich einen anderen, doch der Leichnam selbst blieb unversehrt. Als seine Feinde das sahen, flohen sie in Panik. Die Familie des

Scheichs aller Scheichs konnte seine Leiche gerade noch retten und beerdigen, bevor sie selbst sich in die Sicherheit der russischen Linien flüchtete.

Siebzehn Jahre später, unter einem anderen Regime, wandten sich die Dorfbewohner erneut gegen ihre eigenen Nachbarn. Sie deuteten auf den Sohn des Toten, den neuen Scheich aller Scheichs, und sagten: »Er ist unser Feind« – diesmal kein *giaour*, sondern ein Kulak. Sie warfen den Scheich aller Scheichs und seinen Erben in ein Gefängnis in Jerewan. Dort wurden die beiden jesidischen Scheichs hingerichtet.

»Ich war damals noch zu klein«, sagte der gegenwärtige Scheich. »Ich kam erst später ins Gefängnis.«

»Weswegen?«

»Wegen Mord.«

Als er volljährig wurde, hatte der Scheich eines Abends vor einem bestimmten Haus gewartet. Als der Besitzer herauskam, hatte er ihn erschossen. Das war seine Rache für den Tod seines Vaters und des Bruders. »Ich habe nur einen getötet; die anderen kamen davon. Ich war bereits Vater von sechs Kindern. Und trotzdem habe ich getötet.«

Schließlich verabschiedete ich mich vom Scheich aller Scheichs und machte mich auf den Weg nach Norden. Zwei Tage später stieß ich am Fuß der kegelförmigen Berge von Aragets auf eine weitere Gruppe von Jesiden-Dörfern. Auf den Berghängen trieben sie im Sommer ihr Vieh zum Weiden. Das Land war kahl und baumlos. Ein warmer asiatischer Wind blies ungehindert über die grasbewachsenen Flächen, sträubte den Hunden das Fell im Nacken und wirbelte den Staub in den Ruinen des Erdbebens auf.

Seit Tagen wehklagten sie nun schon. Die Gesänge strömten aus dem Fenster des ehemaligen Kolchosen-Büros. In seinem Innern saß ein Halbkreis von Frauen – verschleierte Frauen mit harten Gesichtern – um die Leiche eines Lehrers. Töchter und Schwestern umstanden seinen Kopf. Seine Witwe wiegte sich mit ihnen vor und zurück. Das Jammern und Klagen um sie herum stieg an und verebbte. Sie beugte sich vor und strich ihm durchs Haar und über sein aschgraues Gesicht. Im nächsten Augenblick schrie sie auf, raufte sich die Haare und warf sich so ungestüm über die Leiche, daß die anderen Frauen sie mit Gewalt zurückhalten mußten.

Ein alter Mann betrat das Zimmer. Sein Gehstock klapperte auf dem Linoleumboden. Dann stimmte er ein inbrünstiges Klagelied auf das Leben dieses Mannes an, erinnerte an sein schönes, stolzes Gesicht, seine Güte als Vater, seine Tüchtigkeit als Lehrer, seinen Glauben als Mann. Der Leichnam lag still. Und während sie sich die Tonleitern entlangtastete, wurde die Stimme des alten Mannes immer lauter, bis sie den Raum sprengte und sich aus dem Fenster und über die unendliche Fläche der Hochebene ergoß.

Ich verließ das Dorf und wanderte weiter zum nächsten. Die steilen Vorsprünge eines Berges überschatteten die Häuser. Die halbe Wand einer armenischen Kirche aus dem fünften Jahrhundert diente ein paar Rauchern als Windschutz. Zwei barfüßige Kinder standen bei ihnen und kauten Zwiebeln.

Den Scheich des Dorfes fand ich in dem Zimmer, wo der Herd stand. Die Balken waren seit Generationen rauchgeschwärzt und von den hellen Hufspuren Khouda Navis gezeichnet, dem Gegenstück zum heiligen Georg.

»Wir machen sie jedes Jahr aus Mehl. Er bringt uns Glück.« Der Scheich war ein alter Mann mit schlaffen Lidern. Wir saßen uns auf ausrangierten Autositzen gegenüber.

»Die einfachen Leute glauben, diese Schutzpatrone seien echt.«

»Und du?«

Seine Finger glitten mechanisch über seine Gebetsperlen. »Schutzpatrone sind Schutzpatrone. Aber heute läßt sich kaum noch sagen, was wirklich heilig ist.«

Es wurde spät. Eine Zeitlang marschierte ich auf der Hauptstraße weiter nach Norden. Die Berge waren in weingelbes Licht getaucht. Schatten krochen die Hänge empor. Bei Einbruch der Dämmerung kam ein Lastwagen vorbei und bremste. Der Fahrer bot an, mich bis Gjumri mitzunehmen. Ich schwang mich in die Fahrerkabine, wo mich der vertraute Geruch von billigem Benzin empfing.

»Was hast du geladen?« fragte ich.

»Steine.«

Was konnte man in dieser felsigen, abgeschiedenen Gegend transportieren, wenn nicht Steine?

Tolstois Grab

In Gjumri stellte mich der Lastwagenfahrer seinem Cousin vor, einem Maler mit dem guten armenischen Namen Ararat.

Ararat wohnte in einem Haus, das er eigenhändig gebaut hatte. Dort lebte er jetzt mit vier Kindern, seiner Frau und seinen Eltern. Es wurde ein langer Abend, den wir unter den einjährigen Weinreben verbrachten. Die Nacht war warm und voller Insekten. Aus der Ferne hörte man Hundegebell und streitende Stimmen. Ararat erinnerte sich an einen Tag, es war schon ein paar Jahre her, als er aufs Dach seines Ateliers gestiegen war und sich dort flach ausgestreckt hatte, während das Haus unter ihm erbebte und schwankte.

»Das Geräusch«, sagte er. »Dieses Geräusch werde ich nie vergessen. Es war wie Wellen, die sich am Strand brechen, bloß hundertmal stärker.«

Dann war er aufgestanden und zur Brüstung gegangen. Der Anblick seiner Stadt hatte sich radikal verändert. Sechsundzwanzigtausend Menschen waren tot. Seitdem unterschied er zwischen der Zeit vor dem Erdbeben und nach dem Erdbeben.

Ich schlief auf Ararats Sofa und fragte ihn am nächsten Morgen, ob er die Duchoborzen kenne. Ja, sagte er, manchmal kommen sie über die Grenze, um ihren Käse zu verkaufen. Auf dem Markt erzählten mir die Händler, daß sie die Russen seit längerer Zeit nicht mehr gesehen hätten. Es dauerte eine ganze Weile, bis ich einen Taxifahrer gefunden hatte, der bereit war, mich über die Grenze zurück nach Georgien zu bringen.

Das Dorf Goryelowka zeichnet sich durch seine Torfdächer, die Störche auf den unbenutzten Kaminen und das strohblonde Haar seiner Kinder aus.

Es war schon viele Monate her, seit der Duchoborze in Moskau auf die Karte getippt und mir erklärt hatte, hier sei er geboren worden, hier »am Ende der Welt«. Und jetzt stand ich neben einem anderen Duchoborzen, dessen Kinn so stoppelig wie ein Kaktus war. Er zeigte auf eine windige Stelle oberhalb des Dorfes und sagte: »Hier stoßen die Grenzen von drei Ländern aufeinander, und nicht eine davon ist unsere.«

Sie kamen 1841 hierher, nachdem sie von einem Regime, das nichts höher schätzte als den Militärdienst, in den Süden vertrieben worden waren. Sie waren Duchoborzen, »Geisteskämpfer«, verbannt wegen ihrer pazifistischen Einstellung. Sie hatten den ganzen Sommer gebraucht, um den Kaukasus zu durchqueren, und als sie den ihnen zugewiesenen Ort endlich erreichten, war der Boden bereits von Schnee bedeckt, und sie hatten nichts als ihre Wagen zum Schutz vor der Kälte. Die Männer schwiegen; die Frauen weinten. Larion Wassiljewna Kalmykowa, die den Exodus aus Molotschnye Wody geleitet hatte, stimmte einen Psalm an. Als sie zu Ende gesungen hatten, hörten sie nur noch das Pfeifen des Windes. Larion sagte: »Wir werden den Winter hier verbringen und im Frühjahr an einen besseren Ort weiterziehen.«

Doch innerhalb weniger Wochen war Larion Wassiljewna dem Winter zum Opfer gefallen. Auch andere starben, noch bevor es Frühling wurde. Sie zogen niemals weiter. Im Lauf der Jahre bürgerte sich für das von ihnen besiedelte Land die Bezeichnung Zweites Sibirien ein.

Ich ging an den Hütten vorbei. Sie standen wie Rippen aus dem Rückgrat der Hauptstraße hervor. Krummbeinige Männer arbeiteten in den Höfen. Frauen knieten auf den Kartoffelfeldern. Der ganze Ort war von Wehmut erfüllt – sie hing über den aus Lehm gebauten Scheunen und den Kirschbäumen, den dichtverschleierten Gesichtern der Frauen und den aus der Stirn geschobenen Mützen der Männer. Es war die Sehnsucht nach dem grünen Land jenseits des Kaukasus, Sehnsucht nach dem Norden. Ich empfand sie ebenso wie sie, als ich vor dem blaßblauen Waisenhaus mit seinem weißlackierten Lattenzaun stand.

Eines Nachts, etwa eine Generation nach ihrer Ankunft in Georgien, hatte ein Duchoborzen-Junge gesehen, wie ein Stern vom Himmel fiel und auf dem Dach eines Nachbarhauses landete. Am nächsten Morgen erfuhr er, daß die Leute in dem Haus ein Baby bekommen hatten. Zu dieser Zeit hatte er zu viel Angst gehabt, um irgend jemandem von dem Stern zu erzählen, doch Jahre später hörte er zum erstenmal andere aussprechen, was er schon immer vermutet hatte: daß das Baby, das in jener Nacht geboren worden war, geradewegs aus dem Himmel gekommen war und über das Universum richten würde.

Das Baby war der fünfte Sohn von Vassily Werigin und hieß Pjotr.

Noch im Tod beherrscht und spaltet Pjotr Werigin die Duchoborzen genauso wie zu Lebzeiten. Sein Bild hängt heute noch an geweihter Stelle in Dutzenden von Häusern – in Kanada ebenso wie in Georgien oder der Salsk-steppe. Anderswo gilt sein Name als tabu.

Durch dieses Waisenhaus war Pjotr Werigin ursprünglich an die Macht gekommen. Da es etwa eine halbe Million Rubel in seinen Mauern hortete, hatte es großen Einfluß auf die Gemeinde gewonnen. Als Werigin seine Leitung übernahm, warnte er die Duchoborzen, daß die Wiederkunft Christi unmittelbar bevorstünde. Er selbst legte ein merkwürdiges Verhalten an den Tag und drängte seine Anhänger zu symbolischen Handlungen, etwa, ihre Mäntel mit der Innenseite nach außen zu tragen. Er fing an, in Rätseln und Parabeln zu sprechen. Häufig war überhaupt nicht klar, was er meinte. Doch Christus war auch nicht verstanden worden, als er zum erstenmal auf der Erde weilte, sagten sich die Duchoborzen.

Ein Mann wie Werigin war geradezu dafür prädestiniert, die Duchoborzen zu spalten, und wenig später gab es zwei Fraktionen in Goryelowka – die Große Partei und die Kleine Partei. Die Kleine Partei behauptete, sie allein sei dazu berechtigt, das Waisenhaus zu kontrollieren. Die Große Partei, Werigins Anhänger, sagte das gleiche, und da sie größer war, trug die Große Partei in dieser Auseinandersetzung den Sieg davon. Bei einer Gedenkveranstaltung des Waisenhauses scharten sich die Mitglieder der Großen Partei um Werigin, während die Kleine Partei zu den Behörden ging und dort erklärte, dieser Mann eigne sich öffentliches Eigentum zu persönlichen Zwecken an und gebe sich obendrein als Christus aus. Das sei nicht recht. Und so wurde er verhaftet.

Werigin wurde nach Archangelsk im äußersten Norden von Rußland verbannt. Fünf Jahre lang wahrte er seine Autorität über die Große Partei mit Hilfe von Briefen und Besuchen seiner Schüler. Zuerst riet er ihnen, die Kontrolle über das Waisenhaus mit Gewalt an sich zu reißen. In Goryelowka setzte man Truppen ein, um sie daran zu hindern.

Werigin erließ einen Strom von Anweisungen an seine Anhänger. Sie mußten, so sagte er, »voller Ehrfurcht zu Gott beten und in jedem Augenblick auf die Wiederkunft Christi gefaßt sein, denn das ist der Augenblick, in dem er alle Duchoborzen freisprechen und die Gläubigen von den Ungläubigen scheiden wird«. Sein Schwager reiste in den Norden, um ihn zu besuchen, und kehrte mit neuen Anweisungen zu den Duchoborzen zurück: Es sei von Nutzen, die ganze Nacht mit Beten zu verbringen, denn im Morgengrauen sei der Herr mit seiner Gunst am freigebigsten. Danach konnte man auf den mondbeschienenen Wiesen der Ebenen eine Zeitlang die Anhänger der Großen Partei beim Beten beobachten.

Werigins fünfjährige Haftstrafe ging zu Ende. Die Richter verpaßten ihm ohne viel Aufhebens fünf weitere Jahre und verlegten ihn nach Sibirien. Dort entdeckte er die Werke von Tolstoi und verstärkte den Druck seiner Sendschreiben. Er riet den Duchoborzen, dem Trinken und Rauchen abzuschwören, auf Fleisch zu verzichten und keusch zu leben. Das Keuschheitsgebot sorgte für einigen Gesprächsstoff in Georgien und spaltete die Große Partei in die »Fleischanhänger« und die »Fastenanhänger«. Dann kam der Befehl, allen weltlichen Gütern komplett zu entsagen, das Vieh freizulassen und sich von Pflanzen und Wasser zu ernähren. Werigin selbst, so hörten sie, »versuchte, das Moos zu essen, von dem sich das Rentier ernährt, und fand es sehr appetitlich«. Außerdem sollten sie ihre Kleider ablegen und nackt wie Adam und Eva herumlaufen.

Doch all das war noch milde im Vergleich zu der Anordnung, die Werigin 1895 ausgab: Ein wahrer Duchoborze muß allen Versuchen, ihn zum Militärdienst zu verpflichten, widerstehen.

Etwa zur gleichen Zeit erhielten die Duchoborzen in Goryelowka Befehl, aus jeder Familie einen Mann dem Militär zur Verfügung zu stellen. Werigins Anweisung folgend sammelten in der Nacht des 28. Juni 1895 die Fleischanhänger der Großen Partei ihre Waffen ein und stapelten sie an einem Ort in den Bergen zu einem großen Haufen auf. Während sie ihre Psalmen sangen, schlugen die Flammen immer höher und jagten Kaskaden von Funken in den nächtlichen Himmel. Das Pulver in den Gewehren verbrannte, die Läufe verzogen sich. Die Duchoborzen blieben dort, bis die Sonne aufging. Dann sahen sie eine Gruppe von Kosaken hoch zu Ross über die Steppe auf sich zujagen. Die Kosaken umzingelten sie, schlugen sie mit ihren Knuten zusammen und trieben sie in die nächste Stadt. Zwei Duchoborzen wurden bei dem Überfall getötet.

Nach der Verbrennung der Waffen wurden die Duchoborzen erneut getrennt. Eine Gruppe wurde von bewaffneten Aufsehern nach Sibirien gebracht. Die Reise dauerte fast ein Jahr. An der Mündung des Notora zeigte man ihnen eine Hütte; dann überließ ihre Eskorte sie dem Winter. Sie befanden sich hundertsechzig Meilen vom nächsten Ort entfernt. Da sie keine passende Kleidung gegen die Kälte hatten, mußten sie sich beim Schlafen abwechseln. Jeweils eine Hälfte marschierte in der Hütte auf und ab, um sich warm zu halten, während die übrigen den größten Teil der Kleider anzogen und zu schlafen versuchten.

Immer mehr Duchoborzen ging auf, daß ihre Überzeugungen mit den zaristischen Gesetzen unvereinbar waren. Sie fingen an, von Auswanderung zu reden. Es fiel der Name Kanada. In Georgien wurde ein Duchoborze namens Posdnajakow aus der Großen Partei auserwählt, Werigins Rat einzuholen. Es war eine gefährliche Reise, denn mittlerweile wurde Werigin verboten, Kontakt zu seinen Anhängern zu unterhalten. Obendrein hatte man ihm weitere fünf Jahre in Sibirien aufgebrummt. Posdnajakow reiste unter falschem Namen und spürte seinen Anführer tatsächlich auf. Sie trafen sich heimlich, besprachen das kanadische Wagnis und kamen überein, daß es eine gute Idee sei.

Doch Posdnajakow war nicht besonders beeindruckt von Werigin. Er fand ihn »eitel und selbstsüchtig«, weit entfernt von den Leiden seines Volkes. Auf der Heimreise zum Kaukasus besuchte Posdnajakow auch Tolstoi. Dieser machte ebenfalls keinen besonders guten Eindruck auf ihn; er mußte jedoch zugeben, daß er »anscheinend einigermaßen ehrlich ist und versucht, sein Bestes zu tun«.

Nach der Revolution von 1905 wurden die Duchoborzen in Sibirien befreit. Sie stießen zu ihren Glaubensbrüdern, die bereits Georgien verlassen hatten und nach Kanada ausgewandert waren. Posdnajakow war unter ihnen, bezog mittlerweile jedoch offen Stellung gegen Werigin. Am Ende ließ er sich in Kalifornien nieder, wo er 1921 starb. Nach all den Jahren in Sibirien war seine Gesundheit mehr als angeschlagen gewesen.

Pjotr Werigin selbst starb 1924 bei einem nie aufgeklärten Bombenanschlag in einem Zug nach Kanada.

Die Häuser in Goryelowka waren entweder verfallen oder zu groß für die Familien, die zurückgeblieben waren. Die Duchoborzen hatten das Dorf seit dem Augenblick verlassen, als sie dort angekommen waren. Ich wohnte bei Luda und ihrer sechsköpfigen Familie in einem Haus, das einmal für zwanzig gebaut worden war.

Luda war eine zähe Frau mit silbernen Schneidezähnen, die entschlossen war, fortzuführen, was von der Kolchose geblieben war. Einmal pro Woche kamen die russischen Grenzwachen von den Bergen herunter, und sie verkaufte ihnen Käse. Der letzte Winter war sehr schlimm gewesen. Im Oktober waren Strom- und Telefonverbindungen unterbrochen worden, dann schneiten die Straßen zu, so daß die Duchoborzen fünf Monate lang komplett von der Außenwelt abgeschnitten waren. In den Scheunen lagerten dreißig Tonnen Wolle. Luda hatte von ein paar Wollhändlern in Sochi gehört und erkämpfte sich Lastwagen und Benzin. Sie brauchte zwei Monate und jede Menge Schmiergelder, um die Berge zu überqueren. Als sie in Sochi ankam, hatte eine Sendung türkischer Wolle gerade die Preise in den Keller fallen lassen. Was sie bekam, deckte nicht einmal die Spritkosten. Jetzt war es Juli, und der Winter würde nicht mehr lange auf sich warten lassen. Hier oben war der Winter nie weit weg.

Sie selbst jedoch war unbeirrt. »Natürlich werden wir überleben. Das haben wir immer getan.«

Aus Goryelowka führte ein Feldweg hinaus in die Ebene. Luda stand an ihrem Zaun und zeigte auf den Pfad: »Wenn du sehen willst, wo das mit den Gewehren war – geh am See vorbei und weiter.«

Die Sonne leuchtete auf den fernen Hügeln. Sie waren gleichmäßig grün, nur hin und wieder von schmalen Felsvorsprüngen unterbrochen. Bei den Duchoborzen hießen diese Hügel Heilige Höhen. Früher pflegten sie an bestimmten Tagen ihre besten Kleider anzuziehen und psalmensingend bis zu den Gipfeln hinaufzuklettern. Niemand, den ich danach fragte, konnte mir sagen, wann dieser Brauch geendet hatte oder warum.

Der See wurde erst sichtbar, als ich praktisch vor ihm stand. Seeschwalben schossen am Ufer entlang, und jenseits davon kam ich in eine schmale Schlucht. Eine grobe, weiß getünchte Steinnische war in das Gestein hineingehauen. Hier hatten sich im Jahr 1895 die Duchoborzen versammelt und ihre Waffen verbrannt.

Ein älterer Mann kam gemächlich von der Ebene her auf mich zu geschlendert. Er kaute auf einem Grashalm, trug eine Kappe aus Kordsamt und war viele Jahre lang Lehrer gewesen. Auch vor der Verbrennung der Gewehre, so erzählte er, hatte dieser Ort eine besondere Bedeutung für die Duchoborzen gehabt. Die ersten Siedler hatten bei ihrer Ankunft hier einen »Birkenhain« gepflanzt.

»In Bäumen lebt die Seele des Landes«, sagte der alte Mann. »In England ist es die Eiche, in Japan die Kirsche. Doch für uns Russen ist es die Birke.«

Er war selbst nie in Rußland gewesen; seinen Militärdienst hatte er in Armenien geleistet. Als Duchoborze war er gern hierher gekommen, denn er mochte den Fluß, die Nische im Fels und die im Wind raschelnden Birkenblätter. Doch im vergangenen Jahr hatten die Grenzwachen die letzte Birke zu Feuerholz gemacht.

Über uns standen die Wolken unbeweglich am milchigblauen Himmel.

»Anderswo glauben die Menschen nicht so wie wir.« Er sah über die Ebene – die rauhe Ebene, die blumenbedeckte Ebene, die neun Monate im Jahr mit Schnee bedeckte Weite. »Aber nach dem Glauben, was bleibt einem dann noch?«

Am letzten Nachmittag in Goryelowka besuchte ich einen Mann namens Wolodja Wladimirowitsch. Er lebte bei seinem Bruder und dessen Frau. Wolodjas Neffe stand auf dem Dach und mähte das Gras, das dort wuchs. Wolodja hatte Schwierigkeiten mit der Halswirbelsäule. Als ich eintrat, mußte er den ganzen Oberkörper drehen, um mich zu begrüßen. Auf seinem Schreibtisch aufgeschlagen lag der vierundzwanzigste Band von Tolstois Gesammelten Werken. »Heiliger Geist«, las ich, über seine Schulter blickend, »... wo Liebe ist ...« Ein kühler Wind strich durchs Fenster.

1931 war Wolodja verhaftet worden. Es folgten zehn Jahre Gefängnis und Gulag. Er hatte Zellen gekannt, die so voll von Leuten waren, daß er nur deshalb überlebte, weil er Luft durchs Schlüsselloch gesogen hatte. Jetzt saß er gebeugt in seinem hohen Lehnsessel. »Ich hatte immer Glück«, sagte er. »Ich war besonders robust.«

Die Sonne leuchtete auf und erfüllte das Zimmer mit orangeroter Glut. Aus einer Schreibtischschublade nahm Wolodja einen Stapel Fotos. Dieses Bild kannte ich schon. Es hatte an der Wand eines Duchoborzen gehangen, den ich in der Nähe von Salsk kennengelernt hatte. Es war das Bild vom Inneren eines sonnendurchfluteten Waldes, mit Sommerlaub und den schlanken Stämmen russischer Pappeln. Darunter sah man eine grasbewachsene Erhebung, die weder gekennzeichnet noch geschmückt war.

Auf der Rückseite stand: »Leo Tolstois Grab. Im Wald ›Altes Reservat‹ erhebt sich ein bescheidener, viereckiger Hügel. ›Das ist das schönste, eindrucksvollste und bewegendste Grab der Welt‹, soll Stefan Zweig bei seinem Anblick gesagt haben.«

Wolodja drückte mir das Foto in die Hand. Ich habe es aufbewahrt und auf meinen Schreibtisch gestellt.

Der Automechaniker der Kolchose hatte etwas in der Stadt zu erledigen. Ich wartete am Straßenrand auf ihn, um den ersten Abschnitt der Reise nach Norden anzutreten, zurück nach Rußland. Die Morgendämmerung hatte gerade erst begonnen. Einzelne Regentropfen platschten in den Staub. Jenseits der Hausdächer und Storchennester blitzte es. Für einen Augenblick brach die Sonne durch die Wolkenmasse, doch in der Luft des frühen Morgens lauerte die Kälte des Winters.

Glossar

apparat	die sowjetische Bürokratie
apparatchik	sowjetischer Bürokrat
ataman	Ataman, regionaler Kosakenanführer, der von seiner Gemeinde gewählt wird
aul	kaukasisches Dorf
banja	öffentliches Dampfbad
baschlyk	Wollmütze aus dem Kaukasus, die auch von Kosaken getragen wird
basturma	mit Pfeffer gewürzter Rauchschinken
berjosowiza	Birkenwein
beschmet	Halbrock der Kosaken
blokadnik	Veteran, der während der neunhunderttägigen Belagerung Leningrads durch die Nazis zur Verteidigung der Stadt eingesetzt war
bulawa	zeremonieller Stab, Amtssymbol des Ataman
burka	ärmelloser Umhang aus Schafwolle
tscherkesska	Tscherkessenrock, ein weites, mit doppelreihigen Tressen besetztes Kampfgewand, das die Kosaken von den Kaukasiern übernahmen
Kosaken	ein kriegerisches Volk, ursprünglich aus der südlichen Steppe, das sich mehr durch seinen ausgeprägten Freiheitswillen als durch ethnische Zusammengehörigkeit kennzeichnet
Doukhobors	Duchoborzen oder Geisteskämpfer, radikale Sekte

deduschka	umgangssprachlich für »Großvater«
jessaul	Stellvertreter eines Ataman
giaour	Nichtmoslem oder Ungläubiger auf Türkisch
isba	Holzhütte, die traditionelle Wohnung in russischen Dörfern
kasak	Freibeuter auf Arabisch, Wurzel von »Kosake«
kocak	Tänzerkaste der Jesiden
kolbassa	salamiähnliche Wurst
kolchos	Kolchose, landwirtschaftlicher Betrieb auf genossenschaftlicher Basis in der Sowjetunion
kompot	selbstgemachter Likör
kumys	gegorene Stutenmilch
kriuvka	Notenschrift für geistliche Musik in Rußland
krug	wörtlich »Zirkels«, Treffen von Kosaken
kulak	wörtlich »Faust«, umgangssprachlich für Bauern, die über ein gewisses Maß an privatem Landbesitz verfügen
kurgan	skythischer Grabhügel
kwass	aus Roggenmehl und Malz gebrautes traditionelles russisches Getränk
liman	Mündung, Lagune
Molokan	»Milchtrinker«, Mitglied einer den Duchoborzen verwandten Sekte, die jedoch die Heilige Schrift anerkennt
mushik	russischer Bauer
nagaika	alte, knutenähnliche Waffe der Kosaken
oblast	russische Region
Altgläubiger	Abtrünniger der russisch-orthodoxen Kirche
papacha	Astrachanhut, der von Kaukasiern und Kosaken getragen wird
pelmeni	russisches Gericht mit ravioliähnlichen Fleischtaschen, die mit Sauerrahm serviert werden
pir	Mitglied der jesidischen Priesterkaste

pryguny	(wörtlich »Springer«) Zweig der Molokanen
raskol	die siebzehnte Spaltung innerhalb der russischen Kirche, aus der die Altgläubigen hervorgingen
samisdat	unerlaubte Publikationen unter der sowjetischen Herrschaft
samogon	selbstgebrannter Alkohol
schaschka	Kosakensäbel
schaschlyk	Schaschlick, Fleischspieß
scheich	Angehöriger der jesidischen Prinzenkaste, der auch geistliche Funktionen ausübt
smetana	halbgeronnene Cremespeise
sobraniye	Sitzung, ein Ausdruck, der von Duchoborzen und Molokanen benutzt wird
staniza	Kosakensiedlung
starez	heiliger Mann
syta	traditioneller russischer Honigwein
wojewoda	Statthalter im zaristischen Rußland
woisko	wörtlich »Gastgeber«, ein Kosakenregiment
wolniza	Freiheit, dargestellt am Leben der Kosaken
Jesiden	kurdische Anhänger von Scheich Adi
zal	Saal